금식 by the Fasting
The Revolution 혁명

금식혁명

초판 인쇄 | 2009년 7월 17일
초판 발행 | 2009년 7월 21일

지은이 | 이준동
발행인 | 박경진
펴낸곳 | 도서출판 진흥

등　록 | 1992년 5월 2일 제 5-311호
주　소 | 서울특별시 동대문구 신설동 104-8
전　화 | 영업부 2230-5114, 편집부 2230-5155
E-mail | publ@jh1004.co.kr
기도원 | (031)772-9113~6(교환 303)
홈페이지 | www.gidowon.net

ISBN 978-89-8114-337-4
값 10,000원

이 도서의 저작권은 저자에게 있으며 일부 혹은
전체내용을 무단 복사 전재하는 것은 저작권법에 저촉됩니다.
잘못된 책은 구입하신 서점에서 바꾸어 드립니다.

금식 혁명
The Revolution by the Fasting

이준동 지음

진흥

| 추천사1

'이 시대가 요청하는 귀한 책'

　기독교에 있어서 금식은 영적 목적으로 일정기간 동안 음식을 금하는 것을 말합니다. 금식에 관한 성경의 기록을 살펴보면 구약성서에서는 하나님의 계시를 받을 때(출 34:28), 회개할 때(삼상 7:6), 탄원할 때(삼하 12:16), 슬픔을 표시할 때(삼상 31:13) 금식이 행하여 졌습니다.
　금식은 대부분 자발적으로 행해졌으나 왕이 명령하기도 하였습니다. 선지자들은 종종 이 관습의 남용을 책망하기도하였는데 그것은 백성들이 순결과 의를 떠나 있으면서도 이것이 가치 있는 것이라는 미신적인 생각을 하고 있었기 때문입니다.
　신약성경에서의 금식도 자발적인 것으로 영적생활의 깊이를 위하여 시행되거나 사도들의 파견과 장로의 임직 등 중요한 일을 위하여 행하여 졌습니다.
　기독교 역사에서도 금식은 훌륭한 종교적인 실천으로 인식되어 왔습니다. 그러므로 금식은 성경의 토대 위에 신앙과 기도가 일치된 영적 순결성을 지녀야 하는 것입니다. 금식의 목적이 뚜렷해야 합니다. 금식은 영혼 구원과 신앙적 차원에서 죄에 빠지지 않기 위한 것이요, 말씀을 받기 위함이요, 회개하기 위함이어야 합니다.

또한 주님을 만나기 위하여, 기도의 응답을 받기 위하여, 세계와 조국과 가정과 평화를 위하여, 그 밖의 모든 소원을 이루기 위하여 금식과 기도는 겸손과 열성이 밑바탕이 되어야 함을 잊어서는 안 되겠습니다.

또한 정신적 육체적 측면에서도 금식은 하나님의 큰 은혜와 사랑을 받을 수 있는 기회가 될 수 있습니다.

기독교 신앙은 십자가의 신앙이요 죽음의 신앙입니다. 예수님은 친히 40일을 금식하시고 모든 마귀의 시험을 이기셔서 영원한 천국을 주셨습니다. 주님의 고난에 동참하고 금식해야 하는 교회가 금식을 잃어버리고 세속화 되어가는 것은 주님의 뜻이 아닙니다.

"금식운동을 일으키자"로 시작된 금식혁명은 금식하는 성도들에게 좋은 안내서가 될 것입니다. 불확실성의 시대에 살고 있는 교회와 성도들에게 금식혁명이이야말로 이 시대가 요청하는 귀한 책이 될 것입니다. 아무쪼록 이 책이 많은 사람에게 읽혀져서 금식을 모르는 성도들과 금식하려고 하는 성도들에게 금식의 참 지식을 터득하는 길잡이 역할로서 충분한 내용을 담고 있기 때문에 성도님들에게 감히 일독을 권하며 추천합니다.

최 성 규 목사
인천순복음교회 당회장
성산효대학원대학교 총장
한기총 명예회장

| 추천사2

최고의 금식 '가이드북'

이 책은 체계적인 금식 가이드북이라고 할 수 있습니다.
'금식운동을 일으키자'로 시작되는 이 책은 16장으로 구성되어 있습니다.
특별히 금식의 방법과 실제적인 적용법과 보호식, 금식과 건강, 금식의 무지와 오해, 금식의 계명 등은 이준동 목사님 외에는 누구도 쓸 수 없는 체험에서 나온 주옥같은 내용입니다.
목회 현장에서 수고하는 목회자들과 여러 가지 질병으로 고통 중에 있는 성도들에게는 반드시 읽어야 할 가장 좋은 책입니다.
이 책이 한국교회와 성도들에게 금식으로 인도하는 좋은 안내서가 될 것을 믿어 의심치 않습니다.
필자의 제시는 공허한 외침이나 메아리 없는 산울림이 아니라 신학교 시절 오산리 최자실 기념 금식기도원에 시무했던 실무 경험과 안양 갈멜산 금식기도원을 개척하여 부흥 시킨 금식의 현장에서 하나님의 뜻을 발견했고 강남 금식기도원과 양평 금식기도원에 담임목사로 시무했던 실무자로서 이제는 양평금식기도원에서 금식을 통한 하나님의 역사를 목격하고 체험한 복음의 열정을 한국교회에 전할 것입니다.

  이준동 목사님의 책 '금식 혁명'이 부흥이 멈춘 한국교회에 커다란 파장을 불러올 것을 믿습니다.

  학문성과 실천성이 조화 된 귀한 책을 한국교계에 기쁨으로 추천하는 바입니다.

2009년 7월

이 은 규 목 사
안양대학교 신학대학원장
안양대학교 신학대학장(현)
기독교교육학박사

머리말

전국의 기도원을 '금식기도원'으로

　전능하신 하나님의 은혜와 복으로 한국교회를 부흥케 하시고 성장시켜 주신 은혜와 사랑에 감사를 드립니다. 새로운 21세기에는 더 큰 부흥과 세계를 향한 선교의 열정으로 한 단계 도약의 기회가 되기를 소원하고 있습니다. 사도행전의 교회는 우리의 모 교회요, 주님의 피로 값 주고 사신 교회를 통하여 이루시는 하나님의 역사를 보여주고 있습니다.
　이 땅 위의 소망인 교회가 더 부흥하고 성장하기를 소원하는 마음에 학문에 미진한 부족한 사람이 금식에 대한 올바른 이해를 돕기 위하여 이 글을 쓰게 되었습니다.
　금식이란 일체의 음식을 먹지 않는 것을 의미합니다. 세상 사람들은 이것을 斷食(단식)이라고 하고 불교에서는 壇食(단식)이라고 하며 기독교에서는 禁食(금식)이라고 합니다. 신앙적인 면이나 영적 측면에서 금식과는 많은 차이가 있으며 방법에서도 전혀 다른 것입니다.
　주님이 친히 40일 금식하셨고 안디옥교회는 주를 섬겨 금식한 아름다운 전통이 있으며 구약시대는 민족적 국가적 어려운 일이 있을 때마다 집단적으로 금식하여 전능하신 하나님 아버지의 긍휼을 체험했습니다. 산상보훈의 마태복음6장은 구제, 기도, 금식의 3가지 의무를 제시하셨습니다. 반드시 해야 하는 금식이 오해되고 무시되어 가는 현실을 극복하고 사순절 기간의 금식을 통하여 영육간의 건강을 체험해야 합니다.

이웃나라 일본은 우상을 섬기고 교회가 없어도 산골짜기마다 단식원을 세워 건강수명1위이고, 세계 제1의 장수국 인데 5만 개의 교회가 있는 우리는 건강수명 세계 51위입니다.

한국강산의 기도원은 거의가 수양관이지 금식기도원은 전무한 실정입니다. 요엘서의 말씀대로 시온에서 거룩한 금식일을 정하고 온 교회가 합심할 때 민족의 문제, 국가적인 문제, 교회의 문제, 개인의 문제들이 해결될 것입니다. 모든 교회가 고난주간 한 주간 금식에 동참한다면 이 땅 위에 굶주리는 자가 사라질 것이며, 육신의 질병에 고통을 당하는 자들이 치료될 것이며, 사회의 모든 죄와 청소년들의 범죄가 사라질 것입니다. 크신 하나님의 은혜가 함께 하시기를 바랍니다.

이 책이 발간되기까지 수고해 주신 이전배 목사, 한상일 목사, 박용기 목사, 권용주 목사, 오인섭 전도사께 감사드리고 추천해 주신 두 분 목사님, 마지막 편집에 참여하신 강이석 목사와 정장훈 전도사, 도서출판 진흥 사장님과 여러분에게 감사드리며 늘 기도로 후원해 주고 있는 아내와 딸 지영이 아들 회중이를 자랑스럽게 여깁니다.

2009년 7월
양평금식기도원에서
이 준 동 목 사

contents

추천사 1 _ 4
추천사 2 _ 6
머리말 _ 8

1장_ 금식운동을 일으키자 _ 15
1. 회개 운동이다 _ 19
2. 성결 운동이다 _ 22
3. 신유 운동이다 _ 25
4. 말씀 운동이다 _ 27
5. 부흥 운동이다 _ 30
6. 변화 운동이다 _ 32
7. 식생활 개선 운동이다 _ 36
8. 전인적 훈련 운동이다 _ 39

2장_ 금식은 하나님의 명령이다 _ 47
1. 금식은 선택과목이 아니다 _ 50
2. 금식은 교양과목이 아니다 _ 51
3. 금식은 이론이 아니다 _ 51
4. 금식은 고행이 아니다 _ 52
5. 금식은 전인적인 헌신이다 _ 53
6. 금식은 전인구원이다 _ 54

3장_ 금식과 기도는 구별된 것이다 _ 57

4장_ 금식은 혁명이다 _ 67
1. 영적 혁명이다 _ 69
2. 신앙 혁명이다 _ 71
3. 경제 혁명이다 _ 73
4. 건강 혁명이다 _ 74
5. 식생활 혁명이다 _ 75
6. 의식 혁명이다 _ 76
7. 시간 혁명이다 _ 77
8. 두뇌 혁명이다 _ 79
9. 경건 혁명이다 _ 80

10. 습관 혁명이다 _ 84
　　11. 식탁 혁명이다 _ 85
　　12. 생활 혁명이다 _ 86
　　13. 변화 혁명이다 _ 88

5장_ 금식의 유익 _ 91
　　1. 신앙적 측면에서 _ 92
　　2. 정신적 측면에서 _ 106
　　3. 육신적 측면에서 _ 115

6장_ 금식의 방법과 실제적인 적용법 _ 129
　　1. 금식의 기간 _ 130
　　2. 전문의가 말하는 위험한 경우 _ 131
　　3. 금식의 장소 _ 132
　　4. 실제적 금식 _ 132
　　5. 물을 잘 마셔야 건강에 성공할 수 있다 _ 134
　　6. 금식 중에 염분을 섭취해야 하는 이유 _ 137
　　7. 규칙적인 생활과 운동을 해야 한다 _ 140
　　8. 각종 질병에 따른 금식기간 설정 _ 142

7장_ 금식에 대한 오해와 무지 _ 145
　　1. 금식을 금욕주의로 오해한 것이다 _ 147
　　2. 세속적 문화의 영향으로 음식문화를 미화한 것이다 _ 148
　　3. 금식에 대한 무지 때문이다 _ 151
　　4. 40일 금식하는 사람들의 무지 _ 154
　　5. 금식 후 보호식에 대한 무지 _ 155

8장_ 금식에 대한 계명 _ 161
　　1. 125가지의 계명 _ 162

9장_ 올바른 금식과 잘못된 금식 _ 169
　　1. 올바른 금식 – 1 (사 58:3~12) _ 170
　　2. 올바른 금식 – 2 (마 6:16~18) _ 173
　　3. 잘못된 금식 _ 176

The Revolution by the Fasting

contents

10장_ 성경에서 금식이 빠진 구절 및 금식으로 해석할 수 있는 구절들 _ 181
1. "금식"이 누락된 성경구절들 ;
   '원전'에는 있으나 '번역본'에는 없는 경우들 _ 182
2. "금식"으로 해석할 수 있는 성경구절들 ;
   '본문'에 "금식"이 없으나 '실제'로는 "금식"인 경우 _ 189

11장_ 금식자의 보상(상급) _ 193
1. 이사야 58:6~12에서 금식자에게 주시는 보상(상급) _ 194
2. 마태복음 6:16~18에서 금식자에게 주시는 보상(상급) _ 201

12장_ 금식과 건강 _ 229
1. 생명력 회복 _ 231
2. 생리적 휴식 _ 232
3. 노폐물 배출 _ 233
4. 호르몬 분비 촉진 _ 234
5. 혈액의 정화 _ 235
6. 체질 개선 _ 236
7. 자연 요법 _ 238
8. 예방 진단 _ 240
9. 숙변의 배설 _ 240
10. 체액의 분비 _ 241
11. 자연 치유력의 극대화 _ 242
12. 체력의 강화 _ 243
13. 식생활 치료 _ 244

13장_ 금식과 의학 _ 247
1. 금식은 자연 의학 _ 249
2. 금식은 치료 의학 _ 251
3. 금식은 수술 의학 _ 252
4. 금식은 예방 의학 _ 252
5. 금식은 종합 의학 _ 253
6. 금식은 심신 의학 _ 254
7. 금식은 근본 의학 _ 255

   8. 금식은 진단 의학 _ 255
   9. 금식은 배설 의학 _ 257
   10. 금식은 체질 의학 _ 258
   11. 금식은 건강 의학 _ 259
   12. 금식은 평등 의학 _ 260

14장_ 금식은 주님이 주시는 능력이다 _ 263
   1. 사람을 변화시키는 능력 _ 265
   2. 문제를 감당 할 수 있는 능력 _ 266
   3. 말씀을 먹는 능력 _ 267
   4. 기도를 바르게 하는 능력 _ 269
   5. 질병을 치료하는 능력 _ 269
   6. 가난 저주 이기는 능력 _ 271
   7. 자아를 이기는 능력 _ 273
   8. 악한 영을 쫓는 능력 _ 273
   9. 불신의 속박에서 벗어나는 능력 _ 274
   10. 시험을 이기는 능력 _ 275
   11. 탐욕을 이기는 능력 _ 276
   12. 죄를 회개케 하는 능력 _ 277

15장_ 금식에 관한 명언들 _ 279
   1. 키릴루스(예루살렘의 주교, 315-386) / 2. 어거스틴(354-430) / 3. 마르틴 루터(1483-1546) / 4. 존 칼빈(1509-1564) / 5. 토마스 카아트라이트 목사 / 6. 매튜 헨리 목사(1662-1714) / 7. 윌리암 로(영국의 기독작가, 1668-1761) / 8. 요한 웨슬리(1703-1791) / 9. 조나단 에드워즈 목사(1703-1758) / 10. 마틴 로이드 존슨 목사(1899-1981) / 11. 리처드 J. 포스터(20세기의 경건한 작가) "영적 훈련과 성장"이라는 책에서 / 12. 디트리히 본회퍼(독일 신학자, 순교자) / 13. 제리 팔웰(20세기 침례교 목사) / 14. 아달베르 드 보귀에(20세기 프랑스 수도사) / 15. 웨슬리 듀엘(20세게 작가) / 16. 윌리엄 바클레이 / 17. 아더 블레시트 / 18. E. M. 바운즈 / 19. 윌리엄 브램웰 / 20. 드와이트 L. 무디

16장_ 금식기도의 놀라운 역사(간증문 모음) _ 293
   윤원중 / 이일용 목사 / 박제영 / 정소피아 목사 / 김중근 목사 / 김창배 목사 / 송진택 인수집사 / 김명수 집사 / 박용기 목사 / 김정신 청년 / 강미라 전도사 / 박주영 장로 / 홍정애 집사 / 서숙자 목사 / 이흥순 사모 / 김순옥 권사

The Revolution by the Fasting

1장_ 금식운동을 일으키자

"그 때에 예수께서
성령에게 이끌리어 마귀에게
시험을 받으러 광야로 가사
사십 일을 밤낮으로 금식하신 후에
주리신지라"
마태복음 4장 1~2절

1장_ 금식운동을 일으키자

　그리스도인의 의무는 '구제'와 '기도'와 '금식'이다(마 6:1~18).
　21세기는 영의 시대이고 영적운동의 시대이다. 그래서 이것은 가정과 교회와 사회와 민족이 사는 운동이다.
　하나님이 기뻐하시는 일이요, 예수님이 실천하신 일이요, 성령께서 말씀하신 것이 바로 금식이다. 기독교의 사순절은 신앙의 핵심인데 십자가의 죽음이 있기에 부활의 영광도 있는 것이다.
　기독교에서 40이라는 숫자는 구원 사건을 준비하고 예비하는 기간으로 이해된다. 구원사는 40이라는 숫자로 이어진다. 노아시대에 40주야로 비가 내렸다. 율법과 선지자의 대표 모세와 엘리야는 40일간 금식기도를 했다. 예수님은 40일간 광야에서 시험당하시고 금식을 하셨다. 예수님은 부활 후 40일간 나타나셔서, 제자들에게 말씀하셨다. 니느웨성이 심판받기까지 40일간의 유예기간을 주셨다. 이스라엘 백성은 40년간 광야에서 유랑하며 훈련받았다. 골리앗은 40일간 아침, 저녁에 나타나 이스라엘 군대를 위협했다.

　기독교의 핵심은 부활절 이전의 주일을 뺀 40일간의 사순절이다. 초대교회는 화려한 옷을 입지 않고 외출을 삼가고, 금식하고 기도하며 말씀을 묵상한 시기이다. 한국교회는 해마다 다가오는 사순절 기간에 금식기도 운동을 전개해야한다. 주님의 고난에 동참하는 길이요. 십자가를 지고 가는 길이다

　유대인들도 40일의 시간을 대단히 중요하게 생각한다.

　유대의 격언에 "40일 동안 고난을 당한 일이 없는 사람은 그가 받을 상급을 이 세상에서 이미 받은 사람이다."라는 말이 있다. 주님의 제자 된 우리는 고난을 받아야 한다. 죄로 인한 고난이 아니고, 애매한 고난이 아니라 선한 고난이다. 주님을 위한 고난이다. 유대인은 매를 때려도 40대를 때리면 죽는다고 생각해서 40에 하나 감한 매를 때린 것이다. 고린도후서 11장 24절에 '유대인들에게 사십에 하나 감한 매를 다섯 번 맞았으며'

　세상의 문화는 금식하는 것을 반대한다. 타락한 문화이다. 세상의 문화는 먹는 것에 대한 집착이 너무 강하다. 한국은 음식 공화국이라고 하는 이유가 있다. TV, 신문, 라디오 모두가 먹는 것에 대한 이야기로 꽉 들어차 있다. 5천년 역사 가운데 너무 가난하게 살아온 우리 민족은 굶주림 속에서 초근목피로 연명하고 살아왔다. 일제 35년의 압박, 6.25 전쟁으로 큰 고난을 겪었다. 먹는 것에 대한 집착이 크다. 곱배기는 한국에만 있다. 나이, 더위, 욕, 애, 골탕, 담배, 겁을 먹었다고 표현한다. 챔피언 된 것을 챔피언을 먹었다. 땅 빼앗기를 땅 따먹기라고 하고, 자신을 힘들게 하는 것을 왜 나를 못 잡아먹어 야단이냐? 라고 한다. 지는

것을 먹혔다고 하고 화투놀이에서 내가 따 먹었다. 물감이 배는 것도 잘 먹어 들어간다. 비용이 드는 것도 비용이 먹혔다 또는 먹었다. 귀가 들리지 않는 것도 귀가 먹었다. 코 먹은 소리도 코 먹었다. 맷돌이 곡식 잘 가는 것을 잘 먹는다고 하고, 대패 톱이 잘 드는 것도 잘 먹는다. 재산을 축 내는 것도 재산을 먹었다(들어먹었다). 마음의 결심도 마음 먹었다. 남에 대한 원한도 앙심을 먹었다(품었다)라고 표현한다. 먹는다는 표현을 남발하고 있다. 너무 가난하게 살아 왔기 때문이다.

그러나 풍요로운 이 시대에 교회는 금식운동을 일으켜야 한다.

죽어야 살 수 있기 때문이다. 금식은 자신이 죽는 것이다.

씨앗은 싹을 내기 위하여 껍질을 벗는다.

꽃은 열매를 맺기 위해 자기 꽃을 떨군다.

열매는 씨앗이 되기 위해 스스로 썩는다.

나비가 되기 위해 애벌레는 자기 죽은 무덤을 비단으로 뒤에 남긴다.

죽는 자만이 산다.

자신이 희생해야 남을 살릴 수 있기 때문이다.

예수님도 마가복음 10장 43~44절에 "크고자 하면 섬기는 자 되어야 하고, 으뜸이 되고자 하면 종이 되어야 한다"고 말씀하셨다.

이 운동은 성령운동, 기도운동, 말씀운동, 부흥운동, 회복운동, 각성운동, 전도운동, 영혼구원운동, 변화운동, 신앙운동, 은혜운동, 진리운동, 은사운동이며 회개운동, 새사람운동, 자연보호운동, 경제회복운동, 신유운동, 성결운동, 건강운동, 치료운동인 것이다.

한국 교회와 성도들이 금식기도운동을 일으킨다면 우리 사회의 수많은 범죄문제가 해결될 것이다. 술, 담배, 도박, 인터넷 중독에서 벗어날 수 있고, 죄를 짓지 않게 된다. 또한, 식량문제가 해결된다. 굶주리는 자가 없게 되고, 탐식자가 없게 된다. 또한 현대인의 질병문제가 치료된다. 현대병은 90%가 식원병이기 때문이다. 현대병의 원인 중 하나인 비만이 사라지게 되므로 질병을 예방하는 예방의학이 되며, 모든 질병에서 자유롭게 된다.

1. 회개운동이다

잘못된 신앙으로 하나님에 대한 의무를 다하지 못했다. 올바른 구제, 올바른 기도, 올바른 금식을 하지 못했다. 죄와 타협, 적당주의, 율법주의, 형식주의의 신앙으로 주님의 십자가의 희생과 헌신을 잃어버렸다. 죄악의 병을 고침 받아야 죄와 사망의 병에 묶여 사는 인생이 자유함을 얻을 수 있다.

인류의 7대 죄악은 교만, 시기, 질투, 나태, 탐욕, 탐식, 탐색이다.

잘못된 신앙을 돌이켜야 한다. 성경에서 금식은 상한 심령, 갈급한 마음과 관련이 있다. 금식은 "주님 앞에 자신을 낮추다"라는 말과 "자신의 영혼을 괴롭게 하는 것(고통)"과 같은 의미이다. 금식은 자신을 부인하는 하나의 행동인 것이다. 자신을 낮추고, 부인하며, 자신을 괴롭게 하는데 목적이 있다. 진실 되고 순전한 마음으로 자발적으로 진심에서 우러나와서 시작해야 하는 것이다.

다윗은 시편 35편 13절에서 원수가 병들었을 때에 금식했으며, 사무엘하 3장35절에서는 친구 아브넬이 죽었을 때 금식했고, 사무엘하 12장 16절에서는 태어난 아이가 병들었을 때 금식했다.

오늘날 친구가 병들었을 때에 금식하는가? 수많은 친구와 이웃이 예수 없이 지옥으로 멸망해 가는 것을 보고 애통해하며 금식하는가? 주님의 은혜로 구원 받은 자녀들이 영혼의 잠을 자는 것은 아닌가? 죽은 영혼은 살리고 병든 심령은 치료 받고 잠든 육신은 깨워야 한다.

금식은 자신을 비우는 것이다

예수님은 자신을 비우시고, 종의 형체를 입으셨다. 예수님은 자신을 비우신 후에 그 빈자리를 은혜와 진리로 가득 채우셨다(빌 2:7).

가득찬 그릇보다 귀한 것이 빈 그릇이다. 이미 가득찬 그릇에는 아무 것도 채울 수가 없다. 이미 가득찬 그릇은 변화의 가능성도, 수정의 가능성도, 성장의 가능성도 없는 것이다.

가득찬 그릇보다 빈 그릇이 아름답다. 노자는 "항아리를 쓸모 있게 하는 것은 도공이 빚는 흙이 아니라, 항아리 안의 빈 공간이다."라고 했다.

가득찬 그릇보다 빈 그릇이 아름답다. 금식은 자신을 비우는 것이다. 깨끗한 그릇으로 주인이 쓰시기에 합당한 그릇으로 말이다. 사진은 양평금식기도원의 예배 모습.

항아리가 쓸모 있는 그릇이 되기 위해서는 공간이 있어야 한다. 하나님 앞에 쓸모 있는 그릇이 되기 위하여 우리는 자신을 비워야 한다. 흙덩이와 같은 인생은 탐욕과 이기심을 비워야 한다. 헛된 욕망과 집착을 버려야 한다. 그 때 쓸모 있는 그릇이 된다.

금식은 깨어짐의 원리이다

도자기에 쓰이는 흙은 완전히 가루가 되어야 쓸 수 있다. 부서지지 않는 돌은 골라낸다. 깨어지면 아름다운 역사가 일어난다. 새 생명의 역사가 일어난다. 곡식껍질이 깨어져야 열매를 맺는다. 축복의 역사가 일어난다. 육신에 있는 자는 하나님을 기쁘시게 할 수 없기 때문이다.

영적인 사람이 되어야 한다. 육성이 깨어져야 한다. 그래야 귀한 그릇이 될 수 있다. 육성, 죄성이 깨어지면 된다. 모세의 경우 궁중 40년과 미디안 광야 40년을 체험 시킨 후 하나님께서 쓰셨다. 영혼을 구원하는 그릇으로 쓰셨다. 이스라엘 역사상 가장 위대한 하나님의 종으로 쓰셨다. 40일 금식을 세 번이나 해서 세상에서 가장 온유한 사람이 되었기 때문이다.

사도바울은 은혜를 받을 수록 죄인임을 알아갔다. 가장 초기에 쓰여진 고린도전서에서 "나는 사도 중에 지극히 작은 자라"(고전 15:9)

중기에 쓰여진 에베소서에서 "나는 모든 성도 중에 지극히 작은 자보다 더 작은 자라"(엡 3:8)

말기에 쓰여진 목회서신 디모데 전후서에서는 "나는 죄인 중에 괴수다"(딤전 1:15)라고 고백하며 하나님 앞에서 사도인 자신을 성도로, 죄인으로 격하시키고 있다.

지상의 천국이라는 미국은 재소자 대국이며 죄수들의 나라이다.

2005년 한 해 동안 56,428명이 구치소에 수감, 모두 218만 명이 수감되어 있다. 미 법무부 통계국의 조사결과 세계에서 가장 많은 재소자 뿐 아니라, 국민 136명중 1명꼴로 세계 최고 수준이다. 이번 통계는 2004년 7월~2005년 6월 사이의 수감자 실태로 인종별로는 20대 후반(25~29세)의 연령 중에 흑인 남성 중 12%가 수감되어있어 히스패닉 남성의 4% 백인 남성의 2%에 비하여 훨씬 높다. 흑인 대학생 숫자보다 감옥에 있는 자가 더 많다고 한다.

우리나라 음식쓰레기가 북한의 식량보다 많다

2001년 통계에 보면 북한 전체 인구 2217만 명의 연간 주식소비량 394만 9000톤보다 우리나라 음식쓰레기가 9만 9000톤이 초과되었다. 북한의 주식은 쌀, 보리, 감자, 고구마를 모두 합한 것이다.

북한의 동포들은 굶어 죽어 가는데 15조원의 돈이 버려지고 있는 것이 우리의 현실이다. 잘못된 식생활부터 회개해야 한다. 오늘날 교회와 성도가 회개해야 할 죄가 7가지이다. 이기주의, 권위주의, 물질주의, 이분법적 사고(신앙과 생활의 불일치), 도덕성 부재, 개교회주의, 사회에 대한 무관심이다.

2. 성결운동이다

정혈, 정골, 정심, 정령이다. 한 주간은 피를, 두 주간은 뼈를, 세 주간은 마음을, 네 주간은 영을 깨끗이 한다. 피, 뼈, 마음, 영을 깨끗이 해야 한다.

몸의 문화는 영혼 없는 육신으로 타락의 절정이다. 쾌락의 문화는 대중문화, 오염된 문화, 세상의 문화, 반기독교 문화, 무신론의 문화, 유물론의 문화이다. 성령은 거룩한 영이요, 진리의 영이요, 성결의 영이시며, 은혜의 영이시다.

금식운동은 새 사람 운동이다. 너무 많이 먹고 마시는 문화가 지구촌의 재앙을 가져온다. 무분별한 개발로 지구촌이 몸살을 앓고 있다. 좀 더 불편하고 좀 더 아껴 쓰고 나누어 써야한다. 물질의 낭비, 재능의 낭비, 시간의 낭비를 막아야 한다.

농경사회는 땅이 부의 상징이었고, 지식사회는 지식이 최고의 가치였다. 정보사회는 정보의 소유가 최고의 가치였으나, 미래의 사회는 투명성 윤리성이 강조되는 사회이기에 도덕성의 최고의 가치인 것이다.

21세기는 도덕성이 최고의 가치 기준이다. 거짓이나 가짜는 반드시 대가를 지불하게 된다. 깨끗한 것이 하나님의 형상이다. 그것은 거룩성이다.

성도들의 삶의 목표는 행복이나 건강이 아닌 거룩이어야 한다. 인생을 향한 하나님의 뜻은 거룩이다.

신앙인을 성도라고 부른 것은 거룩하라는 하나님의 뜻이다. 하나님의 성품이 거룩하시기 때문이다. 거룩한 삶, 분별의 삶을 살아야 하는 것이 거룩하신 하나님과 교제할 수 있는 전제조건이다. 거룩해야 하나님께 쓰임 받을 수 있다. 거룩한 삶은 구원받았음을 확인하는 삶이다.

성결의 삶은 변화의 삶으로 시작된다. 거룩성의 회복이 하나님의 형상의 회복이요. 성결운동이다.

금식기도가 사라진 이후, 교회는 세속화의 길을 가고 있다.

마틴 로이드 존스 목사는 "우리는 지금까지 금식을 해 본적이 있는가?"라고 물었다. 금식의 문제에 대하여 마땅히 깊이 생각해 보아야 함에도 불구하고 도대체 우리에게 그 문제가 제기된 적이 있는지 조차 의심스럽다. 이 커다란 주제가 우리의 생활에서부터 아주 빠져버린 것 같고, 우리 기독교인의 전 사고에서부터 아주 사라져 버린 것이 우리의 현실이다.

금식기도가 사라진 이후 성결의 능력을 잃어버렸다. 몸은 거룩한 하나님의 성전이기에 먹고 마시는 것까지 하나님은 성별을 원하신다(고전 6:19).

레 11장, 신 14장에는 부정한 것과 정결한 것의 구별을 하시고, 올바른 식생활을 명령하셨다. 먹고 마시는 것까지도 간섭하신 하나님의 뜻을 알아야 한다. 아무 것이나 먹고 마시는 것은 하나님의 뜻이 아니다. 추하고 더러운 것은 어두움의 문화요, 사탄의 문화요. 쾌락의 문화요. 반기독교의 문화이다.

금식기도로 영혼육을 성결케 하는 성결운동이 일어나야 한다.

현대의 교회는 라오디게아 교회이다. 부자이며, 부요하여 모두가 풍요병에 걸려있다. 금식기도로 풍요병을 치료받아야 한다.

발로 쓴 내 인생의 악보의 주인공 스웨덴의 장애인가수 '레나 마리아'는 많은 이에게 감동을 준다. 전신장애아가 훌륭한 어머니에게 두 발로 십자수를 배웠고, 피아노 연주도 하며, 지휘도 한다. 전 세계를 다니며 복음성가 가수로 음악활동을 하며, 결혼해서 행복하게 살고 있다. 수많은 사람에게 소망을 주는 사람이 되었다. 항상 긍정적이고, 낙천적이고, 항상 밝게 웃고 다닌다. 하나님 앞에 성결한 삶을 살기 때문이다.

3. 신유운동이다

인간의 모든 것은 하나님이 고치셔야 한다. 인간의 잘못한 정치경제, 사회문화, 가정모두가 주님의 손길이 필요하다. 병든 세상, 병든 사회, 병든 가정, 병든 인생의 모든 문제는 영혼, 육신, 정신의 치유가 필요하다. 예수 그리스도의 이름은 치료자의 이름이다. 초대교회 사도행전의 교회는 신유의 교회였다.

"베드로가 가로되 은과 금은 내게 없거니와 내게 있는 것으로 네게 주노니 곧 나사렛 예수 그리스도의 이름으로 걸으라"(행 3:6)

"손을 내밀어 병을 낫게 하옵시고, 표적과 기사가 거룩한 종 예수의 이름으로 이루어지게 하옵소서"(행 4:30)

마가다락방에서 10일간 금식한 120문도는 교회를 세우게 되었고 하나님의 역사가 나타났다(막 16:17).

한국교회는 4H운동이 일어나야 한다. Honesty(정직운동), Holiness(성결운동), Healing(치유운동), 그리고 Help(구제운동)이다. 4가지 운동은 금식기도 운동으로 이루어질 수 있다.

하나님은 여호와 라파, 예수 그리스도는 치료자의 이름, 성령 보혜사는 병 고치시는 은사를 주신 것이다. 이사야 58장에서 하나님이 기뻐하시는 금식은 치료가 급속할 것이라고 했으니, 병든 사람은 금식을 통하여 치료받아야 한다.

주후 4세기 어거스틴과 동시대의 사람 존 크리소스톰은 동방의 교부로서 "금식은 약이다"라고 설교한 사람이다. 공해시대, 건강 불안시대에 살고 있는 현대인들은 금식기도로 신유운동이 일어나야 한다. 현대병은 문화병이고, 식원병이고, 체질병이며, 탁혈병이기 때문이다.

불치병, 난치병, 만성질환의 질병은 금식기도로 치유될 수 있다. 사도행전의 교회는 금식하고 기도했기에 수많은 병자가 치료받았다. 초대교회로 돌아가서 금식과 기도로 부르짖어 병든 영혼과 심령과 육체를 치료받아야 한다. 하나님이 기뻐하시는 금식기도로 질병에서 치유 받아야 영광 돌릴 수 있다.

금식기도는 하나님이 주신 최고의 처방약이다. 말씀대로 사는 것은 하나님이 만드신 자연의 원리대로 살아가는 것이다.

금식기도에는 부작용이 없으며, 모든 병이 확산되거나 진행되지 않는다. 현대인의 병은 문화병이므로, 자연의 삶으로 돌아가는 것이 금식기도이다.

고령화시대에 금식기도야말로 최고의 투자전략이다.

구소련에서는 '개인의 건강은 나라의 재산이다'라고 헌법에 명시되어 있었다.

어떠한 투자보다 가장 효율적이고 생산적이고 미래지향적인 투자가 금식기도이다.

금식으로 병이 치료되는 이유는 예수 그리스도의 이름으로 금식하여 하나님의 말씀을 먹으며 주님 한 분만을 믿는 전폭적인 믿음으로 기도에 전념하는 하나님의 방법이기 때문이다.

생명은 충격이 있어야 한다

대양에서 관상용 열대어를 잡아 공급하는 회사가 열대어 수송문제로 골머리를 앓고 있었다. 아무리 좋은 수족관속에 열대어를 보관해도 수

송도중 절반이상이 죽고 수송 중에 살아남은 열대어들도 비실비실해서 상품가치가 없어졌기 때문이다. 열대어들이 살던 곳의 모래와 암석을 수조 속에 넣어도 소용이 없었다. 그런데, 한 생태학자가 수조 속에 사나운 문어 한 마리를 넣고 바람을 일으켜 물살을 만들었다. 그렇게 했더니, 열대어들이 생생하게 살아 있었다.

물고기는 거센 물살을 거슬러 살아야 한다. 그리고 언제 자기들을 해칠지 모르는 무리 속에서 긴장하면서 살아야 한다. 생명체는 너무 편하면 죽는다. 항상 긴장 속에 살아야 생명을 간직할 수 있다. 인간도 너무 편하면 생의 활력을 잃고 죽어간다. 복지정책이 잘된 나라일수록 자살률이 높다. 금식은 충격요법이다. 생명에, 육신에, 정신에 커다란 충격을 주어 온전케 하는 것이다.

배고픔을 즐겨야 병이 안 걸린다. "배고픔을 즐기세요. 배불리 먹는 것은 장이 차는 속도만큼 삶도 재촉하는 일입니다. 그리고 주말이면 가급적 멀리 떠나 깨끗한 공기와 물을 즐기세요. 어설픈 운동보다는 몸 속을 정화하는게 더 중요합니다." 암 예방 전도사로 나선 홍영재 산부인과 원장의 말이다.

아마추어 골프대회 우승기록을 갖고 있을 만큼 건강에 자신 있던 그가 50대 중반에 암을 발견하고 대장암 3기 수술준비를 하면서 신장암까지 발견하여 이겨낸 후 암예방을 위한 가장 중요한 것이 배고픔을 즐기는 것임을 강조하였다(2004년 12월 1일 매일경제신문).

4. 말씀운동이다

마귀는 떡으로 살라고 하지만, 예수님은 사람이 떡으로 살 것이 아니라 하나님의 입으로 나오는 모든 말씀으로 살 것이라 하셨다. 사도행전의 교회는 하나님의 말씀이 점점 왕성하여 제자의 수가 더 많아졌다고 했다. 초대교회는 성경을 인생의 교본으로 삼고 성령을 스승으로 삼았으며 금식과 기도는 능력이었다. 말씀이 육신이 되어 세상에 오신 분이 예수 그리스도이시다. 개혁교회는 예배의 생명이 말씀에 있다. 말씀을 사랑하고 읽고 가르치고 권하고 말씀대로 살아가는 것이 예수 그리스도의 제자된 삶이다. 말씀은 듣는 것에서 끝나는 것이 아니라, 말씀을 생명의 떡으로 먹어야 신앙의 용장이 될 수 있다. 말씀을 먹는 힘을 잃어버리면 스스로 도태되는 것이다.

말레이시아나 미국의 국립공원에서 야생동물에게 먹이를 주면 엄청난 금액의 벌금을 부과한다. 동물들은 스스로 몸을 움직여 먹이를 찾아다녀야 건강하고 번성하는데 사람들이 던져주는 음식에 맛을 들이면 움직이지 않아서 스스로 질병에 걸려서 병사한다는 것이다.

하나님의 말씀을 먹고 말씀대로 살아야 할 현대 그리스도인들이 신령한 만나를 먹지 않아 영적 기근상태에 빠진 것이다.

금식과 기도는 날마다 말씀을 읽고 먹는 운동이다.

광야 40년간 이스라엘 백성은 농사하지 않아도 하늘에서 내려주신 만나를 먹고 살았다. 생명의 만나인 말씀을 먹어야 건강할 수 있다. 세상 사람들은 3일 굶으면 도적질 안 할 사람이 없고 10일 굶으면 죽지 않을 사람이 없다고 하지만, 예수님은 친히 40일 금식하셨고 말씀으로 사신 것을 친히 증명하신 것이다. 금식하고 기도한 사람은 자신이 친히 증거자가 되고, 증인이 되는 것이다. 마지막 때에는 양식과 물이 아닌 하나님의 말씀을 듣지 못한 기갈이라 했다. 기록된 말씀인 성경과 육신이 된 말씀인 예수 그리스도만 전파하는 증인이 되어야 한다.

사도들은 기도하는 것과 말씀 전하는 것만을 전무했다. 현대의 그리스도인은 너무 분주하고 바쁜 삶 때문에 말씀을 먹지 않는다. 그렇기 때문에 능력이 없고 역사가 일어나지 않는다. 기도와 말씀에 전념할 수 있는 금식기도로 하나님의 나라를 이 땅 위에 이루어야 한다.

사람이 떡으로만 살 수 없다. 영혼의 양식을 위하여 말씀을 먹어야 한다. 예수 믿고 구원받은 두 가지의 길을 제시한 것이 성경이요, 예수 믿고 난 사람에게 하나님께서 원하시는 삶을 살도록 인도해 주시는 것이 성경이다.

사람이 떡으로만 살 수 없다는 것이 얼마나 분명한 진리인가를 우리 주변에서 자주 볼 수 있다. 먹을 것에 대하여 걱정하지 않고, 경제적으로 풍요롭기만 하면 인간다운 것인가? 그런 사람들이 사는 곳에 진정한 삶의 의미가 있는가? 먹기만 탐하고 즐기기만 탐하는 인간들이 사는 세상에서 마음 놓고 살 수 있는가? 그런 사람들이 사는 세상에 자녀들을 내 보내고 안심할 수 있을까?

그렇지 않다는 것을 우리는 너무나 잘 알고 있다. 하나님의 말씀을 통하여 그 영혼이 하나님을 닮아가는 거룩한 백성들이 되어야 이 세상도 안심하고 살 수 있는 곳으로 바뀌어 지고 삶의 의미를 발견할 수 있게 된다. 진정한 인간의 가치는 영혼에 있는 것이지 육신에 있지 않다. 하나님의 말씀을 통해서 은혜를 받고 살아가는 인생이 되어야 참된 인생이다. 하나님의 말씀 외에는 인간에게 진정한 진리가 없고, 생명이 없기 때문이다.

성경말씀을 통하여 한국이 복을 받았다. 기독교가 들어오지 않았다면 한국의 문화, 정치, 경제 수준이 어느 정도였을까? 기껏해야 태국이나 미얀마 수준이었을 것이다. 하나님의 말씀이 이 땅에 들어와서 백성들에게 한글의 중요성을 깨우치고 캄캄한 영혼들을 깨우셨기에 이 민족이 숱한 고난의 일생 속에서도 우뚝 설 수 있었다.

우상숭배와 술잔과 담배에 찌들인 백성들이 하나님의 말씀에 눈을 뜨면서 하나님을 알고 인생이 얼마나 달라졌는가? 소중한 하나님의 말씀인 성경을 우리에게 주신 것은 하나님의 선물이었다. 이 말씀을 읽고 묵상하고 순종해야 하는 책임이 있다.

전도자 무디(Moody)는 "100사람이 있는데, 그 가운데 한 사람이 성경을 읽고 있으면 나머지 99명의 사람은 그리스도인을 읽는다"라고 말했다.

5. 부흥운동이다

21세기는 지식이 공유된 세상으로 정보고속도로인 인터넷을 통하여 문화의 보편성이 이루어진 세상이다. 문화공유시대 변화의 세대로 세속주의 시대이다. 잘먹고 잘사는 것만을 중요시하는 세대로서, 내세에 대한 관심이 없다. 오직 현실에 안주하고 살아가는 잘못된 가치관의 세대이기에 절대적 진리를 부정하는 포스트모던시대 즉 상대주의 시대로 길이요 진리요 생명되신 예수를 부인하고 살아가는 시대이기에 풍요병에 걸려있다.

21세기는 실용주의 시대이기에 내가 하고 있는 길이 진리이냐? 정당한 것이냐? 따지지 않고 내가 편한 것이냐 쉬운 것이냐를 따지는 이기주의 시대이다. 세속주의가 세상을 휩쓸고 있어 유럽의 교회는 세속주의 영향으로 하나님의 교회가 파괴되었고, 영국은 일상적인 삶과 공적인 정치활동에서 하나님과 교회를 무시하게 되었고, 미국은 통제된 세속주의를 경험하고 기독교 상징은 유지되었으나, 이교적인 의미를 담고 있으며, 비기독교적 목적으로 사용되고 있어 점성학 마술이 유행하고 있다.

한국교회도 영향을 받아 부흥이 침체되었다. 한 영혼을 구원하기가 얼마나 힘이 드는지! 마귀의 세력이 얼마나 강한지! 불신의 세력, 사탄의 세력이 너무 강하여 죄와 사망의 길로 세상 사람들을 온전히 묶어버렸다. 사탄은 21세기에 모든 사람들에게 잘못된 가치관을 심어주었다. 타인에게 손해를 끼쳐서라도 자기의 욕구를 채우겠다는 이기주의, 돈 나고 사람 났다는 배금주의, 쾌락을 삶의 핵심적 가치로 여기는 향락주의, 과정이야 어떻든 결과만 좋으면 된다는 결과 우선주의, 생명존중의

한국교회에 금식운동이 일어나야 부흥의 역사가 회복된다고 강조하는 이준동 담임목사.

경계선을 무너뜨리고 과학이 최고라는 과학 만능주의, 자연적 얼굴을 뜯어고치는 외모 지상주의가 바로 세속적 가치관이다.

사도행전의 부흥이 다시 한번 일어나야 한다. 오순절 마가 다락방의 성령의 강림은 10일간 금식하고 기도한 120문도에게 임하신 부흥이었고 안디옥교회의 부흥은 주님을 예배하기 위하여 금식하고 기도했기 때문이다.

부흥은 성령의 주권적인 역사. 성령의 비상한 간섭을 의미한다.

위로부터 임하시는 성령의 임재, 성령의 비상한 부으심이 부흥이다.

부흥을 사모하며, 부흥을 설교하고, 부흥을 줄기차게 기도한 사람은 금식하고 기도하는 사람이다.

금식기도를 통하여 성령의 강한 역사가 다시 한번 일어나야 한다. 주의 성령께서 기름을 부으시고, 단비를 내리시도록 한국교회가 다시 한번 각성하고 약속하신 모든 것을 이루어 주실 때까지 금식기도 운동을 일으켜야 한다. 복음의 황무지였던 한국 땅에 큰 부흥의 역사를 주신 주님의 손길이 다시 한번 미칠 수 있도록, 평양대 부흥 운동이 다시 한번 일어나도록 금식기도를 해야 한다.

6. 변화 운동이다

천국의 증인으로 이 땅 위에 오신 주님은 큰 변화를 가져오셨다. 낡은 것을 새롭게 불완전한 것을 완전하게 초등학문에서 고등학문으로 그림자가 실체로 어두움의 자녀들을 빛의 자녀로 바꾸어주셨다. 당시의 종교지도자들은 변화를 거부하고 예수님을 십자가에 못박아 죽인 것이다. 거세게 다가오는 지구촌의 변화의 물결을 거부할 것인가? 수용할 것인가? 무엇이 바른 변화이고, 무엇이 잘못된 변화인가?

"몸을 하나님이 기뻐하시는 산제사로 드려 마음을 새롭게 함으로 변화를 받아 하나님의 선하시고 기뻐하시고 온전하신 뜻을 분별하라"(롬 12:1~2)라고 하셨다. 마음이 새로워지고 육신이 새로워지고 신앙이 새로워지려면 금식을 통하여 변화를 받아야 하는 것이다(고후 5:17).

21세기는 변화 받은 자들의 시대이다. 마음이 열려있는 자는 깨어있는 자요, 말씀과 기도와 금식으로 성결케 된 자요, 날마다 자기를 쳐서 복종시키는 자요, 사랑의 실천자요, 더불어 살아가는 공동체 의식이 있는 자이며, 날마다 주님과 동행하는 자이다. 이것이 창조적인 변화요, 그리스도인으로서 올바른 변화이다. 변화하는 사람, 기업, 민족, 국가만이 21세기에 살아남을 수 있다. 거룩하신 성령은 변화의 영이시기 때문이다. 세상을 영적으로 바꾸는 영적부흥운동, 교회성장 도시복음화, 빈곤층의 구제, 직장 및 계층의 복음화는 성도와 교회의 변화를 통하여 이루어진다.

사도행전의 교회처럼 변화하는 교회가 되어야 한다.

하용조 목사는 변화하는 교회의 10가지 특성을 이렇게 이야기 했다. 성령 사역하는 교회, 예수공동체를 이루는 교회, 기적을 체험하는 교회, 고난 속에서 복음을 증거하는 교회, 소유를 나누어 쓰는 교회, 순결과 거룩을 꿈꾸는 교회, 영적 지도자를 세우는 교회, 이방인을 가슴에 품는 교회, 땅 끝까지 복음을 전하는 교회, 교회가 교회를 개척하는 교회라고 했다.

여기에 한 가지 더 추가한다면, 금식과 기도를 우선하는 교회이다(행 13:2~3). 금식운동을 전개하는 교회이다. 세상 문화에 익숙한 교회는 세상 것과의 결별이 너무나 어렵다. 음식문화에 길들여진 교회와 성도들이 금식한다는 것은 쉬운 일이 아니다. 그러나 고통과 아픔이 있어도 세상 것과의 끊어짐이 없이 새로운 역사를 이룰 수 없다. 변화할 수 있는 길이 있다면 고통과 아픔을 감수하고라도 변화 받겠다는 결단이 필요하다. 금식은 변화의 운동이며 세상 문화와의 결별을 뜻한다. 믿음의 조상인 아브라함과 선진들은 하나님의 명령에 순종하여 익숙한 것에서 떠나는 결단이 있었기에 하나님의 사람이 된 것이다. 삶의 터전 세상 문화에서 떠나는 것은 변화의 시작이다. 자신의 사명을 알고 은혜를 아는 자요. 새로운 축복의 사람이 되는 것이다.

사도행전에 기록된 초대 교회의 사도와 성도들은 변화의 영이신 성령으로 충만함을 받아 변화된 사람들이었다. 이웃으로부터 듣는 이야기 가운데 가장 신나는 말은 변화되었다는 이야기를 들을 때이다. 초대 교회의 제자들은 성령충만함으로 엄청난 변화를 받았다. 금식은 변화시키는 하나님의 능력이다. 육신의 변화, 생각의 변화, 심령의 변화, 신앙의 변화, 생활의 변화 등 모든 면에 변화된다. 성령은 변화의 영이시기에, 금식기도로 변화운동이 일어나야 한다(고후 5:17).

생활의 변화이다

잘못된 삶, 게으른 삶, 절제 없는 삶을 고칠 수 있다. 현대인의 삶은 의미없는 삶이요. 목적이 없는 삶이요. 반복되는 권태로운 삶이기에 무미건조한 삶이다. 먼 나라에 가서 허랑방탕한 삶을 살아 모든 것을 허비한 둘째아들은 그 나라에 흉년이 들어 돼지가 먹는 쥐엄 열매로 배를 채우다가 주려 죽게 되니 그의 삶을 청산하고 아버지의 집으로 돌아오게 되었다. 굶주림은 잘못된 삶을 청산하는 기회가 되었고 철저하게 자신을 깨뜨려 회개하는 사람이 되었다. 먹을 것이 너무 많고 풍요한 현대인들에게 금식은 자신의 생활을 돌아볼 수 있는 기회를 주는 것이다. 너무 많이 먹고 너무 많이 자고 너무 많이 쉬는 자기중심적 삶을 청산할 수 있다.

너무 많은 물질을 낭비하고 하나님이 주신 자연을 훼손하는 현대인들에게 금식이야말로 자원의 귀중함을 알려 주고 자신에게 주신 재능을 발견할 수 있으며 참된 삶의 가치와 의미를 깨닫게 해 준다. 죄악된 세상에서 구별된 삶을 살 수 있는 능력이요 이기주의적 세태에서 남을 위해 희생하며 봉사할 수 있는 힘이기 때문이다. 예수님을 따라가고 본받는 제자의 삶이 섬김의 삶이기 때문이다. 명목상의 그리스도인을 변화시켜 참된 제자로 만드는 것이 21세기 교회가 해야 할 일이다.

필리핀의 중국복음선교회 총재 데이빗 림 박사는 필리핀 기독교의 명목성을 개탄했다. "우리 필리핀에는 기독교인이 95%나 됩니다. 그러나 믿지 않는 사람들과 도덕성으로 별 구분이 없습니다. 필리핀 사회에는 여전히 부패와 뇌물, 불의와 거짓이 판을 치고 있습니다. 믿는다고 하는 사람들이 세속화될 때 안 믿는 사람들이 사회 이상으로 문제가 발생합니다. 이 세상에서 가장 종교적이지만 거룩하지 않습니다." 영적 변화가 없는 명목상의 기독교인이 전교계적인 문제이다. 이름만 기독교인이고, 교회에 출석하지 않는 사람들의 비율은 성공회 80% 오순절교단 54% 장로교 51% 감리교 42% 가톨릭 40%이며 1960년대 이후 꾸준히 증가 추세에 있다. 이 사람들은 교회성장과 선교에 큰 방해물이 된다. 교회와 성도들을 비판적 안목에서 바라보게 한다. 신앙에서 멀어지고 교회의 신뢰도와 공신력을 하락시킨다. 기독교 복음의 능력을 보여주지 못해서 선교의 열매를 맺지 못한다. 기독교의 복음이 인간 삶의 영역에 관련이 없을 때 그 힘을 잃어간다. 하나님의 역사는 교회 안에서부터 내적 변화에서 일어나야 한다. 하나님의 집 안에서 갱신이 이루어져야 한다.

7. 식생활 개선 운동이다

현대병의 90%는 식원병이다. 잘못된 식생활이 질병을 가져온 것이다. 그래서 생활 습관병이라 부르는 것이다. 내가 먹은 음식이 내가 된다. 무엇을 먹느냐에 따라서 체질이 바꾸어지고 체질이 심성이 되고 그 사람의 인격이 되는 것이다. 히포크라테스는 "음식물로 고치지 못하는 병은 의사도 못 고친다"고 했다. 예로부터 '의식동원 식약일체' 란 말은 먹는 음식과 약은 하나 라는 뜻이다. 식생활을 개선해야 현대병을 고칠 수 있다. 잘 먹고 잘살자는 말이 우리 민족의 소원이었다. 이제는 너무 많이 먹어서 병이 왔기에 "덜 먹어야 잘 살 수 있다"로 고쳐야 한다. 세계 제일의 초 강대국 미국은 의학 약학 영양학에서 다른 나라보다 훨씬 앞서 있다.

그러나 미국은 질병의 천국이다. 미국의 상원은 세계의 석학 300명에게 의뢰한 보고서가 5000페이지에 달한다고 하는데 20세기 초의 식생활로 돌아가야 암, 고혈압, 심장병, 중풍 같은 현대병을 막을 수 있다는 것이다. 영양의 과잉이 병을 가져왔다는 것이다.

"네가 만일 탐식자이여든 네 목에 칼을 들 것이니라. 그 진찬을 탐하지 말라. 그것은 간사하게 베푼 식물이니라"(잠 23:2~3).

"술을 즐겨하는 자와 고기를 탐하는 자로 더불어 사귀지 말라"(잠

23:20).

"여호와여 내 입 앞에 파수꾼을 세우시고 내 입술의 문을 지키소서. 악을 행치 말게 하시며 저희 진수를 먹지 말게 하소서"(시 141:3~4) 진수는 진수성찬이다.

입을 지키는 것이 어렵다. 식생활을 고쳐야 건강할 수 있다. 어려서부터 잘못 길들여진 식생활의 습관이 비만을 가져오고 모든 질병을 가져온 것이다. 특히 서구식 먹거리가 자녀들의 심성까지 황폐화 시켜 온순하고 유순해야 할 자녀들이 반항하고 충동적이고 폭력적이 된 것은 육식을 많이 했기 때문이다. 세상을 창조하신 하나님은 창 1:29을 통하여 먹거리를 주셨다. 자연식, 채식, 생식인 것이다. 가공식, 육식, 화식은 반대의 식생활이다. 요가에서 말하는 식생활은 소식, 채식, 서식이고 금하는 것은 과식, 속식, 간식이다. 빨리 먹는 식생활습관도 고쳐야 한다. 우리나라는 어느 곳을 가도 음식점이 있다. 음식공화국이라는 오명을 벗어야 한다. 예수 믿는 사람이 거의 없는 일본도 올바른 식생활로 세계 제일의 장수국이고 세계 제일의 건강수명국이다. 교회는 금식기도운동을 통하여 음식물 찌꺼기를 남기지 않는 운동을 벌여야 한다. 이것이 자원절약운동이고, 자연보호운동이고 건강운동이다. 현대인의 죄 가운데 하나가 미식주의이다. 소박한 밥상으로 식생활 개선해야 한다. 탐식에 빠지지 않기 위하여 금식하라. 사람의 마음을 아는 가장 빠른 방법은 그의 위장을 통해서 라는 말이 있다. 마귀도 이것을 알기에 금단의 열매로 하와를 유혹한 것이다.

인류멸망의 원인은 먹는 시험이었다. 하나님과 동행한 노아도 함정에 빠졌다(창 9:20~21). 에서의 탐식은 장자권을 팔았고, 장자의 축복을 박탈 당했다. 광야에서 방탕한 하나님의 백성은 실패의 기록이었다. 음식문제로 부정했고 울었고 간청했고 열망했다(민 11:4~5, 민 21:5). 엘리의 집안에 저주를 가져왔다(삼상 2:29).

음식의 노예가 되어있는 사람이 있다. 먹고 마시기 위하여 앉는 것을 성령께서는 우상숭배라고 하신다(고전 10:6~7).

하나님께서는 먹고 마시는 것이 노아의 때와 같다고 경고한다(마 24:37~38, 눅 12:45~46, 21:34).

너무 바쁜 생활이 나쁜 습관을 길러 아픈 결과를 낳는다. 악 순환을 더 이상 만들지 말자. 인생이 결코 자기 것이 아니기에 이제라도 운전대를 여호와 하나님께 맡기는 의식전환을 하자. 한순간에 우리가 시체로 변하기 전에 지체의식을 가지고 느긋하게 여유를 갖기도 하면서 우리 인생을 하나님께 맡기고 그 분의 뜻에 따라 제대로 멋진 인생을 운전하는 방법을 배워야 한다. 소식이 건강에 좋다는 것을 알면서도 맛과 양에 이끌려서 건강을 망가뜨리곤 한다. 또 쓸모이상의 재산과 지식과 명예는 독이 될 수 있다는 것을 알면서도 그것을 얻기 위해 선의의 경쟁을 하고 악의 가득한 투쟁을 한다. 마음이 가난하지 못한 까닭이요. 어리석음 때문이 아니고 무엇이겠는가? 생존을 위해 필요한 양보다도 많은 먹거리를 구하고 그것을 모두 먹고서 그것이 소화되어 배설될 틈도 주지 않은 채 다시 먹고 마신다. 재물도 지식도 명예도 같은 모양이니 탐욕도 탐욕이지만 어리석음이 더 부끄러운 일이다. 이 시대의 삶이 그러하다 보니, 모두가 금식하여 새로운 마음과 삶을 이어가야 한다.

채식하면 전 세계적으로 해마다 270만 명의 생명을 보호할 수 있다. 채소와 과일을 적게 먹는 식사습관이 심장병의 31% 대장암의 19% 뇌졸중의 11%를 차지한다. 하루 섭취 채소량은 400g이다. 미국의 국립 암 연구소는 매일 다섯 접시의 채소와 과일을 먹을 것을 권고하고 있다. 채소가 과일보다 한 수위이다. 채소에는 섬유소, 미네랄, 라이코펜(황산화성분)이 풍부하다.

'달콤한 악마가 내 속으로 들어왔다' (미식) 이것은 음식소설의 제목이다. 무라까미 류라는 일본 소설가가 세계 각국의 요리들을 맛보고 나서 쓴 소설의 제목이다. 문화와 문명이 발달 할수록 먹거리도 발달하고 우리의 미각 또한 섬세하게 발달되어 간다. 인간의 미각이라는 것이 이토록 호사스럽고 요란하고 복잡한 것이다. 먹는 문제는 우리의 주된 관심사 중의 하나이다. 그래서 어느 곳 무슨 식당에서 무슨 요리를 잘한다는 소문을 들으면 그 곳까지 멀다 않고 찾아간다. 한국인의 미각은 세계적으로 유명하다. 식생활을 바꾸어야 나라의 미래가 있다. 외국의 농산물로 점명된 식탁문화를 바꾸기 위해서라도 그리스도인들은 금식을 통하여 식생활의 혁명을 이루어야 한다.

8. 전인적 훈련 운동이다

예수 믿고 구원 받은 성도를 7가지로 표현하고 있다. 디모데후서 2장에 보면 다른 사람을 가르칠 수 있는 교사로 그리스도 예수의 좋은 군사로 법대로 경기하는 자, 수고하는 농부, 부끄러울 것이 없는 일꾼으로 귀히 쓰는 그릇으로 주의 종으로 불러주신 것이다. 예수님은 3년간 12명의 제자를 가르치시고 훈련시키셨다. 그리스도의 제자는 저절로 되어지는 것이 아니고 훈련을 통하여 되어진다. 그리스도인을 제자로 훈련시키는 가장 좋은 운동이 금식기도운동이다. 살아있는 사람이 죽음을 체험하는 길은 금식기도뿐이기 때문이다.

  기독교의 진리는 역설의 진리이다. 얻고자 하는 자는 주어야 하고, 살고자 하는 자는 죽어야하며 높아지려면 낮아져야 한다. 섬김을 받으려면 남을 섬겨야 한다. 스스로 낮아지고 겸손해지려면 금식기도를 통하여 자기를 훈련시켜야 한다. 훈련받은 군사만이 군인으로서의 사명을 완수하고 부단한 훈련을 통하여 운동선수가 되는 것처럼 그리스도인은 반드시 훈련을 받아야 한다. 이스라엘 백성을 광야에서 40년간 훈련시키신 것처럼 믿음의 조상인 아브라함도 이삭도 야곱도 요셉도 하나님의 훈련을 모두 마친 것이다.

  물에 빠져 죽은 오리가 있다? 어떤 사람이 청둥오리 한 마리를 사서 물에 넣어주었는데 저녁에 퇴근해 보니 물에 빠져 죽어있는 것이 아닌가! 그래서 오리를 사온 주인에게 따졌더니, "그것도 몰랐습니까? 그 오리는 양계장에서 부화하고 키운 오리입니다. 그래서 수영을 할 줄 모릅니다. 게다가 그 오리는 어릴 때부터 물 속에 집어넣지 않았기 때문에 깃털에 기름이 분비되지 않아서 물에 잘 뜨지도 못합니다."

  물갈퀴가 있는 오리가 모두 수영을 할 수 있는 것이 아니듯이 교회에 다닌다고 그리스도인으로 저절로 바르게 사는 것은 아니다. 비둘기처럼 순결하고 뱀 같은 지혜로움이 있을 때 온전한 경건이 된다. 무지가 순수가 아니고 세상 물정을 모르는 것이 경건이 아니다. 수영할 줄 모르는 오리가 오리로서의 삶을 살지 못하는 것처럼 성경 끼고 교회에 열심히 다닌다고 성공적인 그리스도인으로서의 삶은 사는 것이 아니다. 오리의 진가가 양계장이 아닌 물 속에서 드러나듯이 진정한 성도의 영성은 일터에서 드러난다. 빛과 소금으로 살아가는 삶이 성경적 삶이다.

날지 못하는 독수리가 있다. 신앙인의 삶은 비상하는 독수리와 같다. 우리의 내면세계는 비상하기보다 추락하는 때가 더 많다. 기쁨과 감사함으로 비상하는 그리스도인의 삶은 어떻게 가능한가? 1984년 LA올림픽 개막식 준비에 얽힌 일화가 타임지에 실린 적이 있다. 준비위원회는 기념행사의 절정을 국가 연주시 미국의 국조인 흰머리 독수리가 올림픽 주경기장 꼭데기에서 부터 날아와 경기장 안에 장식된 오륜기 위에 내려앉게 하는 멋진 장면을 기획했다. 미국을 흥분시킨 이 계획은 시작부터 어려움에 직면하여 흰머리 독수리를 잡는 것이 쉽지 않아서 준비위원회는 메릴랜드에 있는 야생연구소에서 22년간 거의 날지 않고 살아왔던 범버라는 독수리를 구한 후 전문조련사를 붙여서 훈련을 시작했다. 철저한 식이요법을 병행하며 범버에게 하늘을 날도록 연습시키는 일이 시작되었다. 범버는 비행연습 중 두 번이나 땅에 떨어지는 수모를 당했다. 이 과정에서 지나친 긴장과 스트레스를 받은 범버는 죽음에 이르고 말았다. 하늘을 날도록 지음 받았으나, 20년간 새장에 갇혀있었기에 독수리라는 이름을 가졌으나, 결국 하늘을 날아가다가 떨어져 죽은 사건은 현대교회에 주신 교훈이다.

그리스도인에게 말씀과 믿음의 날개를 주셨다(사 40:27~31).

연어새끼의 훈련이 있다. 연어새끼가 강물에서 4~5cm정도 자라면 마침내 바다로 나가게 된다. 강물 속에 사는 많은 고기들이 어린연어에게 바다는 위험한 곳이라고 일러준다. 어린연어가 보기에는 그들이 좁은 울타리 속에서 삶에 만족할 뿐 넓은 바다에서 마음껏 뜻을 펼치며 살기를 포기한 자들로 밖에 보이지 않는다. 어린연어는 쉽게 바다로 나가지 못한다. 그 들 앞에는 거대한 장벽이 가로놓여 있기 때문이다. 바다로 나갔다가는 되돌아오는 하루 이틀 사흘을 거듭하면서 짠물에 몸을 적응시킨다. 이 과정에서 혹독한 시련과 희생이 따른다. 피부색도 바뀌고 몸 속의 살색도 바뀌며 영혼마저도 무쇠처럼 바뀌는 것이다. 그리고 나서야 저 멀리 그들이 한 평생 살아갈 북태평양으로 나가는 것이다. 연어새끼 조차도 혹독한 훈련 통하여 성장하는 것이다.

영적 충전이 필요하다. 금식은 영적충전의 길이다.

개인적으로 사용하는 모든 전자제품은 일정시간, 지나면 충전을 해야 계속 사용할 수 있다. 전기코드에 꼽아서 충전을 해야 쓸 수 있다. 여행 중에 불편할까봐 편의점 휴게실 등 사람들이 모이는 곳에는 충전을 시킬 수 있는 기계들이 있다. 아무리 좋은 제품도 충전 없이 사용할 수 없기 때문이다.

신체의 에너지도 사용만 하고 충전하지 않으면 병든다는 것을 아신

깨끗하고 좋은 환경 속에 잘 정돈되어 있는 양평금식기도원 숙소의 모습.

하나님은 1주일에 하루를 충전하는 시간으로 배려하셨다. 일 중독에 빠진 한국인들에게 특별한 교훈이다. 웰빙시대라고 하지만, 진정한 웰빙은 영적 충전이 이루어져야 한다. 금식은 영적 충전을 하게 하는 가장 좋은 방법이다. 복잡하게 살아가는 현대인에게 바쁘게 살아가는 그리스도인들은 반드시 영적 충전이 있어야 한다.

육체의 훈련이 필요하다

그리스도인은 세상과 마귀로부터 오는 무차별 공격에 속수무책이다. 공산혁명을 일으킨 볼셰비키 전사들은 "우리는 혁명을 위하여 하루에 팔굽혀펴기 800개를 했다"고 한다. 자기 자신들을 훈련시키고 단련시킨 것이 혁명의 전사들이었다. 복음혁명, 예수혁명, 말씀혁명, 전도혁명을 이루기 위하여 금식혁명이 일어나야 한다.

육체의 한계 뛰어 넘어야 은혜를 체험할 수 있고 올바른 기도할 수 있다. 일찍 자고 일찍 일어나는 것이 건강의 첩경이다. 저녁 9시 이후 TV, 영화보지 않고 음식 먹지 않고 낮에는 열심히 일하여 자신을 연단 시켜야 한다.

고산병을 이기려면 육체의 훈련도 필요하다. 해발 1000m 올라가면 평지보다 7%의 산소가 감소한다. 4000m에 살면 30%의 산소가 부족하다. 70%의 산소를 가지고 숨을 쉬어야 한다. 복음 전하려면 몸짱이 되어야 한다. 신학교에서 육군사관학교, 보병학교에서 훈련하는 것 이상으로 체력훈련을 해야 한다. 선교사는 건강해야 되기 때문이다. 건강해야 선교할 수 있다. 건강해야 이 민족을 살릴 수 있다. 건강하지 않으면 아무 것도 할 수 없다. 선교사의 첫 번째 외적 요인은 건강이다.

머리의 훈련이 필요하다

하나님의 말씀처럼 인간을 지혜롭게 만드는 방법은 없다. 예배 참석, 말씀듣기, 묵상하기, 성경암송, 시간을 정해놓고 기도하기, 금식은 두뇌건강학 두뇌혁명이다. 40일 동안 TV를 보지 않으면 성경을 1독 할 수 있다. 게으르지 말고 열심히 성경을 읽고 듣고, 말씀을 먹어야 한다. 금식은 두뇌건강학이기 때문이다.

금식하면 뇌세포가 깨끗해지고 활성화되어 두뇌혁명을 가져온다. 시간활용의 훈련은 몇 배의 차이가 나고, 재능활용의 훈련은 10배의 차이가 나지만 집중력의 훈련은 100배의 차이가 난다고 한다. 기억력, 집중력, 인식력, 구상력, 인지력, 추상력의 훈련이 된다. 21세기 인류의 질병은 AIDS, 암, 치매라고 한다. 우리나라 노인 중 85세 이상은 50%가 치매라는 통계가 있다. 두뇌를 사용하지 않으면 뇌세포가 파괴되어 치매가 되는 것이다.

금식은 뇌에 충격을 주기 때문에 뇌세포가 활성화된다고 한다. 세계적인 과학자 중 많은 수가 미숙아로 태어났다. 어머니 뱃속에서 제대로 영양을 공급받지 못해 두뇌가 발달했다는 것이다. 영양과잉 시대에 살고 있는 우리에게 주는 교훈이 될 수 있다. 뇌를 활성화 시키는 것이 금식기도이다. 연령에 상관없이 금식기도하게 되면 두뇌혁명을 가져오기 때문에 머리가 좋아지고 건강해지며 노인치매를 예방할 수 있고 피부가 아름다워지고 미인이 될 수 있으며 머리 좋은 아이를 만들 수 있고 독창력이 샘솟듯 하며 인생철학이 바뀌어 지고 하나님의 섭리와 뜻을 깨달을 수 있어 신앙이 깊어지고 행복하게 살아갈 수 있게 된다.

아는 것이 힘이라고 한다. 남보다 많이 알면 그들을 이끌 수 있는 사람이 되고 남과 다른 것을 알면 자기만의 능력을 갖게 되고, 남보다 먼저 알면 모든 일에서 먼저 기회를 갖게 된다. 안다는 것은 자신을 타인과 차별화하는 수단이며, 자신의 정체성을 형성하는 자료이기도 하다. 좋은 것을 알면 좋은 사람이 되고 기독교 지식을 듣고 믿으면 그리스도인이 되며 수학을 배우면 수학자가 된다. 무엇을 배우느냐에 따라서 자신의 직업이 결정되고 자기존재와 성품이 결정된다. 인간은 자신이 배운 것을 중심으로 자신을 형성하기 때문이다. 배우는 일이 사람됨을 결정한다는 것은 분명한 일이다.

금식은 자신을 정복하는 훈련이다

산악인 박영석씨의 북극점 정복은 감동 스토리이다. 박영석 씨는 8000m급 히말라야 14봉을 완등했다. 이어서 7대륙 최고봉을 차례로 정복했다. 그리고 54일에 걸쳐 눈보라와 싸우며 북극점에 도달하여 지구 3극점을 정복하는 쾌거를 올렸다. 눈보라와 부족한 식량속에서도 1%의 가능성만 있어도 절대 포기하지 않겠다는 굳은 신념을 갖고 북극점을 향했다. "나를 괴롭힌 것은 북극의 악천후가 아니라 나 자신이었습니다. 나는 자신과의 싸움에서 이겨 북극점을 밟은 것입니다."

나와의 싸움에서 이긴 자가 반드시 성공한다.

바울도 한 푯대만을 바라보면서 자신을 쳐 복종시켰기 때문에 어떠한 어려움 가운데에서 믿음을 지키며 승리할 수 있었다(딤후 4:7~8).

"내가 달음질하기를 향방 없는 것같이 아니하고 싸우기를 허공을 치는 것같이 아니하여 내가 내 몸을 쳐 복종케 하였노라"(고전 9:25~27)

"자기 마음을 다스리는 자 성을 빼앗는 자보다 나으리라"(잠 16:32)

2장_ 금식은 하나님의 명령이다

"그 때에 요한의 제자들이
예수께 나아와 가로되
우리와 바리새인들은 금식하는데
어찌하여 당신의 제자들은
금식하지 아니하나이까
예수께서 저희에게 이르시되
혼인집 손님들이 신랑과 함께 있을
동안에 슬퍼할 수 있느뇨
그러나 신랑을 빼앗길 날이 이르리니
그 때에는 금식할 것이니라"
마태복음 9장 14~15절

2장_ 금식은 하나님의 명령이다.

예수님이 사시던 당시, 유대 사회에 있어서 금식은 굉장히 중요한 한 부분이 되어 있었다. 구약 성경은 민족적으로, 작은 집단으로, 때로는 개인적으로 행해야 하는 금식에 대한 것으로 가득 차있다. 금식은 하나님의 백성에게는 삶의 한 부분이었다.

성경은 금식을 한 많은 사람들에 대하여 말하고 있다.

예수님은 친히 40일 금식하셔서 본을 보이셨고, 금식에 대한 풍부한 지식과 함께 그 이유에 대하여 잘 알고 계셨으며 금식에 아주 익숙한 사람들 가운데서 살고 계셨다. 그러나 당시의 종교 지도자들인 바리새인, 서기관, 제사장들은 그들의 종교적 제도 속에서 금식을 행하다 보니 외식에 빠지고 형식에 빠져서 주님은 마태복음 6:16~18을 통하여 올바른 금식의 방법을 가르쳐 주신 것이다.

모세, 삼손, 사무엘, 한나, 사울, 요나단, 다윗, 엘리야, 여호사밧, 에스라, 느헤미야, 에스더, 다니엘, 세례요한, 안나, 사도 바울 등……

성경의 금식은 상한 심령, 갈급한 마음과 관련이 되어 있다.

금식은 "주님 앞에 자신을 낮추다"라는 말과 "자신의 영혼을 괴롭게 하는 것"과 같은 의미로 말하고 있다. 금식은 자신을 부인하는 하나의 행동인 것이다.

성경적 금식은 이유 없이 행하여지지 않았다. 자신을 낮추어야 하고, 부인해야 하고, 자신을 괴롭게 하는데 목적이 있는 것이다. 진실 되고 순전히 자발적이며 진심에서 우러나와서 시작했던 금식이 외식적이며 독선적이고 사람들에게 나타내 보이려고 하는 종교의식으로 전락해 버리고 말았다.

예수님 당시의 종교 지도자들이 금식의 참된 의미를 곡해하여 왜곡하고 변질시킨 것이다.

우리 민족은 외부로부터의 많은 침략과 환난 속에서 고난의 역사를 갖고 있기에 먹는 것에 대한 많은 애착을 갖고 있다. "수염이 석자라도 먹어야 양반이다", "금강산도 식후경이다", "먹고 죽은 귀신은 때깔도 좋다", "외상이면 소도 잡아먹는다"

먹는 것에 대한 집착이 지나칠 정도이고 보니 굶으면 죽는다는 의식, 잘 먹어야 일을 할 수 있다는 관념이 모든 사람들의 머리 속에 각인 되어 있기에 금식을 하기가 매우 어려운 것이다. 잘 먹어야 건강하다는 우리의 관념으로 음식이 하나의 신(神)이 되어 있다. 음식에 대하여 정상적인 어떤 관념에서 벗어나 극도로 매혹되어 있으며 먹지 말아야 할 것을 먹음으로 타협하고, 잘못된 식생활 때문에, 음식에 대한 탐식 때문에, 많은 문제를 가져온 것이다. 영적인 문제, 육체적 문제, 정신적 문제까지 치료받아야 할 사람들이 된 것이다.

금식은 하나님의 명령이요 성도의 의무이며 자신을 훈련시키는 가장 좋은 방법이요, 영혼이 육신에 잠식되어 가는 것을 막아주는 길이요, 올바른 삶의 길잡이가 되는 것이다.

금식은 성부 하나님의 명령이고 성자 예수님이 실천하신 것이요 성령 하나님이 말씀하신 것이다.

1. 금식은 선택과목(選擇科目)이 아니다

인생은 자기를 잘 다스리고 절제하는 사람에게는 행복, 기쁨, 만족, 보람, 건강을 주지만, 자신을 절제하지 못하고 게으른 인생에게는 좌절, 낙심, 실패, 질병, 고통이 따라온다. 아무리 바쁘고 분주하더라도 먼저 시간, 마음, 정성을 드리는 제물이 금식이다. 무슨 일을 하든지 먼저 하나님께 자신을 드려야 한다.

3층 금식관의 아침 조회시간. 금식자들의 애로사항을 함께 나누며 기도함으로 서로에게 큰 힘이 되는 시간이다.

마태복음 6:33. "너희는 먼저 그의 나라와 그의 의를 구하라 그리하면 이 모든 것을 너희에게 더하시리라"

로마서 12:1~2. "그러므로 형제들아 내가 하나님의 모든 자비하심으로 너희를 권하노니 너희 몸을 하나님이 기뻐하시는 거룩한 산 제사로 드리라 이는 너희의 드릴 영적 예배니라 너희는 이 세대를 본받지 말고 오직 마음을 새롭게 함으로 변화를 받아 하나님의 선하시고 기뻐하시고 온전하신 뜻이 무엇인지 분별하도록 하라"고 했다. 해도 되고 안 해도 되는, 내 자신이 선택할 수 있는 과목이 아니라 반드시 이수해야 되는 필수과목이다.

2. 금식은 교양과목(敎養科目)이 아니다

이스라엘 민족은 금식이 삶의 한 방편이었다. 금식을 습관화(習慣化), 생활화(生活化), 의무화(義務化)해야 한다. 시련, 고난이 오기 전에 감사와 기쁨으로 먼저 몸을 드려야 한다. 복을 받아 하나님의 은혜 속에 살아가는 직분자들 만이 거쳐야 하는 하나의 악세사리가 아니다. 내 자신의 영혼과 육신과 인생을 위해서, 자녀를 위해서, 가정을 위해서, 교회를 위해서, 나라와 민족을 위해서 하나님께 드려야 하는 신앙의 한 부분인 것이다. 주께 받은 사명을 감당하기 위해서 주께 받은 생명을 건강하게 유지하기 위해서, 받은 은혜를 지속하기 위해서 값을 지불해야 하는 희생이요 헌신이다.

3. 금식은 이론이 아니다

논리적이고, 사변적이고, 철학적이고, 과학적인 인간도, 윤리와 도덕으로는 타락한 존재이기에 모두가 죄악의 병에 걸려있다. 기독교의 신앙은 역사적이고, 사실적이고, 실제적이고, 구체적이고, 인격적이신 살아 계신 하나님이신 예수님을 섬기는 신앙이다.

신학을 말하기 전에 하나님을 알아야 하고,

지식을 말하기 전에 말씀을 알아야 하고,

과학을 말하기 전에 예수 그리스도의 믿음을 알아야 한다.

금식은 실제적 사건, 현실적 사건, 체험적 사건, 은혜적 사건이다.

해 아래 있는 것은 모두 다 재충전, 보충이 필요하다. 자동차는 기름을 보충해 주어야 하고, 식물들에게는 물을 공급해야 하고, 동물들에게는 먹을 것을 공급해 주어야 한다. 인간에게는 먹을 것만 공급해서는 살 수 없다. 영적 존재이기 때문이다. 영적인 충전이 필요하며, 말씀과 기도와 금식이 중요한 것은 체험적 신앙이기 때문이다. 내 자신의 것을 드려야 하기 때문이다.

4. 금식은 고행(苦行)이 아니다

세계의 모든 종교는 율법의 종교이다. 인간의 선행으로, 공덕으로, 노력으로, 구원받을 수 있다는 것이다. 수억 만 가지의 죄(罪)가 인간의 고행(苦行)으로 용서받는다는 것이다.

기독교의 암흑시대인 중세기에도 이와 같은 사고가 있었기에 나무나 기둥 위에 올라가서 생활한 사람도 있었는데 이들을 "주상성자(柱上聖者)"라고 했다.

불교에도, 도교에도, 마호멧교, 힌두교, 세상의 모든 종교에도 금식이 있다. 그러나 고행주의에 빠지고 말았다. 자신을 학대하고 자신을 벌하는 고행주의(苦行主義)이다.

기독교 최초의 이단은 영지주의(靈智主義, Gnosticism)인데 이들은 금욕주의자들이었다. 물질적 세계와 인간의 육체는 무가치하고, 영과 육을 분리(分離)해서 생각하여, 육은 악하고 영은 선한 것이라 주장했다. 영(pneuma)이 하나님과 하나가 되기 위한 필수 과정이 금욕이라 하여 금욕주의자들이 되었다.

금식은 주님의 고난에 동참하는 의미도 있지만, 죄와 사망에서 구원하신 주님의 은혜에 감사하고 자신을 훈련시키는 방법이다.

금식은 고행이 아닌 하나님의 은혜의 방법이요 하나님의 복이다. 금식할 수 있는 마음은 주님의 마음이요, 은혜이다. 하나님의 은혜로 살아가는 성도들은 주신 은혜, 받은 은혜로 살아가는 것이다.

고행은 세상 종교에서 하는 것이다. 정신적인 카타르시스를 얻기 위하여 자발적으로 신체에 고통을 가(加)하는 종교수단이 고행이다.

고행문화의 고장은 인도이다. 내세의 낙을 얻고자 현세에서 고행해야 한다고 생각하여 걸식 고행하는 이가 5,000만 명에 이르고 있다.

대중 앞에서 핏발이 서도록 제 몸에 회초리 질을 한다. 팔이나 손가락에 불 심지 태우는 고행을 하고, 한 발을 들고 외발로 오래 서 있는 고행도 하고, 가시덤불이나 쇠똥 위에 누워있는 고행도 하고, 나무 위에서 내려오지 않는 수상(樹上)고행도 하며, 중세 기독교 문화권에서는 높은 사원(寺院)의 기둥 위에 올라가서 내려오지 않는 주상(柱上)고행을 하는 자도 있었다.

5. 금식은 전인적(全人的)인 헌신이다

금식은 몸과 마음과 영혼 모두를 주님께 드리는 최고의 방법이다. 예수 그리스도의 제물 되심을 본받는 것이다. 주님은 하늘과 땅 사이에 매달리셔서 하나님과 인간 사이의 제물이 되신 분이다. 속죄제물, 화목제물이 되셨다. 예수를 믿어도 제물이 되지 않으면 예수의 제자가 아니다.

제물은 죽어야 하는 것이다. 그러나 예수님이 제물이 되셨기에 성도는 산 제물로 하나님께 드리는 것이다. 살아서 죽음을 체험하는 것은 금식뿐이다. 금식은 인간이 하나님께 드릴 수 있는 최고 최선의 헌신이다. 온전한 헌신을 원하시는 주님이시기 때문이다.

공산주의자들은 4가지 절대가 있다고 한다. 절대 신앙, 절대 훈련, 절대 행동, 절대 헌신이다.

기독교의 신앙은 하늘의 생명을 받았으니 상대적인 것이 아니라 절대적인 것이다.

6. 금식은 전인구원이다

과학의학이 아닌 하나님이 만드신 창조섭리에 의하여 인간은 자연의 일부라는 관점에서 자연으로 돌아가면 모든 병은 치료될 수 있다는 것이다. 육신이 병들면 음식을 먹지 않고 스스로 치료받는 자연계의 모든 동물들의 치료법이다. 자연치유력을 통한 영혼과 육신의 치료법인 금식이야말로 자연치유력을 도와주는 가장 좋은 방법이다.

질병 없이 건강한 몸으로 오래 살고자 하는 인간의 욕망은 예로부터 오늘에 이르기까지 모든 인류의 한결같은 소망이다. 사람들은 이 간절한 염원을 달성하려는 꾸준한 노력으로 오늘날 의약과 의술의 눈부신 발달을 가져왔다. 그럼에도 불구하고 지구상의 62억 명이 넘는 인류는 아직도 질병으로부터의 완전한 해방을 얻지 못하고 있는 실정이다.

'천병만약(千病萬藥)' 이란 말이 있듯이 병도 많고 병에 따르는 약도 많지만 인간은 아직도 질병에서 놓임을 받지 못하고 있다. 그 뿐만 아니라 오히려 질병의 굴레에 목을 조여 가는 딱한 실정이다.

거기다가 헤아릴 수도 없을 만큼 숱하게 쏟아져 나오는 의약품은 용도를 잘 모르는 소비자의 무분별한 복용으로 부작용과 약물 중독을 일으키고 있다.

인체(人體)를 유물론적 사고방식으로 기계의 한 부분인 양 고장 난 부분만 고치면 된다는 현대 의학의 맹점은 이제 그 한계점에 도달하고야 말았다. 그리하여 새로운 의학이 탄생하였으니 즉 신체 의학인 것이다. 한편으로는 다른 곳에 눈을 돌리게 되었으니 자연의학이다.

인간은 영혼과 육체를 분리해서 생각할 수 없다. 하나님은 흙으로 사람을 지으시고 그 코에 생기, 즉 영혼을 불어 넣으셨기 때문에(창 2:7) 현대 의학이 육체의 국부적 증세, 혹은 정신의 일면만을 치료해온 과거의 의료 행위는 마땅히 시정되어져야 할 것이다.

만물의 영장인 인간의 구성 요소를 물질일 뿐이라고 주장하는 유물론의 입장을 극복하고, 기독교는 인간도 삼위일체라서 영과 혼과 육이 동시에 치료받을 수 있다는 성경 말씀에 의거해서 금식 요법을 생활화 해 온 것이다.

현대에 와서 금식 요법이 종교적인 의의를 떠나서 건강법으로도 높이 평가받고 있다. 금식 요법은 깨어진 건강의 균형을 바로 잡고, 정신과 육체가 균형과 조화를 이룬, 훌륭한 인격과 건강으로 회복시키는데 큰 성과를 거두고 있기 때문이다.

금식의 능력은 인간이 가지고 있는 잠재능력 속에서 자신의 병을 치료할 수 있게 하는 힘, 즉 하나님께서 모든 사람에게 주신 자연치유력(自然治癒力)을 회복시켜 주는 것이다.

기독교의 금식은 영(靈)과 혼(魂)과 육(肉)이 연관되는 삼위일체(三位一體)적인 것이다.

대영 제국 엘리자베스 여왕 시대에 뛰어난 청교도였던 토마스 카아트라이트(Thomas Cartwright)는 1580년 '참된 금식의 거룩한 실행'이라는 저서를 통하여 "종교와 상관없는 것은 단식이며, 단식은 육체에만 관계된다"고 정의하였다. 또한 그는 "종교적인 색채를 띤 것은 금식이며, 금식은 육체와 함께 마음, 영에 관계하는 것"이라고 말함으로써 단식과 금식의 차이점을 설명하였다.

이 토마스 카아트라이트는 종교개혁 이후 단식과 금식에 관하여 아주 분명하게 밝혀 주었던 최초의 영국인 목사였는데 그의 노력으로 말미암아 수 백년 동안 사람들의 마음을 혼동시켰던 단식과 금식에 대한 개념이 수정되었던 것이다.

3장_ 금식과 기도는 구별된 것이다

"또 너희가 기도할 때에
외식하는 자와 같이 되지 말라
저희는 사람에게 보이려고
회당과 큰 거리 어귀에 서서
기도하기를 좋아하느니라
내가 진실로 너희에게 이르노니
저희는 자기 상을 이미 받았느니라
금식할 때에 너희는 외식하는
자들과 같이 슬픈 기색을 내지 말라
저희는 금식하는 것을 사람에게
보이려고 얼굴을 흉하게 하느니라
내가 진실로 너희에게 이르노니
저희는 자기 상을 이미 받았느니라"
마태복음 6장 5, 16절

3장_ 금식과 기도는 구별된 것이다

금식과 기도의 구별(마 6:1~18, 행 14:23)
   마 6:2, "그러므로 구제할 때에 외식하는 자가 사람에게…"
   마 6:5, "또 너희가 기도할 때에 외식하는 자와 같이…"
   마 6:16, "금식할 때에 너희는 외식하는 자들과 같이…"
   예수님의 최초의 설교인 산상보훈은 마태복음 5, 6, 7장인데, 6장에는 주님께서 교회와 성도들에게 주신 3가지 의무가 있다. 이것은 구약시대 성부 하나님이 주신 계명을 통해서 주신 의무와 같다. 이것은 유대교와 기독교의 공통점이다.
   물질의 문제는 구제를 하되 사람에게, 영적인 문제는 기도를 하되 하나님께, 육신의 문제는 금식을 하되 자신에게 하라는 명령이다. 사람에게 구제하고 하나님께 기도해도 자신에 대한 의무를 다하지 못하면, 구제와 기도는 온전한 것이 될 수 없기 때문이다.
   이곳에서 강조하는 것이 외식하던 바리새인들의 잘못된 방법을 주님이 책망하신 것이다.

 구제, 기도, 금식은 반드시 해야 하는 성도의 의무이기 때문이다. 반드시 해야 하는 의무이기에 "구제할 때에, 기도할 때에, 금식할 때에"라고 하신 것이다.

 본문을 통하여 주님이 다시 강조하신 것이며, 금식 없는 구제는 인간의 의를 나타내는 구제가 될 수 있다는 것이며, 금식 없는 기도는 위선적인 기도가 될 수 있다는 것이다.

 영어 킹 제임스 성경에서는 주께서 구제에 대하여 말씀하시고, 이어서 기도에 대하여 말씀하실 때는 접속사 'And(그리고)'로 연결하였지만, '금식'에 대하여 말씀하실 때에는 접속사를 'Moreover(무엇보다도)'를 써서 '금식'의 내용을 강조하고 있다.

 성도들과 또 목회자들까지 "금식 기도"한다고 말을 한다. 성경에는 구약, 신약 어느 곳에도 "금식 기도"란 말은 없다.

 신약 성경 사도행전 14:23에 '금식 기도'라는 말이 있지만 번역상의 오류이다. 기도하기 위하여 금식을 했다는 것이다.

 금식은 기도를 강하게 하며 올바른 기도를 할 수 있게 하며 기도할 수 있도록 기도의 제목을 주게 되며, 잘못 기도한 것에 대하여 잘못된 것을 고쳐주신다.

 3가지 의무에 대해서 주님은 "~하려거든", "~할 마음이 있다면", "~해보고 싶다면", "~할 의사가 있다면"이라는 가정법을 사용하시지 않고, "~할 때에"라고 "당연히 할 일"로서 말씀하신 것에 주목을 해야 한다.

 특별히 구제. 기도, 금식을 똑같이 말씀하셨다. 사랑하는 자녀들이 물질적인 문제로 굶주리고 헐벗은 자에게, 고아와 나그네와 과부 등 약한 자들에게 구제할 것을 원하시고, 기도하기를 원하시는 것처럼, 또한 금식하기를 원하신다. 이곳에서 주님은 금식을 기도와 동일한 비중으로 취급하셨다는 사실이다.

예수님 당시에 유대인들은 안식일에 금식하는 것을 의무로 지켜왔다. 모세 시대부터 계속 그것을 지켜왔으며 당시의 바리새파 사람들과 세례요한의 제자들도 규칙적으로 금식을 했다. 예수님의 제자들이 금식하지 않는 것에 놀라서 제자들이 왜 금식하지 않는가를 예수님께 물어본 것이다. 예수님의 답변은 "…혼인집 손님들이 신랑과 함께 있을 동안에 슬퍼할 수 있느뇨 그러나 신랑을 빼앗길 날이 이르리니 그 때에는 금식할 것이니라"(마 9:15)고 하셨다.

예수님의 승천 이후 종말의 시대에 사는 교회와 성도들은 반드시 금식해야 한다. 이것은 의무이기 때문이다. 예수님은 40일을 금식하시며 친히 본을 보이셨다. 천국복음을 전하기 전에 먼저 금식하셨다. 전능하신 하나님이신 주님조차 친히 금식으로 준비하시고 복음을 전하셨다면, 오늘날의 성도는 주님을 본받아야 하고, 따라가야 하고, 좇아가야 한다. 일꾼으로서 마땅히 준비해야 한다.

교회 전체가 하는 집단적인 금식은 마태복음 6장 16절이고, 개인적으로 하는 금식은 17절이다. 사도행전 13장 2절에도 교회적인 집단적 금식이다. 안디옥교회는 주를 섬기기 위하여 금식했다.

사도행전 13:3, "이에 금식하며 기도하고 두 사람에게 안수하여 보내니라"

안디옥교회에서 선지자와 교사로 일하던 5명의 교회 지도자는 함께 금식하는 집단적인 금식 즉 교회적인 금식을 했고 기도했다는 것이다. 개개인의 신앙을 위하여 금식했을 뿐만 아니라 집단적인 금식도 했다. 이곳에서는 금식과 기도이다.

누가복음 2:37, "과부 된 지 팔십사 년이라 이 사람이 성전을 떠나지 아니하고 주야에 금식하며 기도함으로 섬기더니" 이곳에서도 금식과 기도이다.

사도행전 13, 14장은 개인적인 금식과 기도하는 것뿐만 아니라 집단적인 기도와 금식이 교회 부흥과 성장에 중요한 역할을 했다는 것을 알 수 있다.

여호사밧 왕도 역대하 20:3, "여호사밧이 두려워하여 여호와께로 낯을 향하여 간구하고 온 유다 백성에게 금식하라 공포하매" 이곳에서도 간구와 금식이다. 기도와 금식은 별개의 것이다.

금식은 기도와 같은 것이다. 금식은 기도 만한 능력이다. 성도들이 기도를 삶의 한 방편으로 삼는 것처럼, 금식도 삶의 한 부분으로 삼아야 하는 한다. 기도원 예배 모습.

사무엘하 12:16, "다윗이 그 아이를 위하여 하나님께 간구하되 금식하고 안에 들어가서 밤새도록 땅에 엎드렸으니" 이곳에서도 간구와 금식이다.

에스라 8:21, "때에 내가 아하와 강가에서 금식을 선포하고 우리 하나님 앞에서 스스로 겸비하여 우리와 우리 어린것과 모든 소유를 위하여 평탄한 길을 그에게 간구하였으니" 이곳에서도 금식과 간구이다.

느헤미야 1:4, "내가 이 말을 듣고 앉아서 울고 수일 동안 슬퍼하며 하늘의 하나님 앞에 금식하며 기도하여" 이곳에서도 금식과 기도이다.

요나서 3:7~8, "왕이 그 대신으로 더불어 조서를 내려 니느웨에 선포하여 가로되 사람이나 짐승이나 소 떼나 양 떼나 아무것도 입에 대지 말지니 곧 먹지도 말 것이요 물도 마시지 말 것이며 사람이든지 짐승이든지 다 굵은 베를 입을 것이요 힘써 여호와께 부르짖을 것이며 각기 악한 길과 손으로 행한 강포에서 떠날 것이라" 이곳에서도 금식과 부르짖는 기도이다.

다니엘서 9:3, "내가 금식하며 베옷을 입고 재를 무릅쓰고 주 하나님께 기도하며 간구하기를 결심하고" 이곳에서도 금식과 기도와 간구이다.

요엘 1:14, "너희는 금식일을 정하고 성회를 선포하여 장로들과 이 땅 모든 거민을 너희 하나님 여호와의 전으로 몰수히 모으고 여호와께 부르짖을지어다" 이곳에서도 금식일을 정하고 부르짖으라는 말씀이다.

이사야 58:6~9, "나의 기뻐하는 금식은…네가 부를 때에는 나 여호와가 응답하겠고 네가 부르짖을 때에는 말하기를 내가 여기 있다 하리라…" 이곳에서도 금식하고 부르짖으라는 말씀이다.

신구약 성경을 통하여 '금식 기도'라는 말은 없다. 금식과 기도는 별개의 것이며 기도하는 성도는 기도만 드릴뿐이다. 기도 속에는 금식이 없다. 구제하는 성도는 구제만 하지 구제 안에 금식이 없다. 그러나 금식하는 성도는 금식 안에 기도가 있으며 구제가 있다(사 58:6~12).

금식할 때에 기도를 할 수 없다고 금식을 포기하는 성도가 있다.

육체적으로 너무 힘들고 여러 가지 고통 때문에 금식을 포기하라는 유혹을 받고, 기도할 수 없기에 응답을 받을 수 없다고 생각해서 작정한 금식도 마치지 못하는 경우가 많이 있다.

금식은 기도와 같은 것이다. 금식은 기도 만한 능력이다. 성도들이 기도를 삶의 한 방편으로 삼는 것처럼, 금식도 삶의 한 부분으로 삼아야 하는 것이다. 1주일, 하루, 한끼를 시간을 정해놓고 금식하면 이것이 습관화되어 음식을 먹고 싶은 욕망이 사라져서 쉽게 금식할 수 있다는 것이다.

감리교 운동의 초기에는 규칙적인 금식이 강조되었다. 요한 웨슬리(John Wesley)도 자신의 신앙 훈련을 위해서 규칙적으로 금식했고, 초대교회 성도들이 매주 수요일, 금요일에 금식했다는 것을 가르치면서 모든 감리교의 성도들에게 금식할 것을 강조했다. 요한 웨슬리는 매주 수요일과 금요일은 오후 4시까지 금식하지 않는 사람은 누구에게나 감리교 신자의 직분을 주지 않았다.

미국을 개척한 청교도들은 공식적인 금식일을 선포하고 기도했으며, 가뭄이 들어 곡식이 타 들어가는 상황에서 집단적으로 금식하고 기도하여 응답을 받았다. 날짜를 정하고 기도와 금식을 한 것은 그들의 삶이었다. 이것을 빼고는 그들의 삶을 말할 수 없다.

신대륙을 개척한 청교도들이 국가적인 금식을 선포함으로 이와 같은 전통이 계속 유지되고 있다.

17세기 초에서 19세기 말까지 미국의 국가적인 운명을 결정하는데 잠재적인 역할을 한 것은 국가적인 기도와 금식일이었다.

성경에는 금식이 기도의 3분의 1정도로 언급되어 있다.

금식은 기도의 응답을 가져온다.

금식은 불신의 기도를 믿음의 기도로 바꾸어 놓는다.

금식은 연약한 기도를 힘 있는 기도로 바꾸어 놓는다.

금식은 기도를 바르게 하는 능력이다.

금식은 기도의 은사를 가져오게 한다.

금식은 기도의 제목을 가져다 준다.

하루의 온전한 금식은 1년의 기도와 같은 능력이다.

"수고하고 무거운 짐진 자들아 다 내게로 오라 내가 너희를 쉬게 하리라 나는 마음이 온유하고 겸손하니 나의 멍에를 메고 내게 배우라 그러면 너희 마음이 쉼을 얻으리니 이는 내 멍에는 쉽고 내 짐은 가벼움이라 하시니라"(마 11:28~30)

주님이 우리에게 "나의 멍에를 메고 내게 배우라"고 하셨다는 말은 원어에 '제자가 되라'는 말이다.

세상의 문명은 감각적 문명이기 때문에 인간은 말초신경을 자극하는 쾌락주의자로 전락하여 병명조차 모르는 수많은 질병과 도덕적인 타락을 가져왔다. 이렇듯 감각주의 문명으로 가정이 붕괴되고 사회가 붕괴되고 나아가서 신앙마저 물질만능주의로 변질되어 가는 안타까운 현실 속에서 하나님은 오늘날 우리들에게 금식을 명령하셨다.

"여호와 하나님이 그 사람에게 명하여 가라사대 동산 각종 나무의 실과는 네가 임의로 먹되 선악을 알게 하는 나무의 실과는 먹지 말라 네가 먹는 날에는 정녕 죽으리라 하시니라"(창 2:16~17)

하나님의 이와 같은 명령을 깨뜨린 인간에게는 고통이 왔고 질병과 죽음이 왔다. 첫 사람 아담은 금식에 실패했지만 마지막 아담이 되시는 예수님은 그 금식에 승리하신 것이다.

토마스 카아트라이트는 그의 저서에서 "금식은 우리의 회개에 대한 엄숙한 신앙 고백을 위해서 주님으로부터 명령받은 절제 행위"라고 하였고, 레위기 16:29~31에는 금식을 가리켜 하나님의 백성에게 "영원한 규례"라고 못 박았다.

마태복음 6:16~18에는 금식은 주님을 섬기는 자들의 생활에서 구제와 기도와 함께 필수과목으로 분류해서 가르쳐 주셨다.

구제는 하나님께서 내게 맡겨주신 재물로 이웃을 섬기는 것이요,

기도는 하나님께 내 영혼이 호흡을 하듯 늘 교통하는 것이요,

금식은 하나님께 내 몸으로 회개하며 섬겨 헌신하는 것이다.

구제하고 기도하는 신앙에 금식을 하면 삼겹줄의 신앙이 된다. 삼겹줄은 끊어지지 않는다고 했으니 온전한 신앙은 이 세 가지를 할 때에 이루어진다. 하늘의 숫자도 3이요 수학에서 가장 완전한 변은 3각변이다. 기도만 하는 것이 아니라 금식하고 기도하고 구제하면 가장 온전한 설천적 신앙이 된다.

사 58:6 이하에 하나님이 기뻐하는 금식에는 이웃에 대한 긍휼한 마음을 가지고 주린 자와 유리하는 빈민, 벗은 자 그리고 골육에게 식물을

나누어주고, 집 없는 자에게 거처를 제공하고, 벗은 자에게 옷을 입혀주며, 일가친척을 돌보아 주는 구제가 있다. 또한 하나님이 기뻐하는 금식은 하나님께 기도하는 것이다. 금식 안에 구제가 있고 기도가 있다.

기도가 없는 금식은 세상적인 단식이요 구제가 없는 금식은 외식자의 금식인 것이다. 한국교회가 구제하고 기도해도 금식을 하지 않아서 탐욕에 빠지고 탐식에 빠진 것이다. 금식 하는 것은 하나님이 원하시는 일이요 영적인 일이요 하나님이 기뻐하시는 일이다. 먹고 부르짖으라는 말은 금식 없는 기도를 의미한다. 1년 365일 먹고 기도하는 것이 한국교회의 현실이다. 1년 365일의 십일조는 36일이다.

물질만 십일조를 드릴 것이 아니라 시간의 십일조도 드려야 온전한 신앙이 된다. 21세기에는 금식과 기도만이 죽은 영혼을 살리고 병든 심령이 치료받고 잠든 육신을 깨우는 각성제요 치료제요 하나님의 처방전이다.

4장_ 금식은 혁명이다

"나의 기뻐하는 금식은
흉악의 결박을 풀어주며
멍에의 줄을 끌러 주며
압제당하는 자를 자유케 하며
모든 멍에를 꺾는 것이 아니겠느냐"
이사야 58장 6절

4장_ 금식은 혁명이다

'혁명(革命)'이란 주역에서는 천명(天命)을 새롭게 한다는 뜻이며, 영어로는 revolution, 큰 변혁(變革), 선회(旋回)의 뜻으로 "등을 돌린다"는 의미로 "기존의 것을 버리고 새롭게 바꾼다"는 의미이다.

명(命)은 명령으로서 거스릴 수 없는 것, 바꿀 수 없는 고정된 것을 의미한다. 그러나 중국의 주역에서는 이러한 운명도 극복할 수 있는 이론적 근거가 혁명사상이다. 혁명이라는 개념은 주역의 혁 괘로부터 유래한 것이다. 명이라는 것은 좀처럼 바꿀 수 없는 것이지만 명 조차 바꿀 수 있다는 것이 혁 의 개념이다. 자신의 마음가짐과 노력에 의하여 운명을 바꿀 수 있다. 마음가짐이 올바르면 관상도 바뀌고 운명도 바뀐다. 인간의 운명론을 바꾸는 것이 혁명사상이다.

영국의 명예혁명, 산업혁명, 프랑스의 대혁명, 미국의 독립혁명, 러시아의 10월 혁명, 이란의 회교혁명, 한국의 4·19학생혁명, 1998년 정권교체의 선거혁명 등 수많은 혁명을 겪고 살아왔다. 1952년 이집트의 낫

세르혁명 이후 지구상에는 300회 이상의 혁명과 쿠데타가 있었다.

정치혁명, 군사혁명, 교육혁명, 유색혁명, 과학혁명, 경제혁명, 여권혁명, 세대혁명, 지식혁명, 정보혁명, 전자혁명, 통신혁명, 체질혁명, 의식혁명, 주말혁명, 건강혁명, 품질혁명, 가격혁명, 속도혁명, 인터넷혁명, 문화혁명……, 수많은 혁명의 시대에 살아가고 있는 현대인들은 무엇보다도 신앙의 혁명이 일어나야 한다. 마지막 때에 민족을 살리고 교회를 살리고 자신이 살고 가정이 사는 역사는 금식으로 이루어 질 수 있다. 인류의 역사가 이것을 보여주고 있으며 성경의 역사를 통하여 증명되고 있다. 금식은 기독교 신앙인에게는 혁명적인 사건이다. 불신자에게도 금식은 자신의 잘못을 뉘우치고 바른 인생의 길을 찾고 개과천선할 수 있는 위대한 역사를 이룰 수 있다. 금식혁명은 교회부흥의 길이요 회개의 길이며, 하나님의 은혜를 체험하고 자신을 바꿀 수 있는 신앙의 혁명이다.

신앙의 혁명이 일어나면 지금까지 상상 할 수 없었던 일들이 이루어지는 것이다. 현대병에 시달리는 모든 이에게는 건강혁명이요, 불황 속에서 고통을 당하는 성도들에게는 물질적인 복의 혁명이요, 잘못된 의식 속에서 절망과 낙심한 사람에게는 의식혁명이 일어난다.

육체의 질병을 치료하며 심신을 깨끗케 하여 영육간의 복된 삶을 위해서 반드시 금식하는 운동이 일어나서, 교회마다 부흥하고 성장하며 더 큰 하나님의 궁휼을 체험할 수 있는 복된 일꾼이 되어야 한다.

1. 영적 혁명이다

오순절 마가 다락방에 임한 성령 충만의 역사는 10일간의 금식과 기도를 통하여 이루어진 영적 혁명이었다. 관념적 신앙에서 체험적 신앙으로, 자기중심의 신앙에서 말씀 중심의 신앙으로, 이기적 신앙에서 헌신의 신앙과 기도하는 신앙과 생명을 바쳐 순교하는 신앙으로 바뀌어졌다. 율법을 받기 전 40일을 금식한 모세와 천국복음을 전하시기 전에 40일을 금식하시고 승리하신 예수님은 영적 혁명을 이루셨다. 마태복음 4:11 "이에 마귀는 예수를 떠나고 천사들이 나아와서 수종드니라"

마귀의 시험을 이기시고 승리하신 주님의 역사는 죄와 사망의 법에 묶인 인생들에게 생명의 성령의 법으로 해결하신 것이다.

예수님을 본받아 금식하여 이 땅위에 교회를 세운 사도행전의 교회는 초대교회이며 오순절 교회이다. 초대교회로 돌아가야 한다. 초대교회는 말씀으로 돌아가는 운동이요, 성령 충만 받는 운동이요, 기도운동이며, 금식운동이고, 전도운동이다. 금식하면 기도하게 된다. 기도의 문을 열어주신다. 금식하면 말씀을 깨닫게 하신다. 지혜를 주신다. 말씀 안에 살 수 있게 하신다. 말씀의 은사 주시고 말씀의 능력 주신다.

'사탄도 금식한다.'는 내용이 팀 라헤이가 쓴 책 속에 있다. 그러므로 목회자 성도들은 반드시 금식해야 한다. 신앙심 깊은 여인이 샌프란시스코에서 달라스로 가는 비행기를 탔다. 부인 옆에 턱수염을 기른 젊은 청년이 앉았는데 기내식이 나와도 음식을 먹지 않자 몸이 불편한가? 물었더니 지금은 금식기도중이어서 못 먹는다는 것이었다. 부인은 신실한 청년이라 생각되어 언제 예수를 믿게 되었는가? 묻고 왜 금식을 하는가? 질문했다.

"나는 예수 믿는 사람이 아니고 샌프란시스코에 있는 사탄교를 숭배하는 사람입니다" 자기가 금식하고 있는 이유는 기독교계 지도자들이 타락하도록 기도하고 있다는 것이다. 미국 전역에 있는 목회자들의 가정과 결혼생활 그들의 지도력을 파괴하기 위하여 사탄교의 지도자들이 매주 화요일을 금식기도의 날로 선포했다는 것이다. 더욱이 핵심 멤버들이 모여서 텍사스지역에 있는 목회자들이 타락하도록 도와달라고 사탄에게 기도한다는 것이다. 자신도 지금 샌프란시스코에서 달라스로 가고 있는 중 이라고 말했다. 그후 어떤 일이 벌어졌나? 1990~1995년 까지 5년간 텍사스에서는 대형교회의 전임목사와 후임 목사가 싸워교회가 깨어지고 만신창이가 되었는가하면 많은 교회 목사들이 성적 추문과 타락에 휩싸였다.

목자였던 다윗이 범죄하고 난 후, 이스라엘 백성이 겪은 고초는 형언키 어렵다. 하루 아침에 수백명이 죽어나갔고 골육상잔의 비극이 일어났고 화가 온 나라에 미쳤다. 나라가 도탄에 빠진 것이다. 나라의 지도자와 목회자 위하여 기도해야 하고 금식해야 한다.

2. 신앙 혁명이다

살아계시고 말씀하시고 육신으로 오신 구세주 예수 그리스도를 믿고 섬기는 것이 기독교신앙이다. 세속화되어 하나님의 은혜를 망각하고 육신의 삶을 살아가는 그리스도인들에게 금식은 신앙의 혁명이다. 출세지향적, 영광지향적, 성공지향적 삶 만을 추구하던 우리의 신앙이 주님의 고난과 아픔에 동참하고 입술의 신앙이 아닌 체험의 신앙이요 희생의 신앙이요 헌신의 신앙으로 바꾸어지는 것이다.

잘못된 가치관 세속적 가치관 때문에 하나님의 절대성을 부인하고 전능하신 하나님을 인간의 수준으로 끌어내린 현대인들에게 금식은 하나님의 은혜와 축복을 받을 수 있는 가장 좋은 체험이다. 하나님의 전능성 예수 그리스도의 유일성 하나님 말씀의 절대성이다.

세속적 가치관과 문화의 영향을 받고 있는 교회와 성도들이다. 세속적 가치관이 팽배되고 있다는 것은 국가와 교회에서 잘못된 인간을 키워왔다는 것이다. 국가는 집에 비유된다. 들보는 정치요 기둥은 경제이며 주춧돌은 교육이다. 착하고 유능한 사람을 키우는 것이 교회에 주신 하나님의 사명이다. 북한에 다녀온 분에 의하면 "후대를 키우는 일이 하루 늦어지면 조국 건설이 10년 늦어진다"라는 구호를 보았다고 한다. 교회는 일꾼을 키우는데 최선을 다해야 한다.

관념적 논리적 이론적인 신앙이 아닌 체험적, 실제적, 치유의 신앙, 인격적 신앙으로 비춰어지기 때문이다. 신앙혁명은 금식을 통하여 이루어진다.

금식은 이론적이거나 관념적인 신앙이 아닌, 실제적이고도 체험적인 치유의 신앙, 인격적 신앙이라고 할 수 있다. 사진은 금식자들을 심방하고 있는 이준동 목사의 모습.

3. 경제 혁명이다

경제적 불황을 금식으로 타파해야 한다.

마가복음 8:1~3에 "그 즈음에 또 큰 무리가 있어 먹을 것이 없는지라 예수께서 제자들을 불러 이르시되 내가 무리를 불쌍히 여기노라 저희가 나와 함께 있은 지 이미 사흘이매 먹을 것이 없도다 만일 내가 저희를 굶겨(굶겨=금식) 집으로 보내면 길에서 기진하리라 그 중에는 멀리서 온 사람도 있느니라"는 말씀은 7병2어의 기적이다. 7병 2어의 기적은 금식으로 4,000명을 먹이고 일곱 광주리를 남겼다.

마태복음 15:32~38의 내용도 같은 것이다(마 15:32 굶겨=금식).

금식은 성도가 하나님께 드릴 수 있는 최고의 헌신이요 제물이요 희생이다.

요엘 1:4에 "팟종이가 남긴 것을 메뚜기가 먹고 메뚜기가 남긴 것을 늦이 먹고 늦이 남긴 것을 황충이 먹었도다" 재앙으로 모두 먹어버렸다.

시온에서 거룩한 금식일을 정하고 옷을 찢지 말고 마음을 찢고 하나님께 돌아와 회개하라 했으니 모든 사람에게 금식을 명령하셨다. 소아, 젖 먹는 아이, 신랑, 신부까지도 모두 동참하라는 명령이다.

금식의 결과는 요엘 2:19에 "여호와께서 그들에게 응답하여 이르시기를 내가 너희에게 곡식과 새 포도주와 기름을 주리니 너희가 이로 인하여 흡족하리라 내가 다시는 너희로 열국 중에서 욕을 당하지 않게 할 것이며"

요엘 2:24에 "마당에는 밀이 가득하고 독에는 새 포도주와 기름이 넘치리로다"

요엘 2:26에 "너희는 먹되 풍족히 먹고 너희를 기이히 대접한 너희 하나님 여호와의 이름을 찬송할 것이라 내 백성이 영영히 수치를 당치 아니하리로다"

죽지 못해 살아가는 북녘 땅의 동포들의 현실은 비참하다. 그들의 첫 번째 소원은 하루 한 끼의 식사이다. 두 번째 소원은 배고프지 않는 것이다. 세 번째 소원은 굶지 않는 것이다.

이것이 우리의 형제들의 아픔인데 성도는 금식하여 경제혁명을 이루어 저들을 먹여주고 입혀주고 주님의 사랑을 나눠주어야 한다.

경제 불황시대에 살고 있는 성도들은 전인적인 헌신이 있어야 한다. 주님 앞에 시간, 물질, 육신, 마음, 모든 것을 드려야 한다. 개인경제, 가정경제, 국가경제의 혁명은 금식으로 이루어진다. 자연보호운동, 절약운동, 음식물 남기지 않기 운동은 금식으로 이루어진다.

물질적인 낭비를 막아주는 운동이요, 경제를 살리는 운동이다. 15조 원의 음식물 쓰레기를 버리는 우리의 현실을 교회가 앞장서야 한다. 하나님이 복을 주셔야 개인도 가정도 나라도 잘 살 수 있다.

4. 건강 혁명이다

병든 세상, 병든 사회, 병든 가정, 병든 사람들로 차있다. 병든 자연이다. 건강은 하나님이 주신 선물이다(요 3:2). 5만 가지의 질병, 5만 권의 건강 서적이 있다고 한다. 질병 가운데 70%는 위장병이요 위장병의 70%는 신경성 위장병이라고 한다.

노인성 질환, 성인병, 현대병, 식원병, 인조병, 체질병, 탁혈병, 문화병, 생활 습관병, 운동 부족병은 현대인의 병을 설명한 말이다.

한국인의 병은 3가지라고 한국의 약학박사1호인 홍문화 박사는 밝히고 있다. 식원병, 습관병, 성격병이다.

오늘 날 한국인의 5가지 질병은 암, 고혈압, 당뇨병, 뇌졸중, 심장병이다.

21세기 인류의 병은 AIDS, 암, 치매 3가지이다. 예수님도 사역 전에 40일 금식하시고 한번도 아프신 적이 없이 밤에는 감람산에서 기도하시고 낮에는 회당에서 가르치셨다. 분주한 생활 속에서도 풍랑이 일어나도 깊이 잠을 주무셨다. 금식으로 건강한 삶을 살 수 있다.

5. 식생활 혁명이다

현대병의 90%는 식원병이다. 의식동원(醫食同源)이요, 식약일체(食藥一體)이다.

히포크라테스는 "음식물로 고치지 못하는 병은 의사도 못 고친다"고 했다.

벤자민 프랭클린은 "굶어 죽는 사람은 몇 명에 불과 하지만 과식으로 죽는 사람은 수천에 이른다"고 했다.

배고픔은 많은 것을 가르친다. 굶주림은 모든 재주의 교사로서 천재를 낳아준다. 굶어 죽기는 정승하기보다 더 어렵다. 시장이 반찬이다. 배고픔은 최량(最良)의 소스이다. 배고픔은 맛있는 음식이다. 굶주림은 날 콩도 달게 만든다는 동서양의 속담이 있다. 식생활의 혁명은 사실 식탁의 혁명이다. 외식과 보양식과 미식에 길들여진 현대인들에게 금식은 식탁 혁명이다.

우리 몸은 먹는대로 된다. 무슨 음식을 섭취하느냐에 따라 인체의 칼라가 결정되고, 삶에 중대한 영향을 미친다. 식생활이 그 사람의 인성, 인격, 가치관에 절대적 영향을 미친다.

한국은 음식공화국

1995년 11월 13일 조선일보에 한남대학교 이규식 교수는 "한국은 음식공화국이다"라고 했다.

일본의 오사카의 조그마한 식당에서 150년의 전통인 생선회를 주문했다. 잠시 후 나온 것은 참치 두 점, 광어 두 점, 손톱 만한 한치 넉 점이 전부인 접시였다. 망연자실했다. 기본 반찬은 단무지 두 쪽 뿐이다. 일본인들은 연적(硯滴) 크기의 술병에 이것을 안주 삼아서 맛있게 먹고 마시고 있었다. 한국에서 생선회를 시키면 푸짐한 밑반찬이 너무나 풍성하다. 전화 한 통이면 족발, 통닭, 한치, 보쌈, 해물탕, 탕수육, 보쌈, 순대… 엄청난 양이다. 방만한 음식문화로 음식쓰레기 공해에 시달리고 있다.

6. 의식 혁명이다

인간의 잠재력이 90% 이상이다. 인간은 의식으로 모든 것이 이루어진다. 마음의 바탕은 의식의 문제이다. 실패의식, 가난의식, 죄책의식, 질병의식, 절망의식, 죽음의식 가지고는 안 된다.

로마서 10:13에 "예수 이름을 부르면" 구원받는다, 부끄러움을 당하지 않는다, 모든 일에 부요하다.

성공의식, 승리의식, 부요의식, 소망의식, 믿음의 의식, 사랑의 의식, 풍요의식으로 바꿀 수 있다. 마음의 바탕을 바꾸는 것이다.

잠언 23:7, "대저 그 마음의 생각이 어떠하면 그 위인도 그러한즉 …"
우리 민족은 근면하고 성실하고 착하다.

생각이 부정적이고 왜소하여 침략 당할 것, 가난할 것, 흉년들 것을 생각해서 열등의식, 좌절의식 속에서 살아왔기에 세계 역사의 무대에서 큰일을 못했다. 우리 민족을 복음화 시켜서 한국인의 생각과 의식을 바꾸어야 한다. 좁은 생각, 옹졸한 생각, 편협한 생각, 부정적 생각을 버리고 큰 꿈을 갖고 미래를 향하여 전진해야 한다. 부요의식, 성공의식, 믿음의식, 소망의식, 사랑의식으로 무장하자.

의식혁명은 금식으로 이룰 수 있다.

위대한 신앙이 위대한 민족을 만든다. 우상을 섬기는 나라 세상의 신을 섬기는 국민들의 의식 수준은 한 나라의 수준이다. 윤회설, 진화론, 순환론, 우연론, 돌연변이론 같은 잘못된 의식을 가진 나라는 지구상에서 가장 가난한 나라이다. 창조주 하나님을 믿고 예수 그리스도를 구세주로 믿는 기독교 신앙은 사람의 인권을 존중하고 사람을 차별하지 않으며 귀하게 여기는 것이다. 기독교 신앙이 들어간 나라는 하나님을 사랑하고 이웃을 사랑하고 자연을 사랑해서 의식 혁명을 이루었다.

7. 시간 혁명이다

금식하면 시간을 절약할 수 있다. 수면시간이 몇 시간 줄어들고 새벽잠이 없어진다. 20일 이상 금식한 목회자들은 모두가 금식 후에 예전처럼 새벽예배 후 잠을 자지 않아도 피곤하지 않았다고 말한다. 이것은 시간혁명이다. 물질의 오병이어만 있는 것이 아니라 시간의 오병이어도 있다. 종교개혁자 마르틴 루터는 많은 저작물을 남겼다. 소책자를 제외하고 600페이지가 넘는 대작을 무려 100권이 넘는 다. 인쇄된 책으로 따지면 6만 페이지가 넘는 엄청난 분량이다.

책 6만 페이지를 원고지로 따진다면 그 몇 배의 분량이다. 독일에서 독일어를 전공한 청년이 마르틴 루터의 원고를 정리하여 새로 옮겨 쓰는데 만도 평생이 걸릴 정도라고 한다. 그 많은 원고를 쓰기 위하여 루터는 잠도 안자고 평생 책상에만 앉았던가? 아니다. 그는 교회개혁을 위하여 수많은 곳에서 설교했으며 신부의 독신생활을 청산하고 결혼하여 가정을 꾸렸고, 친구들과 사귀고 개인적인 여가시간도 가졌다. 그럼에도 한 사람이 정리하는데 만도 평생이 걸리는 양의 원고를 어떻게 쓸 수 있었는가? 그가 시간의 5병2어의 은혜속에 있었기 때문이다.

시간을 의미 있게 관리해야 한다. 그래서 인생을 역사적 존재라고 부른다.

영국 소설가 아놀드 베넷은 그의 저서 "하루 24시간을 어떻게 살 것인가?"라는 책에서 "아침에 눈을 뜨면 당신의 지갑에는 손대지 않은 신품 24시간이 가득 채워져 있다. 그리고 이 시간은 모두 당신의 것이다"라며 시간 관리의 중요성을 설명하고 있다.

하루 24시간을 어떻게 활용하는가에 따라서 기적을 낳기도 하고 속절없는 무의미한 시간이 되기도 한다. 모두에게 공평하게 주어지는 24시간을 어떻게 활용하느냐에 따라 삶의 질은 달라질 수 있다.

존재의 삶은 시간의 내용이 결정해 준다. 우리는 화성이나 금성에서 온 관광객이 아니다. 더군다나 구름이 흘러가듯 떠돌다 가는 방랑객이 아니다.

성도들은 살아야 할 분명한 이유와 목적을 지니고 지구촌에 태어나

현재 살아가는 순례자 들이다. 철저히 순례자의 삶을 살아야 한다. 세계 여러나라 사람들의 시간관념을 조사해 보니 스위스 사람은 시간을 계산한다. 프랑스 사람은 시간을 저축한다. 미국 사람은 시간을 돈으로 여긴다. 독일 사람은 시간에 맞추어 나간다. 일본 사람은 시간을 쪼개어 쓴다. 인도사람은 시간이 존재하지 않는다고 말한다. 중국 사람은 시간을 무시한다. 북한 사람은 시간을 모른다. 한국 사람은 남의 시간을 잡아먹는다고 한다.

8. 두뇌 혁명이다

주전 500년 고대수학자이며, 물리학자인 피타고라스는 40일을 단식(금식)했고 그의 제자들에게 단식을 강조했다. 그는 단식이 지적인 능력을 뛰어나게 하기에 두뇌 건강학이라고 했다. 헬라의 철학자들도 21일 내외의 단식(금식)을 통하여 두뇌가(지적능력) 향상되었다고 한다.

현대의학은 아직도 뇌의 신비를 다 알지 못하고 있다. 우주를 탐사하는 것 보다 사람의 뇌를 탐사하는 것이 더 어렵다고 한다. 금식을 한 많은 목회자들이 기억력을 회복했고 집중력이 강화되었다고 한다.

주위가 산만하고 정서적으로 불안정한 자녀들에게 금식은 두뇌혁명을 가져온다. 금식은 두뇌에 충격을 주고 깨끗케 하기 때문이다. 추상력, 구상력, 인지력, 인식력, 발상력, 추리력, 사고력, 판단력, 관찰력, 문장력, 어휘구사력, 예리한 관찰력 기억력 집중력 등이 향상되는 것이다.

우리나라 노인 중 85세 이상은 50%가 치매라는 통계가 있다. 두뇌를 사용하지 않으면 뇌세포가 파괴되어 치매가 되는 것이다.

금식은 뇌에 충격을 주기 때문에 뇌세포가 활성화 되는 것이다. 세계적인 과학자들은 미숙아로 태어났다는 것이다. 어머니 뱃속에서 제대로 영향을 공급 받지 못해 두뇌가 발달했다는 것이다. 영양과잉 시대에 살고 있는 우리에게 주는 교훈이 될 수 있다.

21세기는 지식의 시대라고 말하는 이어령 교수는 땅을 파보아야 석유는 나오지 않는다. 뚫어야 할 시추공은 바로 한국인의 머리와 가슴이다. 묻혀 있는 이 창조력이야말로 21세기의 번영을 담보하는 자원이다.

나이에 관계없이 금식하면 두뇌혁명을 가져와 머리와 가슴을 뚫는 길이 되는 것이다.

9. 경건 혁명이다

경건은 예수님처럼 사는 것이다. 예수님을 닮은 사람이다. 인생 삶의 목표는 예수님을 닮고 예수님을 따라가는 것이다.

옛사람을 벗어버리기 위하여 신령한 새사람이 되기 위하여 경건의 훈련이 필요하다. 육신대로 살면 죽는다. 육이 영에 복종하면 영성이 나타난다. 주님을 갈망하고 주님을 바라보는 것이 경건의 훈련이다. 인간을 인간답게 만드는 것이 갈망이다.

나의 사랑은 심장의 갈증 때문에 얻고 나의 지식은 이해에 대한 갈증 때문에 얻으며 나의 기도는 영혼의 갈증 때문에 한다. 나라고 하는 존재는 갈망하는 존재이다. 영원한 영적세계가 있기에 갈망한다.

새는 창공으로 만족할 수 있어도 인간은 이 땅으로 만족할 수 없다. 새의 세계는 창공이지만 인간의 세계는 더 신비한 영적세계가 있기 때문이다.

내 눈이 보는 것으로 만족할 수 없는 것은 아직도 보고 싶은 영적세계가 있기 때문이요, 내 귀가 듣는 것만으로 만족할 수 없는 것은 주님의 음성하늘에서 들려오는 음성이 있기 때문이요, 내 두뇌가 아는 것만으로 만족할 수 없는 것은 내 영이 더 풍성한 영적 지식을 가지기 원하기 때문이다. 나의 심장이 육신의 사랑으로 만족하지 못하는 것은 내 영혼이 더 풍성한 하나님의 사랑을 갈구하기 때문이다.

영적인 세계는 의에 주리고 목마른자가 부요한자이다. 영혼의 갈구는 육체의 갈구와 달라서 채워진 것으로 갈증이 창조되고 부요해진 것 때문에 갈증이 증가되고 은혜의 강물을 마신자가 갈증이 더해진다. 주님의 사랑을 맛본자가 주님의 사랑을 사모하고 주님과 영적 교제를 나눈자가 더욱 주님과의 교제를 원하며 은혜를 맛본자가 은혜를 사모한다. 영적으로 곤고해지면 주님에 대한 사모함이 없어지고 영적으로 황폐해진다.

이준동 목사는 매일 기도원 숙소를 돌아보면서 심방과 상담을 통해 기도자들을 돌보고 있다.

영혼의 언어 인간존재의 뿌리가 되는 성령의 음성을 듣지 못하면 고향 떠난 뿌리 잃은 자들처럼 외롭고 사납고 불행한자들이 된다. 고향의 언어인 성령의 음성을 들어야 마음의 평안을 얻고 행복하게 된다.

기도하고 말씀을 사모하고 읽고 먹고 간직하고 말씀듣기에 힘써야 한다. 금식은 자아를 깨뜨리고 육의 사람을 신령한 사람으로 만드는 경건의 능력이다.

"그의 신기한 능력으로 생명과 경건에 속한 모든 것을 우리에게 주셨으니… 신의 성품에 참예하는 자가 되게 하려하셨으니…"(벧후 1:3~7)

영혼에 이성의 협력이 필요하다. 이성은 길들이지 않으면 영에 협력하는 자가 되지 못한다. 그래서 경건의 훈련이 필요하고 경건의 능력이 필요하다. 영이 육을 지배하는 영적인 사람이 되기 위하여 필요하다. 영적으로만 기울어지면 신비주의에 빠지고 육신적으로 기울게 되면 세속주의자가 된다. 영과 육이 연합을 이루어나가야 한다. 즉 겉 사람이 속사람과 연합해야 경건의 사람이 된다. 속사람이 믿음의 사람이 되어야 겉 사람은 덕행 있는 자가 되기 때문이다.

영이 성령의 지시를 받아도 육이 행동해 주지 않으면 아무 유익이 없게 된다. 모든 성도에게 행함이 필요한 이유이다. 경건의 능력은 영이 성령의 뜻을 받을 때 육이 따라갈 수 있도록 하는 훈련이고 육이 영이 원하는 삶을 삶으로서 영성이 자라게 하는데 경건의 훈련이 필요하다. 사도바울도 날마다 죽는다고 했고 자기를 쳐서 복종시킨다고 고백했다. 날마다 주와 함께 자신을 십자가에 못박는다고 했다. 경건 훈련을 한다고 경건한 사람이 되는 것이 아니다. 우리를 경건하게 만드시는 분은 성령이시다. 경건훈련을 통하여 경건의 능력을 소유하면 성령께서 경건의 사람으로 만들어 주신다. 우리 자신을 변화시키는 것은 우리 자신의 사역이 아니라 성령님의 사역이시다. 성령께서는 우리의 자유의지를 존중하셔서 우리가 원할 때 하려고 할때 우리를 도와주시기 때문에 경건해지려는 훈련과 노력이 필요하다.

  우리를 의롭게 만들어 주셨기 때문에 의롭게 살려고 노력하고 경건의 훈련을 하는 것이다. 인간이 스스로 의로워질 수 없는 것처럼 스스로 경건한 사람이 되는 것이 아니라 성령의 능력에 의해서이다. 믿고 순종함으로 성령께 의존해야 한다. 일생동안 경건훈련을 해야 하는 이유이다. 죄는 단 한번에 한순간에 인간을 부패시킬 수 있기에 일상적 삶에서 말씀대로 살아야 하고 말씀을 묵상하고 자기를 비워야 한다. 그것이 자기절제요, 자기비하이며 겸손이다. 거룩하신 성령의 뜻을 쫓아 자신을 깨끗케 하는 것이 경건이요, 이것이 경건의 능력이다. 금식은 육신과 영혼을 깨끗케 하는 가장 좋은 길이기 때문이다.

  노아 홍수 때 경건치 않은 자는 멸망을 받았다(벧후 2:5).

  소돔과 고모라 때도 경건치 않은 자는 불로 소멸되었다(벧후 2:6).

  세상 끝날에도 경건치 않은 자는 멸망을 받는다(벧후 3:8~12).

  디모데후서 3장에 말세 때 타락한 현상이 나온다. 5절에 "경건의 모양은 있으나 경건의 능력은 부인하는 자니 이같은 자들에게서 네가 돌아서라"

  생활속에 경건함이 없는, 생활과 신앙의 이중성과 육체의 한계를 뛰어 넘어야 은혜를 받을 수 있고 경건한 삶을 살 수 있다. 자신의 연약성, 나약성, 제한성, 한계성을 알아 자기중심적 삶, 육신 중심의 삶을 깨뜨리고 부수는 것이 금식기도이다. 금식기도는 경건혁명의 지름길이다.

유다서 15~16절에 "이는 뭇 사람을 심판하사 모든 경건치 않은 자의 경건치 않게 행한 모든 경건치 않은 일과 또 경건치 않은 죄인의 주께 거스려 한 모든 강퍅한 말을 인하여 저희를 정죄하려 하심이라 하였느니라 이 사람들은 원망하는 자며 불만을 토하는 자며 그 정욕대로 행하는 자라 그 입으로 자랑하는 말을 내며 이를 위하여 아첨하느니라"

육신의 정욕대로 살아 가는 자가 불신자요 원망자요 불만자이다.

10. 습관 혁명이다

제자가 스승에게 물었다. "습관이란 무엇입니까?" 제자들에게 두 종류의 풀과 두 종류의 나무를 보여주었다.

첫째는 막 돋아난 풀이었다. 둘째는 조금 자랐으나 뿌리를 내린 풀이었다. 셋째는 키 작은 어린 나무였으며 넷째는 다 자라서 키가 큰 나무였다.

첫째와 둘째 풀을 뽑아보아라 : 쉽게 뽑히는데요

세번째 작은 나무를 뽑아 보아라 : 그것도 쉽게 뽑히는데요

네번째 나무를 뽑아보아라 : 제자들이 힘을 다했으나 뽑히지 않았다. "안 뽑히는데요"

제자들의 말에 스승이 말했다. "그것이 습관의 모습이다. 습관이란 처음에는 마음에 따라 조절할 수 있다. 그러나 뿌리를 깊이 내리고 크게 자라면 마음대로 되지 않는다. 나쁜 습관은 아예 처음부터 뿌리 뽑고 좋은 습관은 큰 나무로 자랄 수 있도록 키워라"

현대인들은 잘못된 습관 때문에 중독에 빠져있다. 어떠한 힘이나 실체에 속박당해 있는 상태로 자신도 모르게 그 대상에 집착하여 스스로

통제하지 못하는 수준에 이르는 것을 말한다.

중독현상은 어느 한 개인이 어떠한 대상이나 힘에 집착하는 것 같이 그 사람을 휘어 잡는 힘과 대상도 그 세력에 휘어 잡힌 상대자를 결코 놓아주지 않으려는 강한 집착을 가진다. 그래서 나타나는 현상이 금단 증상이다(with drawal symptom).

알콜중독, 약물중독(마약), 담배중독, TV중독, 포르노 중독, 성중독, 탐식의 중독, 쇼핑중독, 일중독(히브리노예근성), 운동중독, 인터넷중독, 분노중독, 카페인중독, 공상중독, 도벽중독, 잠중독, 폭력중독, 단음식중독, 약중독, 거짓말중독, 공포중독, 청량음료중독, 수면제중독, 깔끔함이나 지저분한중독, 다른 사람을 조종하는 중독 등...

11. 식탁 혁명이다

fast food, 서구식 식생활 때문에 많은 문제를 가져왔다. 육신의 건강뿐 아니라 심성의 문제, 영적인 문제까지 온 것이다. 한번 길들여진 음식을 쉽게 바꾸지 못하는 것이다. 비만 어린이들이 늘어가고 어려서 여러 가지 질병으로 고통을 당해도 쉽게 음식을 끊지 못하는 것이다. 금식하면 위가 축소되어 과식을 할 수 없고 혀가 본래의 맛을 찾기 때문에 미식을 하지 않게 되고 가공식을 하지 않게 된다. 소박한 밥상은 영육간에 건강하게 사는 길이다. 어린이들에게 금식을 시키면 식탁혁명이 일어난다.

한국인의 미각은 세계적으로 유명하다. 식탁을 바꾸어야 나라의 미래가 있다. 외국의 농산물로 점령된 식탁문화를 바꾸기 위해서도 그리스도인들은 금식을 통하여 식생활의 혁명을 이루어야 한다.

식생활의 역사가 민족의 역사이다.

민족식은 조상전래의 식생활이다. 조상들의 음식상은 약상이었다. 오행, 오색, 오미가 가미된 음식이었다. 채소를 먹어도 다섯가지 색상, 다섯가지 맛을 골고루 섞어 먹었다. 오곡 밥, 비빔밥이 대표적인 식품이다. 간장 된장 고추장 담그는 조상들의 지혜를 배워야 한다. 먹거리는 한 민족의 정신이요 혼이다. 우리 체질에 맞는 음식을 먹어야 된다.

한국 전통식단은 훌륭한 다이어트식이라고 일본 TN 건강 과학 연구소 나가타다까유끼 소장은 한국 식단에 찬사를 보냈다. 달게 요리하는 부분을 조금만 개선한다면 돈 들여 만드는 다이어트전문 식당과 견줄만 하니 한국인에게는 축복이다. 고기는 물론 밥과 빵 술 등을 마음껏 먹고도 살을 뺄 수 있다는 저인슐린 다이어트 이론을 내놔 주목 받고 있는 소장이다.

한국 식단은 현미, 야채, 생선, 된장으로 구성된 모범적인 식단이다. 우리 것을 먹어야 식탁 혁명을 이룰 수 있다.

12. 생활 혁명이다

금식을 통하여 방탕한 삶, 방만한 삶, 방심의 삶, 방일의 삶, 잘못된 삶, 게으른 삶, 절제 없는 삶을 고칠 수 있다. 현대인의 삶은 의미 없는 삶이요, 목적 없는 삶이요, 반복되는 권태로운 삶이기에 무미건조한 삶이다. 먼 나라에 가서 허랑방탕한 삶을 살아 모든 것을 허비한 둘째아들은 그 나라에 흉년이 들어 돼지가 먹는 쥐엄열매로 배를 채우려다가 주려죽게 되니 그의 삶을 청산하고 아버지의 집으로 돌아오게 되었다. 굶주림은 잘못된 삶을 청산하는 기회가 되었고 철저하게 자신을 깨뜨려 회개하는 사람이 되었다. 먹을 것이 너무 많고 풍요한 현대인들에게 금식은 자신의 생활을 돌아볼 수 있는 기회를 주는 것이다. 너무 많이 먹고 너무 많이 자고 너무 많이 쉬는 자기중심적 삶을 청산할 수 있다.

너무 많은 물질을 낭비하고 하나님이 주신 자연을 훼손하고 있는 현대인들에게 금식이야말로 자원의 귀중성을 알려주고 자신에게 주신 재능을 발견할 수 있으며 참된 삶의 가치와 의미를 깨닫게 해준다.

죄악된 세상에서 구별된 삶을 살 수 있는 능력이요 이기주의적 세태에서 남을 위해 희생하며 봉사할 수 있는 힘이기 때문이다. 예수님을 따라가고 본 받는 제자의 삶이 섬김의 삶이기 때문이다. 경건의 능력, 희생의 능력, 봉사의 능력은 금식을 통해 오는 생활 혁명이다.

잘못된 생활을 치료하는 약이다. 신앙과 생활은 떨어진 것이 아니라 삶과 신앙은 하나이다. 생활신앙이 되어야 한다. 시간 낭비, 물질 낭비, 주신 재능을 낭비하는 것은 죄다. 잘 살게 되었다고 너무 교만하고 오만해서 사람을 무시하고 우리보다 가난한 나라의 사람들을 무시한 결과 IMF라는 국가적 부도사태를 맞게 되었다.

5과 5외의 잘못된 생활이 가져온 결과였다.

5과 : 과사치, 과유흥, 과자가용, 과휴일, 과여행

5외 : 외제, 외유, 외상, 외박, 외식

음식공화국, 여관공화국, 쓰레기공화국, 과외공화국, 다이어트공화국의 불명예로 음식물 쓰레기 1년에 15조원 500만톤 이상이 삼천리강산을 쓰레기 천지들 만들었다. 금식은 낭비를 막아준다. 물질의 낭비, 시간의 낭비를 막아 주는 것이다. 금식은 삶의 지혜를 가져온다. 주신 재능 100% 활용해야 착하고 충성된 종이 되어야 한다.

13. 변화 혁명이다

초대교회의 제자들은 듣는 방식에서, 말하는 방식에서, 외모나 행동에까지 그리고 비젼과 분별력, 태도나 전망, 기도생활, 권위 뿐만 아니라 말씀을 전하고 이해하는데 있어서, 그리고 그들의 지도력과 통찰력에 이르기까지 엄청난 변화를 받았다. 금식은 변화시키는 하나님의 능력이다. 육신의 변화 생각의 변화 심령의 변화 신앙의 변화 생활의 변화 등 모든 면에 변화된다.

세상을 변화시키는 교회가 있다

남미 과테말라에 카발레로스 목사가 있는데 주마다 방송국 학교 교회를 세우고 도시마다 교회와 학교를 세우는 꿈을 갖고 있었다. 모두가 믿지 않았다. 그의 비젼을 통하여 천주교 국가에 놀라운 복음화가 이루어졌다. 전국에 70개가 넘는 방송국이 세워졌고 수십개의 학교가 지어졌다. 도시를 변화시키겠다는 그의 꿈은 많은 목회자에게 도전을 주어 과테말라의 알모롱가라는 작은 도시가 지역의 목회자들이 서로 연합하여 순교까지 당하는 어려움을 겪으면서 도시의 부흥을 위해 기도해 척박한 땅에서 물이 나고 1000배의 수확을 거두었다. 술집들이 문을 닫고 교도소의 죄수들이 줄어들어 결국 교도소가 없어지고 도시의 주민 97%가 예수님을 영접했다. 과테말라 전체 인구의 50% 이상이 기독교인이 되었다. 거리로 나와 하나님을 찬양하고 예배를 드린다는 것이다. 도시의 변화가 오늘날도 이루어지고 있다. 빌립 집사가 사마리아 성을 변화시켰듯이 도시를 위한 기도의 능력이 한도시를 변화 시키고 나라를 변화시키고 영향력이 세계로 퍼져나가고 있다. 연합은 세상을 변화시킬 수 있다. 그들은 먼저 금식하고 기도하여 큰 변화를 이루었다.

5장_ 금식의 유익

"이는 금식하는 자로
사람에게 보이지 않고
오직 은밀한 중에 계신 네 아버지께
보이게 하려 함이라 은밀한 중에
보시는 네 아버지께서 갚으시리라"
마태복음 6장 18절

5장_ 금식의 유익

1. 신앙적(信仰的) 측면에서

1) 영(靈) 분별(分別)을 위하여

성경에 "사랑하는 자들아 영을 다 믿지 말고 영들이 하나님께 속하였나 시험하라 많은 거짓 선지자가 세상에 나왔음이니라"(요일 4:1)

구약성경에 아합 임금과 여호사밧 왕은 거짓 선지자와 참선지자를 분별하지 못해 전쟁에서 아합은 전사했고 여호사밧은 구사일생으로 살았다. 거짓 영, 미혹의 영, 악한 영, 마귀의 영을 분별하기 위하여 금식해야 한다. 점술과 역술 등 무속행위가 위험수위를 넘고 있으며 세상 무속과 미신을 조장하는 신문광고, 이것은 모두 거짓의 영이다.

2) 탐식(貪食)의 죄에 빠지지 않기 위하여

현대인의 죄는 7가지이다. 교만, 시기, 질투, 게으름, 탐욕, 탐식, 탐색이다. 탐식의 죄를 회개하기 위하여 금식이 필요하다. 다니엘도 바벨론에 포로로 끌려가 우상에게 제사한 진미를 먹지 아니하고 채식을 먹어도 아무 이상이 없었고 신앙을 지켰다. 식욕의 방종이 모든 죄들의 기초가 된다. 위장이 정복당하는 것은 우리의 정신이 사단에게 정복당하는 것이다. 전능하신 하나님은 우리에게 영생과 건강을 주시기 위하여 한 끼의 음식도 순종하며 먹기를 원하시고 사단은 우리로 하여금 비정상적인 식욕을 자극하여 우리의 위장을 정복하고 뇌를 마비시킴으로 진리를 깨닫지 못하게 하여 멸망시키는 것이 사단의 전략이다. 내 자신의 식사 습관이 나의 건강, 품성, 인격, 미래의 영원한 운명과 관계 된다는 사실을 알아야 한다.

3) 말씀을 받기 위해서 "모세"

"모세가 여호와와 함께 사십일 사십야를 거기 있으면서 떡도 먹지 아니하였고 물도 마시지 아니하였으며 여호와께서는 언약의 말씀 곧 십계를 그 판들에 기록하셨더라" (출 34:28)

율법의 대표자 모세는 시내산에 올라가 40일 금식하여 십계명이 적힌 돌판을 가지고 내려왔다.

4) 소원을 이루기 위하여 "한나"

한나는 엘가나의 두 아내 중 한 사람이었는데 자식을 낳지 못하여 매년 기간을 정하고 금식을 하였다.

"매년에 한나가 여호와의 집에 올라갈 때에 남편이 같이하매 브닌나가 그를 격동시키므로 그가 울고 먹지 아니하니 그 남편 엘가나가 그에게 이르되 한나여 어찌하여 울며 먹지 아니하며 어찌하여 그대의 마음

이 슬프뇨 내가 그대에게 열 아들 보다 낫지 아니하뇨"(삼상 1:7~8)

이와 같이 한나는 금식하면서 여호와께 아들을 달라고 기도하였는데 그 기도를 여호와 하나님께서 들어주시고 한나의 태를 열어 주시매 그가 아들을 낳으니 곧 사무엘이다.

5) 회개하기 위하여 "다윗"

다윗은 수 차례의 금식을 통하여 하나님께 자신이 지은 죄를 자복하고 통회하였다. 다윗은 처음 사울이 죽었다는 소식을 듣고 그를 따르는 자들과 함께 하루 동안 금식하였다. "이에 다윗이 자기 옷을 잡아 찢으매 함께 있는 모든 사람도 그리하고 저녁때까지 슬퍼하며 울며 금식하니라"(삼하 1:12)

요즘 세상에 정적이 죽었는데 금식할 이 누구리요….

다윗은 또한 밧세바와 동침한 후 밧세바가 낳은 아이를 위하여 금식하였다. "다윗이 그 아이를 위하여 하나님께 간구하되 금식하고 안에 들어가서 밤새도록 땅에 엎드렸으니 그 집의 늙은 자들이 곁에 이르러 다윗을 일으키려 하되 왕이 듣지 아니하고 저희로 더불어 먹지도 아니하더라"(삼하 12:16)

그러나 아이가 죽자 다윗은 땅에서 일어나 몸을 씻고 기름을 바르고 여호와의 성전에 들어가서 경배하고 궁으로 돌아와서 음식을 먹었다. 이에 신하들이 "아이가 살았을 때는 위하여 금식하고 우시더니 죽은 후에는 일어나서 잡수시니 어찜이니이까"(상하 12:12) 라고 물을 때에 다윗은 다음과 같이 말하였다.

"아이가 살았을 때에 내가 금식하고 운 것은 혹시 여호와께서 나를 불

쌓히 여기사 아이를 살려 주실는지 누가 알까 생각함이어니와 시방은 죽었으니 어찌 금식하랴"(삼하 12:22~23)

이 외에도 다윗은 죄로 인한 고뇌를 씻기 위하여 금식하였고 "내가 음식 먹기도 잊었음으로 내 마음이 풀같이 쇠잔하였사오며"(시 102:4)

6) 국가의 위기를 극복하기 위하여 "여호사밧"

모압 자손과 암몬 자손이 몇 마온 사람과 함께 여호사밧을 치려고 하사손다말 곧 엔게디에 진을 치고 있을 때 여호사밧 왕은 여호와께 낯을 향하여 간구하고 온 유다 백성에게 금식을 선포하였다.

"여호사밧이 두려워하여 여호와께로 낯을 향하여 간구하고 온 유다 백성에게 금식하라 공포하매…"(대하 20:3)

여호사밧이 금식을 공포하자 온 유다 사람들이 여호와의 전 뜨락에 모여 금식하며 기도하기 시작했다. 그러자 여호와의 신(神)이 회중가운데 임하여 야하시엘의 입을 통하여 전쟁이 하나님께 속하였다는 예언을 하게 하였고 여호와께서 암몬과 모압 자손의 손에서 구원하셨던 것이다.

7) 하나님의 거룩한 성을 수축하기 위하여 "느헤미야"

하가랴의 아들 느헤미야는 아닥사스다 왕 20년 기슬르월에 수산궁에서 유다백성들이 큰 환란을 만나고 능욕을 받으며 예루살렘 성이 훼파되었다는 소문을 하나니에게서 듣고 금식하기 시작하였다.

"내가 이 말을 듣고 앉아서 울고 수일 슬퍼하며 하늘의 하나님 앞에 금식하며 기도하며…"(느 1:4)

느헤미야가 예루살렘의 죄를 자복하며 부흥을 위하여 금식하고 기도한 끝에 결국 아닥사스다 왕이 느헤미야에게 감동되어 그를 예루살렘으로 보내어 무너진 예루살렘 성전을 건축케 하였다.

8) 민족을 구원하기 위하여 "에스더"

모르드개의 동생이며 아하수에로 왕의 왕비인 에스더는 하만의 흉계로 유다인들이 전멸 당할 위기에 직면하자 이를 구하기 위하여 모르드개를 통하여 전 유다인들에게 3일 금식을 선포케 하였다.

"당신은 가서 수산에 있는 유다인을 다 모으고 나를 위하여 금식하되 밤낮 삼일을 먹지도 말고 마시지도 마소서 나도 나의 시녀로 더불어 이렇게 금식한 후에 규례를 어기고 왕에게 나아가리니 죽으면 죽으리이다"(에 4:16) 이렇게 3일을 금식을 한 후 에스더는 왕의 규례를 어기고 아하수에로 왕 앞에 나아가 하만이 유다 민족을 진멸할 계획을 세운 사실을 폭로하니 왕은 쾌히 구원을 승낙함과 아울러 하만을 높은 나무에 매달아 죽였다.

9) 멸망당한 조국의 회복을 위하여 "다니엘"

바벨론에서의 다니엘의 또 하나의 이름은 벨드사살이었다(단 1:7). 다니엘은 포로로 잡혀 바벨론에서 거하는 동안 왕의 은혜를 받아 바벨론의 신교육을 받았지만 예루살렘을 잊지 못하여 왕의 진미와 포도주로 자기를 더럽히지 아니하였다. 그는 채식과 물만 먹고도 왕의 진미를 먹은 소년들보다 얼굴이 더 아름답고 살이 윤택하였다(단 1:15).

바사왕 고레스 3년에 다니엘은 큰 전쟁에 관한 이상을 보고 그 계시를 확실히 깨달았다. 그 때에 다니엘은 21일 동안 좋은 포도주와 떡과 고기를 입에 넣지 아니하고 금식하였다.

"그 때에 나 다니엘이 세 이레 동안을 슬퍼하며 세 이레가 차기까지 좋은 떡을 먹지 아니하며 고기와 포도주를 입에 넣지 아니하며 또 기름을 바르지 아니하니라"(단 10:2~3)

다니엘은 21일 동안의 금식 기간을 통하여 하나님의 계시를 받았다. 금식 기간에 한 손이 나타나서 다니엘을 어루만지며 "네가 깨달으려 하여 네 하나님 앞에 스스로 겸비케 하기로 결심하던 첫 날부터 네 말이 들으신 바 되었으므로 내가 네 말로 인하여 왔느니라"(단 10:12)

다니엘은 이러한 자신의 금식에 대한 응답을 전하면서 "그런데 바사국 군이 이십 일일 동안 나를 막았으므로 내가 거기 바사국 왕들과 함께 머물러 있더니 군장중 하나 미가엘이 와서 나를 도와주므로 이제 내가 말일에 네 백성의 당할 일을 네게 깨닫게 하러 왔노라"(단 1:13)고 하였다. 계시를 깨달으려고 21일 동안 금식하였던 다니엘은 금식 기간 마지막 날 계시의 뜻을 깨닫게 되는 응답을 받았던 것이다. 구약에 나타난 금식의 성공 사례는 이 외에도 무수히 많다.

10) 잃어버린 사명을 찾기 위하여

"요나는 강제 금식으로 잃어버린 사명을 찾았으며, 니느웨는 스스로 회개하고 금식하여 온 성이 구원을 받았다"

사명을 받은 요나는 도망가는 길에 배 밑층에 내려가서 잠자는 자가 되었다. 사명을 잃으면 밑으로 떨어지고 잠을 자게 된다. 잠든 영혼을 깨워야 하는 사명자가 세상의 잠에 빠져버리니, 큰 풍랑이 일어나서 배

안에 있는 모든 물건을 바다에 던지고 사람이 살 수 없는 위험한 환경이 되었고, 제비뽑기에 당첨된 요나는 잘못을 알고 "나를 들어 바다에 던지라"고 하여 바다에 던져지니 풍랑이 멈추었다.

큰 물고기 뱃속에 들어가 3일을 강제 금식을 하면서(욘 1:17), 철저히 회개하고 기도했더니 사명을 회복하였고 니느웨 성에 가서 외치니, 성의 왕과 백성들이 하나님을 믿고 금식을 선포하고 무론대소하고 굵은 베를 입고 금식하며 악한 길과 손으로 행하는 강포에서 떠나 회개하여 심판에서 구원을 받았다(욘 3:1~10).

11) 기도의 응답을 받기 위하여

"그러므로 우리가 이를 위하여 금식하며 우리 하나님께 간구하였더니 그 응낙하심을 입었느니라"(스 8:23) 금식은 가장 강력한 기도요 능력

금식은 무턱대고 굶는 것이 아니다. 양평금식기도원의 금식법대로 산을 오르내리며 즐겁고 건강하게 금식에 참예하고 있는 금식자들의 모습.

의 기도가 된다. 육신의 정상적인 식욕을 금하고 기도한다면 그 기도는 필경 속히 응답된다.

옛날에 아일랜드에서는 "한 사람에 대한 금식"의 풍습이 있었다. 그것은 채무자의 집 문 앞에서 먹지도 않고 마시지도 않은 채 앉아 있는 것을 의미하거나 혹은 어떤 사람이 법의 요구에 불만을 표시하는 것을 의미하였다. 기도는 투쟁이며 전쟁이다. 우리가 금식하면서 "내 원수에 대한 나의 원한을 풀어 주소서"(눅 18:3)라고 기도한다면 그것은 하늘의 법정에 탄원하는 결과가 된다.

"네가 부를 때에는 나 여호와가 응답하겠고 네가 부르짖을 때에는 말하기를 내가 여기 있다 하리라…"(사 58:9)

12) 마귀를 대적하기 위하여

"근신하라 깨어라 너희 대적 마귀가 우는 사자같이 두루 다니며 삼킬 자를 찾나니 너희는 믿음을 굳게 하여 저를 대적하라…"(벧전 5:8~9).

우리는 사람끼리는 서로 싸워서는 안되지만 원수 마귀와는 싸워야 하며 그 싸움에서는 필히 승리하여야만 한다. 마귀는 영적인 존재이기 때문에 음식물의 힘으로 싸우는 것은 불가능하고 성도는 금식을 통하여 성령의 능력을 받아 악하고 더러운 영들과 싸워야 한다.

금식을 하면 육신의 정욕과 탐심이 억제되고 영력(靈力)이 분출되기 때문에 마귀를 능히 물리칠 수 있게 된다. 예수님은 세 제자를 데리시고 변화산에 올라가시고 나머지 제자들은 산 아래에서 기다리고 있을 때 어떤 사람이 간질병자인 아들을 데리고 와서 고쳐달라고 하였다.

제자들은 그 불쌍한 간질병자를 고쳐주려 하였으나 실패하였다(마

17:16). 이때 예수께서 산에서 내려 오셔서 간질병자를 데려오게 하시고 귀신을 꾸짖으시니 귀신이 간질병자에게서 나가매 그 아이가 건강을 되찾게 되었다. 이때 그 광경을 지켜보던 제자들은 신기해하고 두려움에 떨면서 "…우리는 어찌하여 쫓아내지 못하였나이까"(마 17:19)라고 예수님께 물었다. 예수님께서 제자들에게 "…너희 믿음이 적은 연고니라 진실로 너희에게 이르노니 너희가 만일 믿음이 한 겨자씨만큼만 있으면 이 산을 명하여 여기서 저기로 옮기라 하여도 옮길 것이요 또 너희가 못할 것이 없으리라" 말씀해 주시고 이어서 "기도와 금식이 아니면 이런 류가 나가지 아니하느니라"고 말씀하셨다.

그러므로 믿음은 신앙생활에 있어서 빼 놓을 수 없는 중요한 것인데 이러한 믿음이 바로 금식을 통하여 더욱 굳건해 질 수 있는 것이다.

13) 주님을 만나기 위하여 "안나"

안나는 아셀 지파 바누엘의 딸로서 출가한 지 7년 만에 남편을 사별하고 과부가 된지 84년이나 되는 늙은 여선지자인데 그녀는 성전을 떠나지 않고 예루살렘의 구속됨을 바라며 주야로 금식하며 기도하다가 마침내 그리스도로 탄생하신 예수님을 보았던 사람 중의 한 사람이다.

"또 아셀 지파 바누엘의 딸 안나 라는 선지자가 있어 나이 매우 늙었더라 그가 출가한 후 일곱 해 동안 남편과 함께 살다가 과부 된지 팔십 사년이라 이 사람이 성전을 떠나지 아니하고 주야로 금식하며 기도함으로 섬기더니 마침 이 때에 나아와서 하나님께 감사하고 예루살렘의 구속됨을 바라는 모든 사람에게 이 아기에 대하여 말하니라"(눅 2:36~38)

14) 선교사를 파송하기 위하여 "안디옥 교회의 사울"

사울이 다메섹에서 그리스도의 제자들을 무론남녀하고 결박하기 위하여 대제사장의 공문을 받아 다메섹으로 달려가다가 예수를 만나고 난 뒤 눈은 떴으나 아무 것도 보지 못하고 사흘 동안 식음을 전폐하며 금식하기 시작했다. 이방인을 위한 사도로 부르심을 받아 복음의 사역자로 일하게 되면서 주기적으로 그의 믿음에 따라 금식하였으며 때로는 타의에 의해서 금식하기도 하였다. 또 수고하며 애쓰고 여러 번 자지 못하고 주리며 목마르고 여러 번 굶고 춥고 헐벗었노라(고후 11:27).

바울을 선교사로 파송할 때 안디옥 교회에서 사울과 바나바를 따로 세우기 위하여 금식하였고(행 13:3), 로마로 호송되어 가던 중 유라굴로라는 태풍을 만나 선장 및 선원과 황제 근위대와 더불어 바다에서 표류하며 금식하고 기도했다(행 27:21~33).

15) 천국 복음을 전하기 위하여 "예수님"

첫 사람 아담은 금식에 실패하였으나 마지막 아담인 예수는 광야에서 40일 동안 금식하시면서 그의 공생애를 시작하셨다. 예수님은 그 40일 동안에 마귀의 시험을 받았으나 결국 마귀를 물리치고 금식에 성공하셨다. 예수님의 말씀에 마귀는 떠나고 천사들이 나아와 수종 들었다고 성경은 기록하고 있다.

첫 사람 아담과 그의 아내 하와는 마귀의 유혹에 빠져 선악과를 따먹고 에덴에서 쫓겨났지만 마지막 아담 예수는 돌로 떡을 만들라는 마귀의 유혹을 이김으로써 마귀를 쫓아내어 잃은 에덴을 회복하신 것이다.

마귀의 유혹은 먹는 것으로, 신비주의로, 세상 영광으로 시험한다.

16) 가정의 평안을 위하여 "다윗"

다윗 왕은 성군(聖君)으로 모든 백성에게 칭송 받는 왕으로, 가장 비천한 자리에서 가장 높은 자리로, 작은 충성으로 큰 은혜를 입었으며, 가장 큰 죄를 졌으나 가장 큰 긍휼을 체험한 왕이다. 그러나 그는 왕으로는 성공했으나 가정생활은 실패한 사람이다(대상 3:1~7).

여러 부인에서 19남 1녀 외에 첩의 아들들이 있었다. 우리야의 가정을 파괴한 죄로 아들들이 압살롬으로부터 죽임 당하고, 아버지를 대적하는 반역이 일어났다. 다윗은 가정의 안녕과 평안을 위하여 금식함으로 철저히 회개하는 사람이 되어 후계자로 솔로몬 같은 아들을 두어 노년에 하나님의 복을 받은 왕이 되었다. 열왕기상 1:4에 왕을 수종 드는 젊은 여인이 있었지만 동침치는 아니했다. 가정은 하나님이 주신 행복의 전당이다. 가정에서 행복하지 않으면 교회생활을 제대로 할 수 없고, 교회생활을 바로 하지 못하면 영원한 천국을 소유할 수 없고, 이 세상에서도 천국의 기쁨을 맛 볼 수 없다. 가정과 교회와 천국은 하나님이 인간에게 주신 최고의 선물이다. 가정의 평안을 위하여, 자녀를 위하여 금식해야 한다.

17) 체험적 신앙을 위해서

초대교회 120문도는 10일간 하나님의 약속을 붙잡고 간절히 마음을 같이하여 금식하며 기도했다.

주님을 3년 반 따라 다니며 배웠으나 그들은 확신을 갖지 못하고 의심하고 세상적인 일에만 관심을 가졌다. 부활하신 주님이 마지막 승천하시기 전에도 조국 이스라엘의 독립에 대하여 질문했다. 현세적이고 세상적이고 육신적인 질문이었다.

그러나 오순절 날 임한 성령의 역사로 보고 듣고 말하는 분명한 하나님의 역사를 체험한 것이다. 무엇보다도 주님 앞에서 늘 부정적이고 잘못된 언어를 사용했던 저들이 성령의 강권적인 역사로 성령의 말하게 하심을 따라 말을 하는 말씀의 권세를 받아 수많은 영혼을 회개시키고 돌아오게 하는 역사를 이룬 것이다(행 2:1~4).

기독교의 신앙은 역사적이고 실제적이고 체험적이고 사실적인 것이기에 성령을 충만히 받는 체험이 있어야 한다. 이것이 중생의 역사요 거듭남의 역사이다.

살아 계신 주님을 체험하기 위해서 사도들처럼 금식하며 모여서 합심으로 기도해야 한다.

18) 겸손하고 온유해지기 위해서 "모세"

예수 그리스도의 마음은 낮아진 마음이요 희생의 마음이요 봉사의 마음이요 종이 된 마음이다. 주님의 산상보훈의 말씀처럼 심령이 가난한 자, 애통하는 자, 온유한 자, 긍휼히 여김 받는 자 되기 위하여 금식해야 한다. 민수기 12:3, "이 사람 모세는 온유함이 지면의 모든 사람보다 승하더라" 모세는 하나님께서 인정해 주시는, 세상의 어떤 사람보다 온유한 자가 되었다.

금식은 자신을 돌아보고 깨닫게 해 주기에 겸손해지고 온유할 수 있다. 모세의 궁중에서의 40년의 삶은 혈기로 사람을 죽이는 살인자가 되어서, 도망쳐서 양치는 목동으로 40년을 살게 하시고, 한 민족을 구원하시려고 40일을 금식하게 하셔서 그의 성품을 바꾸셔서, 백성들의 원망하는 소리를 들을 때마다 자신이 하나님 앞에 엎드려 백성들을 대신해서 중보의 기도를 드리는 위대한 지도자가 된 것이다. 혈기와 고집과 아집을 죽이기 위해서 금식해야 한다. 금식은 자아를 깨뜨리는 가장 좋은 무기이며 자신을 훈련시키는 도구이다.

19) 시간을 헛되게 낭비하지 않기 위하여

인생의 삶은 이생(二生)이 아니라 일생(一生)이다. 일생이란 단 한 번뿐인 삶이다. 인생의 목표와 목적이 없이 방황하며, 물위에 뜬 부평초와 같이 세상 물결에 휩쓸려 살게 되면 귀한 시간을 낭비하게 된다. 광야 40년의 세월, 이스라엘 백성들은 먹는 문제로 늘 불평하고 원망하며 지도자 모세를 돌로 치려고 하기까지 대적하고 하나님을 불신했기에, 2주일이면 들어갈 수 있는 가나안 땅을 40년이나 방황한 것이다.

시편 78:33, "하나님이 저희 날을 헛되이 보내게 하시며 저희 해를 두렵게 지내게 하셨도다"

인생을 헛되이 보낸 시간이었다. 집중력이 부족하고 목표가 없이 늘 산만한 사람, 하는 일이 없이 늘 분주한 사람, 계획 없이 일을 하는 사람은 금식으로 자신을 정리하고 일의 순서를 정하여 가장 중요한 일 가장 시급한 일부터 해야 할 것이다. 시간을 바로 활용하는 것은 성공의 지름길이기 때문이다.

20) 받은 은혜를 계속 유지하기 위하여

받은 은혜를 지키고 유지해야 건강한 신앙인이다. 장로교를 창시한 존 칼빈은 성도에게 3가지 고난이 있다고 했다. 그것은 세상의 실리(實利)를 끊는 것이고, 용서할 수 없는 사람을 용서(容恕)하는 일이고, 믿음을 지속하는 일이라고 했다. 믿음을 지키는 길이 신앙의 길이요 구원의 길이다. 받은 은혜 받은 은사 받은 능력을 지켜야 한다. 첫사랑을 잃어버린 에베소 교회를 책망하신 주님이시다. 사도 바울은 말년에 "내가 선한 싸움을 싸우고 나의 달려갈 길을 마치고 믿음을 지켰으니"(딤후 4:7)라고 했다.

"매맞음과 갇힘과 요란한 것과 수고로움과 자지 못함과 먹지 못함과"(고후 6:5) "먹지 못함과(금식)" "또 수고하며 애쓰고 여러 번 자지 못하고 주리며 목마르고 여러 번 굶고 춥고 헐벗었노라"(고후 11:27) "여러 번 굶고(금식) 춥고 헐벗었노라"고 했다. 자신의 신앙을 지키기 위하여 금식한 것이다. 받는 것도 중요하지만 받은 은혜를 잘 지키고 간수하는 것도 더욱 귀하고 중요하다. 타성에 빠지기 쉬운 신앙을 바로잡기 위해서, 자신을 쳐서 복종시키는 금식을 하여, 잃어버린 은혜를 회복하여 다시 주시는 은혜를 빼앗기지 않아야 한다.

21) 생활의 복을 받기 위하여

전능하신 하나님은 세상에 부족함이 없도록 모든 것을 창조하셨으나 인간이 선악과를 따먹어 죄를 지음으로 에덴동산을 잃어버리고 평생토록 얼굴에 땀을 흘려야하는 징벌을 받은 것이다. 예수 그리스도는 선악과를 먹고 저주받은 인생을 위하여 이 세상에 오신 생명과 진리이시다. 예수 그리스도의 살을 먹고 흘리신 피를 먹어야 저주에서 해방되는 것이다. 주님은 이 세상의 모든 것을 예비하시고 복을 주셨다. 따먹고 병들어 저주가 왔으니 예수님처럼 금식하고 승리해야 한다. 요엘서에 재앙으로 땅이 황폐해지고 기쁨이 사라져 고통 중에 있을 때, 선지자의 말대로 거룩한 금식일을 정하고 온 백성(百姓)이 하나님께 나아와 철저히 회개하고 기도하니 모든 잃어버린 물질을 회복해 주셨다. 3개 연합군대의 침공으로 나라의 운명이 풍전등화와 같이 어려울 때, 금식한 여호사밧 왕은 3개 연합군대가 자중지란(自中之亂)으로 저희끼리 서로 죽여서 그들이 가져온 많은 물건을 노획물로 취하는 복을 받았다. 생활하기에 부족함이 없도록 주님은 채워주신다.

2. 정신적 측면에서

현대병의 70%는 정신과 육체의 병이다. 현대의학으로 치료할 수 없는 것은 신경성 질병이 많기 때문이다.

1) 상대방을 이해하고 포용하기 위하여

다른 사람의 신을 신고 10리를 걸어보지 않고는 그 사람에 대하여 이야기하지 말라는 말이 있다. 보고 듣고 말하는 관점(觀點)이 다른 것이지, 근본적으로 차별(差別)이 있는 것이 아니기 때문이다. 남자와 여자도 차이(差異)가 있는 것이지 차별(差別)이 있는 것이 아닌 것처럼….

"눈물 젖은 빵을 먹지 않고는 인생을 논하지 말라"는 말이 있듯이 내 자신의 고집, 편견의 눈을 벗어버리고 상대방의 입장에서 이해하고 사랑하면 모든 것을 수용할 수 있다.

금식은 자아가 죽어지는 길이요, 깨어지는 길이다. 자신이 죽어지면 모든 잘못은 나에게 있기 때문이다.

인생의 불행은 불평하고 원망하고 모든 잘못을 상대방에게 돌리기 때문이다. 내 자신을 볼 수 있는 눈이 열려지는 것은 금식뿐이다. 예수 그리스도의 눈으로 상대방을 보고 세상을 보고 문제를 보게 하는 눈은 금식을 통하여 이루어진다.

하나님은 부서진 것들을 사용하신다(히브리 격언).

바울은 "날마다 죽노라"고 고백했다. 인간의 시험은 모두 탐욕 때문에 당하는 것이다. "욕심이 잉태한즉 죄를 낳고 죄가 장성한즉 사망을 낳느니라"(약 1:15)

용서는 인간을 변화시키는 묘약이다. 용서는 건강도 되찾아 준다. 용서와 건강의 관계를 40년간 연구해 온 북 캘리포니아의 태도 치유 연구센터가 내린 결과이다. 분노, 배신감, 상한 마음 등을 해결하지 못할 때, 자신 뿐 아니라 주위 사람들에게도 육체적, 정신적, 영적인 고통을 일으킨다. 예수님은 십자가 위에서 용서하셨다.

2) 자신감을 회복하기 위하여

20세기 인류 최대의 비극은 부정적 사고였다. 불황이 오기 전에 불황을 체험하고, 질병이 오기 전에 질병의 고통을 당하고, 실패가 오기 전에 실패한 자와 같이 말하고 행동하게 된 것은, 사람의 사고(思考) 속에 부정적이고 절망적인 것들을 심어 놓았기 때문이다. '할 수 없다', '안 된다', '모든 것을 잃었다', '한계가 있다'는 마귀의 속삭임에 자기의 사고를 빼앗겼기 때문이다.

"대저 그 마음의 생각이 어떠하면 그 위인도 그러한즉 그가 너더러 먹고 마시라 할지라도 그 마음은 너와 함께 하지 아니함이라"(잠 23:7)

"사람의 심령은 그 병을 능히 이기려니와 심령이 상하면 그것을 누가 일으키겠느냐"(잠 18:14)

금식은 잃어버린 자신감을 회복시켜 준다. 인간의 한계성, 제한성, 환경성, 연약성을 초월할 수 있는 능력은 금식에 있다. 예수님의 능력은 금식에서 시작된 것이기 때문이다. 할 수 있다는 자신감, 해야 한다는 사명감의 회복이다. 전능하신 하나님은 좋으신 하나님이시기 때문이다.

자신감의 상실은 하나님으로부터 부여받은 재능의 상실, 사명의 상실, 위로부터 받은 하나님의 은혜와 긍휼의 상실이기 때문이다. 주님은 우리에게 "무릇 지킬 만한 것보다 더욱 네 마음을 지키라 생명의 근원이 이에서 남이니라"(잠 4:23)고 말씀하신다.

긍정적인 마음의 자세, 적극적인 마음의 자세로 자신과 싸워 승리하려면 금식해야 한다.

악한 영에 시달리는 7가지 성품은 의심, 죄책감, 불안, 두려움, 적대감, 염려, 열등감이다.

3) 죽어가는 뇌세포를 살리고 기억력을 되살리기 위해서

뇌(腦)는 인체 기관 중 가장 중요하며 핵심적인 기관이다. 무게는 1.5kg 내외로 체중의 2%에 불과하지만, 산소와 포도당의 소모량은 20%를 상회한다. 다른 장기에 비하여 단위 체중당 10배나 많은 영양분을 공급받는 셈이다. 뇌는 140억 개나 되는 신경 세포로 이루어져 있는데, 매일 100만 개씩의 세포가 죽어가기 때문에 나이가 먹어감에 따라 건망증이 심해지고 머리가 아픈 두통(頭痛)이 오는 것이다.

금식하면 죽어가던 뇌 세포의 진행이 멈추고, 잊어버렸던 기억력이 되살아나는 것이다. 노년에 치매가 오는 것은 뇌 세포의 죽음 때문이다. 뇌를 활성화하고, 뇌를 깨끗하게 하고 맑게 하려면 금식해야 한다. 그래서 금식을 두뇌 건강학이라고 한다. 항상 신경을 쓰거나 연구를 많이 하는 학자, 교수, 학생 등은 뇌를 맑게 해야 한다. 머리가 맑고 깨끗해지는 데는 금식만한 방법이 없다.

뇌 세포가 살아나면 기억력이 되살아나고 사물을 인지하는 인식력과 인지력이 좋아지고 구상력, 판단력, 발상력이 좋아지기 때문에 모든 일을 잘 할 수 있게 된다. 건강한 두뇌, 깨끗한 두뇌는 금식으로부터 온다.

4) 의지가 강해지고 낙망하지 않기 위하여

우리 속담에 '작심삼일(作心三日)' 이라는 말이 있고, '사람의 마음은 조석변(朝夕變)' 이라는 말이 있다. 어떤 일을 계획하고 3일을 넘기지 못하고 중단하는데서 온 말이다. 홍해 바다를 건너와서 애굽 군대가 빠져 죽는 것을 목격한 이스라엘 백성들이 소고 치고 춤추고 하나님의 위대성을 찬양하고 감사했다.

그러나 삼일을 걸어가도 먹을 양식이 없고 마실 물이 없게 되자 그들은 하나님과 모세를 향하여 원망한 것이다. 전능하신 하나님은 물 샘 열둘, 종려 70주가 있는 엘림 땅을 준비해 두셨는데 3일만에 불평하고 원망을 한 이스라엘 백성은 광야 40년간 먹고 마시는 문제로 인하여 하나님을 의심하고 불평하여 많은 시련을 당하고 죽었으며, 두 사람을 제외하고 모두 광야에서 죽었다.

현대에는 의지 박약자들이 많이 있어서 인내하지 못하고 쉽게 포기하고 낙망하는 사람들이 많이 있다. 특히 현대 청소년들은 정제 식품, 가공 식품, 청량 음료의 과다복용으로 말미암아 체내(體內) 칼슘의 방출로 골감소증 환자가 많이 있고, 저혈당증의 환자가 많이 있는 것이다.

선진국일수록 잘못된 식생활로 저혈당증인 자들이 많이 있다. 저혈당증을 앓는 환자의 특징은, 마음이 공허할 때가 많이 있다. 또한 건망증이 심하고 집중력이 없어지고 감정을 제어하기 힘들고 흥분하기 쉽다. 인내력이 없고 초조하고 가슴이 울렁거린다. 긴장되면서 팔다리가 떨린다. 침착하지 못하고 기분이 잘 변화한다. 얼굴이 창백해질 때가 많이 있다. 배고프면 참을 수 없다. 식은땀이 자주 난다.

금식은 이와 같은 모든 병을 치료할 뿐 아니라, 의지가 강해지므로 무슨 어려운 일을 만나도 쉽게 포기하거나 낙심하지 않게 된다. 너무 성급한 성격, 자신을 제어하지 못하는 불같은 성격, 화를 잘 내는 성격, 너무 쉽게 포기해 버리는 성격 등은 금식으로 치료받을 수 있다.

한국인의 사회적 성격을 분석한 것을 보면 많은 것을 생각하게 된다. 성격과 행동이 급하다. 감정적이고 정이 많다. 정확성이 부족하다. 남의 눈치를 본다. 가족주의와 집단주의가 강하다. 허세가 심하다.

개인주의적 성향이 강하다. 변화를 싫어한다. 내성적이다. 권위주의가 강하다. 고칠 수 있는 것은 고치고 좋은 점은 더 발전시켜 좋은 국민성을 길러야 한다.

사람에게는 두 가지 큰 죄가 있다고 한다. 하나는 너무 성급해서 에덴 동산에서 쫓겨난 일이고, 다른 하나는 너무 게을러서 에덴 동산으로 돌아가지 못하는 것이라고 한다.

금식으로 의지가 강해져서, 쉽게 포기하고 낙망하는 성격을 고쳐야 한다.

5) 문제를 감당하는 힘을 얻기 위하여

문제는 문제를 문제로 보는데 있다. 문제를 바라보는 시각(視覺)의 문제라는 것이다. 문제보다 크신 주님을 바라보면 문제는 해결되는 것이다. 북 왕국 이스라엘의 아합 임금 시대에 선지자 엘리야는, 바알과 아세라의 선지자 850명을 상대로 갈멜산의 제단에서 대결하여 위대한 승리를 쟁취했다. 전능하신 하나님을 바라보았기 때문이다.

자신을 바라본 것이 아니라 위에 계신 전능자 하나님을 보았기 때문이다. 하나님의 모든 제단이 무너졌고 온 세상이 악으로 가득 찼으며 불의와 불법이 가득한 세상에 참된 믿음을 가지고 하나님과 동행했기에 큰 기적을 체험한 것이다. 40주야를 금식하므로 위로부터 주시는 능력을 힘입었기에 문제를 감당할 수 있는 힘을 얻었다. 문제보다 크신 하나님을 신뢰하면 문제를 감당할 수 있는 능력을 주신다.

"사람이 감당할 시험밖에는 너희에게 당한 것이 없나니 오직 하나님은 미쁘사 너희가 감당치 못할 시험 당함을 허락지 아니하시고 시험 당할 즈음에 또한 피할 길을 내사 너희로 능히 감당하게 하시느니라"(고전1:13) 하나님의 사람들에게는 감당할 시험밖에 없다.

금식은 자신을 바라보지 않고 전능하신 하나님을 볼 수 있는 눈을 열어 주셔서, 세상의 모든 일을 믿음으로 보고 말하고 생각하고 계획하고 실천하게 한다.

신앙인은 믿음의 눈으로 살아가는 것이다. 예수께서 "…내가 진실로 너희에게 이르노니 만일 너희가 믿음이 있고 의심치 아니하면 이 무화과나무에게 된 이런 일만 할 뿐 아니라 이 산더러 들려 바다에 던지우라 하여도 될 것이요"(마 21:21) 라고 하셨으니 믿음의 금식은 모든 일을 감당할 수 있게 만드신다.

6) 잘못된 욕심 천박한 욕망을 억제하기 위하여

죄악의 병에 걸려 죽어 가는 인생은, 어디서 와서 어디로 가며, 무엇을 해야 하는지, 인생의 근본적 문제를 모르고 살아간다.

인간의 실존이 무엇인지 모르기에 땅의 것을 바라보고, 육신의 정욕과 안목의 정욕과 이생의 자랑을 따라 살아가다 종국에는 심판을 받고 영벌을 받는 것이다. 땅의 것이 아니라 하늘의 것을 구해야 하고, 육신의 것이 아니라 신령한 것을 찾아야 하며, 이웃을 보기 전에 자신을 보아야 하는데, 자기중심적이고 세상 중심적인 삶을 살기에, 잘못된 욕심에 빠져서 천박한 욕망을 이루기 위하여 애쓰는 것이다. 자신을 이기지 못하고 자신을 바로 알지 못하는 죄악의 병에 걸렸기 때문이다. 금식하며 회개함으로 경건에 이르는 길을 찾고, 하나님의 말씀대로 순종하여 살아가는 길이 참된 행복의 길이 된다. 사회를 열풍으로 몰고 가는 투기의 바람을, 성령의 바람으로 잠재우기 위하여 교회와 성도는 금식해야 한다.

일확천금을 노리고 대박을 터뜨리기 위하여 날마다 경마장을 찾고, 카지노를 찾아 밤을 새우고 인생을 패가망신하는 경우를 너무나 많이 보면서, 땀 흘려 일하지 않고 먹고 살려는 잘못된 인생관을 고침 받기 위하여 금식하여 자신을 이기는 십자가의 군병, 예수의 좋은 군사가 되어야 한다.

7) 넓은 마음과 큰 포부를 갖기 위하여

성도들이 품어야 할 마음은 예수 그리스도의 마음이다. 넓은 마음, 온유한 마음, 겸손한 마음, 남을 나보다 낫게 여기는 마음, 희생하는 마음, 낮아지는 마음이 주님의 마음이다.

좁은 마음, 옹졸한 마음, 편협한 마음, 남을 정죄하는 마음, 시기하는 마음, 질투하는 마음, 미워하는 마음은 작은 마음이요, 사단의 준 마음이다. 넓은 마음은 예수님이 주신 마음이요, 내 나라 내 민족을 위하여, 주님의 나라를 위하여 큰 꿈을 갖는 것은 성령께서 주신 마음이다. 내일에 대한 꿈과 환상은 주의 성령께서 허락하신 것이다. 마지막 예수님의 유언을 듣고 마가의 다락방에 모여서 금식하며 기도하다가 성령의 충만함을 받은 주님의 제자들처럼, 이 시대를 위하여 위대한 일을 계획하고, 말하고, 생각하고, 실천해야 한다. 내 자신이 희생하고 수고하고 사랑하고 이웃을 위하여 헌신하기 위하여 금식해야 한다. 금식은 마음의 폭을 넓혀주며 내일에 대한 환상을 가져온다.

예수님의 씨 뿌리는 비유는 이 시대에 위대한 하나님의 심리학(心理學) 강의이다.

길바닥 마음, 자기 생각의 잣대를 가지고 다른 사람을 판단하거나 정죄하는 마음의 밭이다.

돌짝밭 마음, 성장 과정에서 상처받는 이야기를 부모나 다른 어른들로부터 자주 듣고 자란 마음이다.

가시덤불 마음, 자기를 괴롭히는 요인이 무엇인지 알고 있으면서도 그것에 계속해서 시달리는 마음의 상태이다.

옥토의 마음, 티 없이 맑은 마음의 상태이다.

8) 소망적이고 긍정적인 삶을 살기 위하여

이 세상을 살아가는 사람들의 성공과 실패의 분수령은 어떠한 인생관을 갖고 있느냐에 따라 결정되는 것이다. 하나님과 함께 일하는 일꾼으로 선택받고 부름 받고 하나님의 자녀로 살아가는 사람은 언제나 마음의 바탕이 소망적이고 긍정적인 자세가 되어야 한다.

금식은 상실된 자아(自我), 기쁨과 소망을 잃어버린 마음에 소망과 믿음을 주고 사랑의 능력을 주며 긍정적인 마음의 바탕을 만들어 준다.

사단은 현실을 보게 하고, 문제를 보게 하고, 부정적인 자아를 보게 해서, 스스로 좌절하고 낙심하게 만들고 연약하게 만들어, 정죄 의식, 죄책 의식, 실패 의식, 가난 의식, 질병 의식, 절망 의식, 분노의식을 심어 주어, 주님이 주시는 참된 기쁨을 잃어버리게 하고, 모두를 우울하게 만든다.

세계에서 가장 많은 질병은 우울증이다. 모든 사물을 부정적으로 보게 만들고, 마음에 절망을 갖게 해서 스스로 포기하게 만드는 것이다.

긍정적인 시각이 인생을 바꾼다

세상을 긍정적으로 보면 긍정적인 결과가 나타난다. 이것이 '피그말리온' 효과이다. 낙관적이고 긍정적으로 생각하는 방식, 이것이 믿음이요 좋은 문화이다.

일이 원하는 대로 잘 안 되고 꼬이는 수가 있다. 잘못 될 가능성이 있는 일은 반드시 잘못 된다는 것이 '머피의 법칙'이다.

모든 일이 자기에게 유리하게만 풀리는 경우도 있다. 이것을 '샐리의 법칙'이라고 한다.

'자살(自殺)'은 거꾸로 읽으면 '살자'가 된다. 이 세상은 관점에 따라 얼마든지 달라 보인다. 잘 안보여서 안경을 쓰는 사람보다, 잘 보려고 안경을 쓰는 사람이 더 잘 볼 수 있고, 아파서 약을 먹는 사람보다, 나으려고 약을 먹는 사람에게 약효가 있다. 맛없는 것부터 먹으면 사과 3개를 모두 맛없게 먹지만, 맛있는 것부터 먹으면 모두를 맛있게 먹을 수 있다.

3. 육신적 측면에서

1) 건강을 위하여

현대병(現代病)은 현대 의학으로 80%는 고칠 수 없다는 것이 양심 있는 의사들의 말이다(日本, "다이어트 혁명"의 저자 하루야마 시게오).

현대병은 문화병(文化病)이요, 사람들이 스스로 만든 인조병(人造病)이요, 체질병(體質病)이요, 탁혈병(濁血病)이다. 현대병의 90%는 식원병(食原病)이요, 70%는 산성 체질(酸性體質)에서 왔다고 한다. 먹어서 병들었으니 먹지 않아야 치료 될 수 있다.

자연계의 모든 동물에게는 의사도 약사도 병원도 없다. 그러나 동물들은 자연 치유력으로 병을 치료한다. 금식은 자연 치유력을 도와주는 가장 좋은 방법이다.

'삼천리 반도 금수강산(錦繡江山)'이라고 했으나 현재에 와서는 '삼천리 반도 병자강산(病者江山)'이 되어 가는 실정이다.

공해 시대에 살고 있는 현대인은 무엇보다도 건강에 유의해야 한다. 건강을 지키지 않고 어떤 일도 할 수 없기 때문이다. 무분별한 개발로 자연이 훼손되고 오염이 되어 큰 문제를 가져왔다. 대기 오염(자동차의 배기가스), 수질 오염, 토양 오염, 식품의 오염이다. 오염된 세상에 살고 있는 현대인들에게 가장 좋은 처방은 금식이다. 질병이 오기 전에 금식해야 한다.

3세에 금식하면 천재가 되고,

7세에 금식하면 위인이 되고,

10대에 금식하면 방탕하지 않으며,

20대에 금식하면 음란에 빠지지 않고,

30대에 금식하면 무기력과 좌절에서 해방되고,

40대에 금식하면 현대병에 걸리지 않으며,

50대에 금식하면 탐욕에 빠지지 않게 되고,

60대에 금식하면 노쇠 현상을 막을 수 있고,

70대에 금식하면 무병 장수 할 수 있고,

80대에 금식하면 치매가 예방되고,

90대에 금식하면 웰 다잉(well-dying, 잘 죽는 것)한다.

사람은 일생동안 체질이 바뀌는 시기가 10번 있는데, 체질이 바뀌는 시기에는 신체가 허약해지므로 이때는 반드시 금식해야 한다.

1세, 3세, 5세, 7세, 13세, 33세, 44세, 59세, 69세, 75세이다. 중학교에 입학하기 전에 다섯 차례 체질이 변화되기에, 어려서 금식 할수록 건강한 체질을 소유하게 된다. 체질이 건강하면 어떤 질병도 이길 수 있기 때문이다. 이것은 하나님의 주신 가장 좋은 건강법이다.

2) 질병을 치료받기 위해서

하나님께서 기뻐하시는 금식은, "…네 치료가 급속할 것이며…"(사 58:8)

금식은 질병을 치료하는 가장 좋은 약이다. 과로, 과식, 과음, 과념, 과력, 과색하는 현대인들에게 금식 만한 약이 없기 때문이다.

한의학에서는 약은 3가지가 있다고 했다. 상약, 중약, 하약이다.

하약(下藥)은 병을 치료하는 약으로 독성이 있기에 장기 복용하면 부작용이 있는 약이다.

중약(中藥)은 몸의 기운을 돋우어 주는 약으로 사람들이 제일 좋아하는 보약이다. 체질에 맞는 약을 쓰지 못하면 독이 될 수 있기에 잘 쓰면

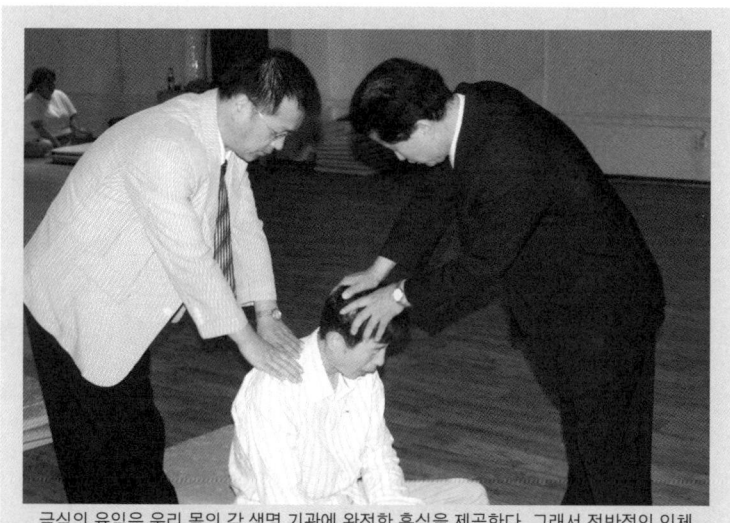

금식의 유익은 우리 몸의 각 생명 기관에 완전한 휴식을 제공한다. 그래서 전반적인 인체 기능을 향상시킨다. 금식은 과학이며 의학이다. 금식자들을 안수하는 이준동 목사.

5장 금식의 유익 117

약이고 잘 못 쓰면 독이 된다.

상약(上藥)은 제일 좋은 약으로 장기 복용해도 해가 없기에 평생을 먹는 약이다. 이것을 밥이라고 한다. "식보(食補)가 약보(藥補)에 우선한다", "밥이 인삼(人蔘)이다"라는 조상들의 명언이 있다. 그러나 오염된 음식 때문에 질병이 왔으니 금식해야 병이 치료되는 것이다.

초대 교부 존 크리소스톰은 주후 5세기에 나온 그의 설교집에서 "금식은 약이다"하고 설교했다. 지금부터 1600년 전에 금식이 약이었다면 현대인들에게는 이것보다 더 좋은 약이 없다.

금식은 과학이고 의학이다

금식은 위장을 축소시키지 않고, 위벽을 확장시키지 않는다. 위의 소화액 분비를 유발시키지 않으며 위를 손상시키지 않는다. 장의 기능을 마비시키지 않는다. 혈액을 감소시키거나 빈혈을 야기(惹起)하지 않는다. 산 과다증을 유발시키지 않는다. 심장을 약화(弱化)시키거나 심장에 지장을 초래하지 않는다. 영양 결핍으로 인한 부종을 일으키지 않는다. 결핵을 유발시키거나 결핵이 심화되도록 방치하지 않는다. 질병에 대한 저항력을 감퇴시키지 않는다. 치아에 손상을 끼치지 않는다. 신경조직에 손상을 끼치지 않는다. 어떤 생명 기관에도 손상을 끼치지 않는다. 체내 각 선에 지장을 초래하지 않는다. 비정상적인 심적 상태를 유발시키지 않는다.

금식의 유익함은 각 생명 기관에 완전한 휴식을 제공한다. 배출 기관들에게 적절하게 일하는 기회를 제공한다. 각종 분비물, 저장물질, 질병 조직, 비정상적인 생리적(生理的)기능과 분비 작용을 정상적으로 회복시킨다. 노폐물의 제거와 흡수를 촉진시킨다. 세포와 조직들을 생기 있는 상태로 회복시킨다. 에너지의 보존과 운반 체계를 강화한다. 소화력과 동화력을 증강시킨다. 마음을 맑게 하여 정신력을 강화시킨다. 전반적인 인체 기능을 향상시킨다.

3) 잘못된 식생활을 고침 받기 위하여

하나님이 주신 식물은 "…내가 온 지면의 씨 맺는 모든 채소와 씨 가진 열매 맺는 모든 나무를 너희에게 주노니 너희 식물이 되리라"(창 1:29) 라고 말씀하셨다.

채식(菜食), 생식(生食), 자연식(自然食), 민족식(체질식)이다.

죄를 지은 인간들이 동물을 먹을 수 있게 해 달라고 해서 하나님께서 사람이 먹을 수 있는 것과 먹어서는 안 되는 것을 구별하여 놓으셨다(레 11:1~23). 이것은 하나님이 인간의 건강과 생명을 위하여 취하신 사랑의 배려이다. 하나님의 말씀을 무시하고 아무 것이나 먹고 마시는 잘못된 식생활이 현대병의 주범이 되었다.

내가 먹는 것이 내가 되는 것이다. 무엇을 먹고 마시며 사느냐의 문제는 한 개인의 생활과, 신앙과, 인생에 중대한 영향을 미치기 때문이다. 음식을 계속해서 먹어서, 혀의 감각이 마비되어 잘못된 식생활에 미혹되어 음식 본래의 맛을 잃어버렸다. 수많은 식품 첨가물, 장기간 보존제(방부제, 防腐劑), 화학조미료 등으로 육체가 병들고 마음이 병들었다. 병든 심령과 육신을 치료받기 위하여 금식해야 한다.

잘못된 식생활 25가지

과식(過食), 포식, 폭식, 탐식, 속식(速食), 편식, 결식, 첨식, 야식, 육식, 간식, 대식, 미식(美食), 악식, 사식(邪食), 향락식, 가공식, 정제식, 외식, 다식, 다이어트식, 기식(寄食), 음식(淫食=정력식(精力食), 과식(寡食), 화식(火食)이다.

잘못된 식생활 습관을 금식으로 고칠 수 있다

독이 있는 약품에 빠져서 살아가는 현대인들이 많다. 담배, 술, 홍차, 커피 등 육체는 주인이 주는 대로 무엇이든지 다 받아들인다. 커피는 습관성 약품이다. 육체는 일산화탄소, 니코틴, 알코올, 심지어 마약(痲藥) 등도 모두 받아들인다. 인체는 해(害)로운 약품과 독성 물질(毒性物質)을 처리하는 기구가 없다. 금식함으로서만이 모든 독성을 제거 할 수 있다.

식욕의 방종에서 치료받아야

과식으로 위장을 남용하는 것이 시련의 근원이 되었다. 절제하지 못하고 분별없이 먹고 마시는 사람들은 또한 말과 행동을 절제하지 못하고 분별하지 못한다. 생활 속에서 절제 없이 살아가는 사람들은 인내력을 갖춘 인격적인 사람이 될 수 없다. 술에 취하도록 많이 마시고 사는 것만이 무절제가 아니라, 음식을 절제 없이 먹는 것도 무절제의 죄악이다.

참된 건강은 일상생활에서 먹는 것까지도 하나님의 말씀대로 순종하는 생활이어야 하며, 이것이 가장 큰 은혜요, 기적이다. "순종"이라는 기적의 결과로 "병 고침"의 증거가 나타난다.

한 끼의 올바른 식사는 실천적 신앙이요 참된 신앙의 열매이다. 분별없이 먹고 마시기에 많은 사람들의 감각이 절반쯤 마비된 사람같이 되어, 식탁 앞에 앉으면 대식가가 된다. 이것이 건망증, 기억력 상실증의 커다란 원인이 된다.

식욕의 노예가 된 사람들은 그리스도의 성품 완성에 실패한 것이다.

잘못된 음식문화 고쳐야

우리나라에서 가장 많이 팔리는 약은 소화제이다. 음식 문화와 식생활 습관에 문제가 있다.

식즉명야(食卽命也)라! 음식은 곧 생명이라는 뜻이다. 건강은 생명을 좌우하는 절대적 요인이다. 음식물을 자동차의 연료쯤으로 생각하는 기계론적 사고방식으로 잘못된 식생활을 하고 있다.

연료가 연소되는 힘으로 자동차가 움직이지만 연소된 연료는 자동차의 부품으로 바꾸어지지 않는다. 사람이 섭취하는 음식물도 인체 세포의 구성요소가 되며 체질과 기질을 바꾸기도 한다.

음식은 건강과 생명을 좌우할 수 있는 중요한 요소이다.

먹는 음식이 체질을 만든다

인류 최초의 범죄는 극악한 살인 행위나 강도질이 아닌 먹음직스러웠던 음식에 대한 유혹 때문이었다. 작은 탐심을 절제하지 못해서 죽음을 자초하게 되었고 에덴에서 쫓겨나게 되었다.

하나님이 주신 음식은 "…내가 온 지면의 씨 맺는 모든 채소와 씨 가진 열매 맺는 모든 나무를 너희에게 주노니 너희 식물이 되리라"(창

1:29)이다. 인류의 원초적 식생활은 채곡식(菜穀食)이다. 노아 홍수 이후에 육식이 식탁에 오르기 시작하였다. 인체의 구조는 채곡식 위주로 살아가게 되어 있다.

자연으로 돌아가야 건강하다. 자연이란 하늘과 땅, 물과 불, 나무와 땅속의 광물질로 이루어진다. 이것이 밀접한 관계를 유지하며 서로 해치기도 하고 서로 돕기도 한다. 자연에는 우리 인간의 생각으로 짐작할 수 없는 각종의 현상이 나타난다. 인간은 자연의 지배하에 살아가고 있다.

그러나 인간은 인위적인 힘을 가하여 자연을 개조하고 인간에게 유익하게 만들고자 한다. 자연을 훼손한 대가는 반드시 인간 자신에게 돌아온다는 사실이다. 인간의 터전은 자연이며 인간 또한 자연의 산물이다. 자연에서 나와 그로서 생명을 유지했고 자연에서 성장하고 발전하였기 때문에 자연을 믿고 따르게 되었다. 그러므로 자연의 원칙이 가장 순리적이라는 것이다.

순리에 따른다는 것은 곧 자연에 적응한다는 것을 의미한다. 인간은 오랜 세월동안 자연의 변화와 같이 적응하고 변화해 왔다. 이것을 버리고 짧은 시간에 인위적인 어떤 개조가 이루어진다면 인간의 생명은 위협을 받는다.

4) 자신을 훈련시키기 위하여

예수님을 따르는 제자들은 주님의 말씀대로(마 16:24~26) 자기부정(自己否定), 자기부인(自己否認)이 있어야 한다.

금식은 살아서 죽음을 체험하는 유일한 길이다. 이 세상에 우리를 보내신 목적은 광야 같은 세상을 살아갈 때에 연단과 훈련을 통하여 이 세상을 이기고, 죄와 마귀가 다스리는 세상에서 하나님의 나라가 이루어지도록 기도하고 금식해서 하나님의 뜻을 이루어 드려야 한다.

날짐승의 왕 독수리도 새끼를 훈련시킨다. 밀림의 왕자 사자도 자신의 새끼들을 훈련시킨다.

올림픽에서 메달을 따기 위해서는 수백 일 자신과 싸우는 혹독한 훈련의 과정이 있어야 한다(고전 9:25~27, 딤전 4:7). 이 세상은 놀이터(Play Ground)가 아니고, 싸움터(Battle Ground)도 아니며 훈련장(Training Ground)이기 때문이다. 영원한 영광의 면류관을 얻기 위하여 성도는 자신을 훈련시켜야 한다.

육체의 한계를 뛰어넘을 때 하나님은 은혜를 주신다. 육체에 이끌려 살아가면 하늘의 신령한 은사를 맛 볼 수 없다. "이 세상이나 세상에 있는 것들을 사랑치 말라 누구든지 세상을 사랑하면 아버지의 사랑이 그 속에 있지 아니하니 이는 세상에 있는 모든 것이 육신의 정욕과 안목의 정욕과 이생의 자랑이니 다 아버지께로 좇아온 것이 아니요 세상으로 좇아온 것이라 이 세상도 그 정욕도 지나가되 오직 하나님의 뜻을 행하는 이는 영원히 거하느니라"(요일 2:15~17)

세상에서 가장 강한 자는 자신을 이기는 자요,
세상에서 가장 행복한 자는 스스로 자족하는 자요,
세상에서 가장 부요한 자는 자신을 아는 자이다.

5) 모든 질병을 예방하기 위하여

현대 의학은 병을 치료하는 것보다 질병을 예방하는 것에 더 큰 비중을 두고 있다. 1톤의 치료보다 1g의 예방이 더 효과적이기 때문이다.

　금식으로 모든 질병을 예방해야 한다. 건강할 때 금식해야 한다. 건강은 건강할 때 지키는 것이 가장 좋은 길이기 때문이다. 예수님은 40일을 금식하시고 천국 복음을 전파하셨다. 예수님은 금식하시기 전에는 어떤 일도 하시지 않았다. 금식하셔서 마귀의 시험을 물리치시고 성령 충만하신 후 낮에는 회당에서 가르치시고 마을에 들어가셔서 복음을 선포하시고 밤이면 감람산에 가셔서 기도하셨다. 평생토록 건강하게 복음을 선포하신 예수님의 건강의 비결은 금식에 있다.

　현대의학은 장족의 발전으로 질병 퇴치에 큰 공헌을 하여 평균 수명을 연장했다. 그러나 나날이 증가하는 현대병과 새로 생기는 질병에 의학적인 한계를 갖고 있다.

　자연요법에 기초를 둔 제3의 의학이 주목을 받고 있다. 이것을 대체(代替)의학, 대안(代案)의학이라고 한다. 금식은 대안의학의 선두주자이다.

　건강 불안시대, 건강 위협시대에 건강학을 알아야 한다. 건강학은 질병 발생 이전에 알아두어야 할 학문이고, 지식이고, 의학은 질병 이후에 거론되는 치료법에 관한 학문이다.

　하나님의 자녀요 성도는 건강해야 한다(요삼 2). 국민의 건강은 나라의 가장 강한 경쟁력 유지며. 국가적 손실을 예방하는 방법이다. 병이 발병한 이후 의학적인 치료보다, 하나님이 인간에게 주신 인체의 기능을 정상적으로 유지하도록 예방 의학적 측면에서 자신의 건강을 지키는 것이 최선의 방법이고, 효과적 방법이고, 경제적인 방법이다.

　인체는 대단히 정교한 기계이기에 평소 유지 관리에 관심을 가지고 조심하면 고장 없이 120세를 살 수 있다고 한다. 자동차 유지비는 얼마 안 든다. 그러나 고장이 나면 수리비는 많이 든다. 인체는 잘 유지해야지 고장 나면 치료하기 힘들다. 잘못된 식생활을 고치고, 잘못된 습관을 고치고, 술 담배를 끊고, 운동을 하고, 기쁨으로, 믿음으로 말씀대로 살아야 건강하다.

현대 의학의 창시자 히포크라테스는 "원래 인간은 질병을 고치는 힘을 가지고 있다. 의사는 그 힘을 충분히 발휘할 수 있도록 도와주기만 하면 된다. 만일 신체의 대청소가 되어 있지 않은 상태에서 먹고 싶은 만큼 다 먹어 버리면 그 분량만큼 몸에 해가 되는 것이다. 환자에게 너무 먹이면 질병까지 보태주는 꼴이 된다. 모든 일에 있어서 도가 지나치는 길은 자연에 역행하는 것임을 명심해야 한다"

과로, 과식, 과음, 과욕, 과색, 과력의 잘못된 삶을 치료받기 위하여 금식해야 한다.

금식이 모든 병을 예방할 수 있는 이유는 금식하면 모든 병이 진단된다. 몸 속의 모든 독소가 배출되어 장이 깨끗하게 되기에 모든 질병의 근원을 없애고 모든 병이 예방이 된다. 몸속에서 인체에 장애를 주기 때문에 독소라고 하고 불필요해서 쓰레기라고 하며 몸밖으로 배출해야 되기에 노폐물이라고 한다. 사람은 몸 안에 독이 없다면 200세도 살 수 있다고 한다. 그러나 몸 안의 독소 때문에 노화가 오고 질병이 오는 것이다. 이것을 배출시키면 모든 병이 치료되는 것이다.

금식 중에는 장 청소를 해야 한다

금식 중에도 장 청소를 해야 한다. 금식을 시작하기 전에 3번을 장 청소를 해서 숙변을 제거하고 금식을 시작하면 구토가 나지 않고 쉽게 금식을 할 수 있게 된다. 금식 중에도 매일 2,000cc 이상의 생수를 마셔야 하는데, 금식 현상으로 입이 쓰고 물이 먹히지 않을 경우에는 장 청소를 통하여 수분을 공급받고 체내에 부족한 염분을 보충해 주므로 금식할 때 기운이 없는 현상을 방지할 수 있다. 새 힘이 나서 금식이 힘들지 않고 누구든지 장기금식을 할 수 있게 된다. 하루에 두 번을 해서는 안 되고 이튿날에 다시 하면 숙변이 배설된다.

장기금식자의 경우 장 청소를 안 하면 몸에서 냄새가 많이 나고 속옷과 침구에까지 냄새가 스며들어서 오랫동안 악취가 남아, 이것이 제거되는데 6개월까지 걸리는 경우가 있는데, 금식 중에 매일 한 번씩 장 청소를 하면 몸에서 냄새나는 것이 없어지고 기분이 상쾌해지고 몸도 가벼워져서 금식에 자신감을 갖게 된다.

공복단계를 잘 지내고 나면 누구든지 금식을 장기간 할 수 있다. 약 10일간의 기간이 금식에서 가장 큰 고비이다. 이 고비를 넘기게 되면 금식은 갈수록 쉬워지는 것이다.

육신의 질병을 갖고 있는 사람은 고통의 단계를 지내고 나면 모든 통증이 사라지고 금식을 쉽게 할 수 있게 된다.

금식하다가 만약 물을 마시지 못하고 누워있는 날이 3일 이상이 되면 즉시 금식을 중단하고 보호식을 조심스럽게 시작해야 한다.

물에 체했을 경우는 하루 정도 물을 전혀 마시지 말고 가볍게 샤워를 하고 전신을 물수건으로 닦아서 피부로 수분이 흡수되게 해야 한다. 체한 물이 내려간 후에 다시 물을 마셔야 한다. 천천히 침을 섞어서 마셔야 한다.

장청소의 원리는 위의 용량이 1.5 *l* 이기에 여기에다 무독성 소금을 0.9% 이하의 염도를 만들어 모두 마시고 배설이 안된 경우에는 수분이 부족하므로 계속 생수를 마셔 장을 청소하는 것이다.

그리스의 사가(史家) '헤로도투스(B.C. 484~425)'는 "이집트인들이 가장 건강하다. 이집트인들의 건강과 젊음의 비결은 조직적 단식(월 3일씩)과 구토와 관장으로 위(胃)와 장(腸)을 세척해 내는데 있다. 전 인류 중 가장 건강하다."고 했다.

6) 가계(家係)에 흐르는 저주(詛呪)를 끊기 위하여

초기 기독교의 복음이 이 땅에 전해졌을 때 선교사들은 조선왕조 500년간 내려온 가계에 흐르는 저주 때문에, 4가지를 교회에 나온 성도들에게 권면했다. 술을 마시지 말 것, 담배를 피우지 말 것, 도박을 하지 말 것, 첩을 얻지 말 것이었다. 지금도 모든 사람들이 이것을 지킨다면 가정불화가 없을 것이다.

조선왕조 500년의 역사는 족보의 문화이다. 혈통을 중시한 우리 민족이다. 뼈대를 중시한 것이다. 가계를 통해 내려오는 저주가 있고 조상에게서 물려받은 저주가 있다. 병원에 가면 묻는 것이 있다.

"가족 가운데 당뇨병을 앓은 사람이 있습니까?"

"식구 가운데 고혈압 환자가 있습니까?"

"가족 중에 암으로 세상을 떠난 사람이 있습니까?" 등 가족 가운데 그러한 질병이 있다면 본인도 그와 같은 질병을 가지고 있을 수 있다는 것이다.

예수를 믿고 구원받은 하나님의 자녀는 예수의 피로 깨끗함을 받아

죄와 사망에서 구원을 받은 것이다. 그러나 육신의 문제는 육신의 문제인 것이다.

성경에서 조상 대대로 내려오는 저주는 우상숭배, 잔인성, 관절염, 천식과 감기, 다투기 좋아하는 성격, 허리 통증, 타락케 되는 것, 피와 관련된 질병들 즉 백혈병, 고혈압, 저혈압, 당뇨, 뼈에 관한 질병, 뼈가 부러짐, 암병, 남을 정죄하는 것, 불성실. 정직하지 못한 것, 눈이나 귀에 관한 질병, 피곤, 연약함, 두려움, 겁 많음, 사람을 두려워하는 것, 늙는 것을 두려워하는 것, 발에 관한 질병, 어리석은 말, 손에 관한 질병, 두통, 편두통, 심장병, 열등감, 불임, 불면증, 믿음 부족, 정신 이상, 근육 장애, 부정적인 자아상, 신경쇠약, 복술 행위, 압제, 마비, 뇌졸중, 발작, 중독, 가난, 나쁜 언행, 반역하는 자녀, 슬픔과 비탄, 이기심, 탐욕, 담배를 끊지 못하는 것, 궤양, 쓴 뿌리, 용서치 않는 것, 구원받지 못한 가정, 친척이 구원받지 못함, 일찍 죽음, 비천함과 무가치함, 상처, 염려와 좌절 등 그 외에도 무수히 많다.

육체적이고 정신적이고 영적인 모든 질환은 가계에 흐르는 저주 때문이다. 하나님의 말씀을 순종하고 예수 그리스도의 이름을 의지하고 예수의 피로 저주를 복으로 바꾸려면 내 속에 흐르는 저주를 금식으로 끊어야 한다.

6장_ 금식의 방법과 실제적인 적응법

"금식할 때에 너희는 외식하는
자들과 같이 슬픈 기색을 내지 말라
저희는 금식하는 것을 사람에게
보이려고 얼굴을 흉하게 하느니라
내가 진실로 너희에게 이르노니
저희는 자기 상을 이미 받았느니라
너는 금식할 때에 머리에 기름을
바르고 얼굴을 씻으라"
마태복음 6장 16~17절

6장_ 금식의 방법과 실제적인 적응법

1. 금식 기간

금식할 때는 병을 치료할 목적이든지 심령 부흥을 위한 목적이든지 아니면 그 외의 주님을 섬기기 위한 목적이든지(행13:2) 분명하게 그 금식하는 목적과 기간을 설정해야만 한다(단10:2~3).

그것은 지금까지 앞에서 말한 바와 같이 각종 병에 따르는 유효한 금식 기간을 지키기 위함이다.

그렇다면 과연 어느 정도의 금식 기간을 설정할 것인가?

이것은 금식하려는 이들에게 극히 중요한 과제가 된다. 무엇보다도 금식을 처음으로 하는 초보자는 처음부터 장기간의 금식 기일을 정하지 말고 3일, 7일, 10일, 등 차차로 금식 기일을 더하도록 하는 것이 바람직하다.

병증(病症)에 따라 다소 차이는 있지만 현대병은 3주 이상을 해야 하며, 위장병의 경우도 최소한 10일 이상을 해야 한다.

금식 중에는 모든 병이 진단되기에 여러 가지 신체적 고통이 나타난다. 이것은 병이 치료되는 증거이기에 당황하거나 걱정하지 말고 계속해서 금식을 하는 동안 증상이 완화되면서 모든 병이 치료되는 것이다.

2. 전문의가 말하는 위험한 경우

전문의가 말하는 금식을 실시하면 위험한 경우와, 전문의가 과학적으로 보았을 때 금식을 해서는 안 되는 경우와, 금식을 해도 효과가 나타나지 않는 질병이 있다.

첫째, 금식을 해도 효과가 나타나지 않는 질병은 전혀 보이지 않는 눈병이나, 전혀 듣지 못하는 귓병, 수술을 해야 하는 환자 등이다.

둘째, 금식을 해서는 안 되는 경우가 있는데 그것은, 폐결핵이 중증 이상으로 극히 신체가 쇠약한 사람과, 감금하지 않으면 위험한 정신병자, 성인으로 체중이 35kg 이하인 쇠약자, 출혈이 심한 위궤양, 보행이 불편한 쇠약자, 증세가 심한 심장 판막증, 심한 폐괴저(肺壞疽, 폐농창, 肺膿瘡), 이미 때늦은 암(癌) 등이다.

셋째, 금식을 하면 위험한 경우가 있는데 그것은, 수술이 필요한 급성 맹장염이나 어린아이 및 극쇠한 노약자, 말기(末期)의 암종(癌腫), 임신 중의 장기금식은 위험하다고 한다.

특히 위궤양의 경우 위장 내에서 출혈이 있는 환자가 금식하게 되면 구토나 토혈을 일으킬 위험이 다분하다고 한다.

그러나 과학적으로 치료가 불가능한 이런 질병들을 가졌을지라도 많은 사람들이 금식함으로서 초자연적인 하나님의 역사로 인해 병을 고친 예는 허다하다.

3. 금식의 장소

금식하기로 작정했을 경우, 장소는 신중하게 택해야 할 것이다. 금식하기 좋은 장소란 첫째, 공기가 맑은 장소여야 한다는 점이다. 교회나, 가정 등은 적합하지 않다. 특히 금식 중에는 공기와 물만을 인체가 섭취하는 식물이라 할 수 있기 때문에 신선하고 청량한 공기가 단연 필요한 조건이 된다.

둘째, 금식하는 장소는 주위 환경이 정숙해야 한다. 금식 중 정신의 안정을 가지는 것이 필요하기 때문에 산림이 우거진 곳으로 기차나 자동차 또는 공장의 소음과 통행인의 소음이 없는 장소여야 한다.

셋째, 수질(水質)이 양호한 곳이어야 한다. 금식 중에는 물만 마시기 때문에 그 물이 양질(良質)이어야 하며 수돗물은 피하는 것이 좋다.

넷째, 햇볕이 잘 들고 공기의 유통이 잘 되는 방이라야 하며 식욕의 자극을 절대 받지 않는 곳이어야 한다. 흔히들 가정에서 주부들이 가정살림을 돌보면서 금식을 하는데 그것은 참된 금식이라고 할 수 없다.

이렇듯 가장 이상적인 금식 장소는 기도원이 제일 적합하며 기도원 중에서도 금식을 권장하는 금식기도원이 최고의 장소라고 할 수 있는 것이다.

4. 실제적 금식

금식을 시작한 후 3일을 넘기는 순간이 가장 어렵다. 왜냐하면 신체의학적으로 볼 때 3일 정도가 되면 음식을 섭취하지 않음으로 인하여 혓바닥이 정상적인 색으로 있지 않고 하얀 무엇이 끼는 현상이 생기는

데 이것을 설태(舌苔)라고 한다. 혀는 요술 거울이라고 한다. 혀는 거짓말을 하지 않는다.

혀는 독성물질이 인체의 생명에 필수적인 기관과 세포에 얼마나 축적되어 있는지 보여준다. 혀는 위장을 비추어주는 거울이요, 모든 막 조직을 비추어 주는 거울이기도 하다. 지독한 냄새가 나고 희고 썩은 물질이 두껍게 혀에 덮이게 된다. 인체의 모든 부분이 건강한가 그렇지 못한가를 표면에 정확하게 비춰주는 해면기관이다. 요술 거울은 자신의 건강을 위하여 가는 길을 안내하는 별이 될 수가 있다. 혀와 소변은 내부의 정화를 위한 지표가 될 수 있다. 이 기간에 기아감(饑餓感)은 없지만 강한 식욕이 일어난다. 이 식욕은 습관적, 관념적 욕구일 뿐이다. 습관적, 관념적 욕구로서 돌이 떡으로 보이는 착각도 일어나지만 이겨내야 한다. 만일 이 기간에 배고픔을 이기지 못하면 금식은 실패로 돌아가고 말 것이다. 이때에는 입안에서 악취가 나고 혀와 입안이 끈적끈적해지고 머리가 무거워지며 전신에 간헐적으로 발진, 오한 등 권태감과 현기증도 생길 것이다.

이러한 형상들은 신체내의 독소나 노폐물, 그리고 파괴된 병 세포 등이 혈액 속으로 들어와서 피가 더러워지고, 그 피가 전신을 돌기 때문이니 근심할 게 아니라 크게 감사해야 할 일이다.

"이 돌들이 떡덩이가 되게 하라"(마 4:3)는 육체의 요구에 귀 기울이게 되면 실패하지만, "사람이 떡으로만 살 것이 아니요, 하나님의 입으로 나오는 모든 말씀으로 살 것이라"(마 4:4)고 하는 영혼의 요구를 들을 수 있는 믿음과 확신이 있다면 장담해도 좋다.

(1) 물 마시는 법

독일 문학가 헤르만 헷세는 "물은 생명(生命)의 소리요 존재(存在)의 소리요 영원히 생성(生成)하는 자의 소리"라고 예찬했다.

노자(老子)는 "상선약수(上善若水)", "가장 뛰어난 선은 물과 같다"는 뜻이다. 물은 변화와 적응의 천재이다. 물은 생명의 원천이요 더러운 것을 깨끗이 씻어주고 가장 낮은 곳으로 흐르는 물은 자연의 위대한 철학자이다. 물은 천하의 지유(至柔)이다. 그러나 물은 강하다. 불로 물을 당할 수 없다.

옛사람들은 관수청심(觀水淸心)이라 했다. "물을 보고 마음을 깨끗하게 씻으라"는 뜻이다. 물은 겸손한 자세로 쉬지 않고 흐른다. 물이 흐르면 생명이 소생한다. 물은 생명 그 자체이다. 물의 평등은 단순한 계급적 획일주의나 노동 가치의 분배의 평등을 초월하는 포괄적 평등이다. 지혜의 눈, 통찰의 눈, 이해의 눈으로 자연 만물을 바라보면 하나님을 만날 수 있다. 역사의 모든 존재는 물처럼 흘러간다. 인내를 배우고 기다림과 겸손의 사람으로 잔잔한 물가로 인도하시는 주님을 따라, 세월을 아끼는 지혜로운 성도가 되어야 한다.

5. 물을 잘 마셔야 금식에 성공할 수 있다

물은 건강을 좌우한다. 몸의 70%가 물이고 물은 생명의 근원이다. 인간은 물 속에서 태어나고 우리 몸의 세포는 물 속에 잠겨있는 섬들이다. 물 속에는 온갖 영양소와 씨들이 내포되어 있다. 자연의 생수는 질병 치료에 큰 효과가 있다.

물의 작용은 진한 것(병독, 病毒)을 묽게 만든다.

단단한 것을 녹인다. 깨끗이 씻어 독을 없앤다.

자연의 생수는 탁한 피를 맑게 해서 몸 구석구석을 돌게 한다.

내장의 더러운 것, 숙변, 불순물을 깨끗이 청소한다.

독은 희석이 되어 소변과 땀으로 나간다. 입 냄새가 없어진다.

변비를 예방하고 병을 치료한다.

생수의 효과

깨끗한 물은 혈액 순환을 원활하게 한다. 또한 임파선의 활동을 돕고 체온을 조절하며 포도당의 생성에도 꼭 필요한 물질이다. 생수는 모관(모세관, 毛細管)작용을 촉진시키고 세포의 신진대사를 왕성하게 한다. 뿐만 아니라 내장을 깨끗이 하며 체내의 산과 알칼리 균형에 필요한 요소이기도 하다. 독소를 제거하고(해독작용) 변비를 예방하며 칼슘도 보급하는 매우 유익한 공급처이다.

생수를 정기적으로 마시면 위궤양이 치료되고 피부미용에도 효과가 있다. 고통스런 체취를 약화시키며 동맥경화도 예방된다. 노폐물을 배설하여 건강한 신체를 조성하며 인체의 항상성(恒常性)을 유지한다.

항상성(恒常性)이란 우리 몸 속의 생리적 기능을 위해서 모자라는 것은 채워지고, 지나친 것은 조절하는 것을 말한다. 체내의 물리적 화학적 성질의 일정한 상태를 가장 바람직한 수준으로 유지하고 변동하지 않도록 하는 것이다. 신체의 조화가 흐트러지면 어떤 영양도 불균형을 이루기 때문에 물은 대단히 중요하다.

물 마시는 방법

보통 하루 2*l*의 물을 마셔야 한다. 폐에서 하루 600cc, 피부로 500cc, 소변으로 1,300cc, 대장에서 100cc가 방출된다. 합계가 2,500cc이다. 음식물을 제외하고도 생수를 2,000cc는 마셔야 세포의 신진대사가 원활하게 된다.

물은 홀짝 홀짝 자주 마셔야 한다. 입안에 넣고 침을 섞어서 마셔야 한다. 물을 씹어서 먹으라는 말이다. 당연한 말이지만 깨끗하고 순수한 물을 마셔야 한다. 깨끗하지 않은 물이 체내에 들어오면 변비, 동맥경화, 관절염, 뇌졸중, 신장염, 당뇨병, 비만증, 담석증 등의 원인이 된다.

또한 끓이지 않는 생수를 마셔야 한다. 생수에는 용존 산소, 미네랄, 각종 유용균(有用菌)이 풍부히 들어있다. 고인 물과 수족관의 물과 끓인 물은 죽은 물이요 병원균의 무덤이다.

물은 인체 내에 반드시 필요한 것이다. 허준의 '동의보감'에서는 물이

기도원을 함께 꾸려가는 사랑하는 동역자들. 이들이 있기에 오늘의 나도 있는 것이다.

33가지 있다고 한다.

사람들이 체내의 수분을 1~2% 잃으면 심한 갈증을 느낀다. 5% 잃으면 반 혼수상태에 빠진다. 12% 잃으면 생명을 잃게된다고 한다. 물이 부족하면 기진 맥진 한다고 한다. 이것이 수분, 염분, 비타민 C의 부족이다.

6. 금식 중에 염분을 섭취하는 이유

우리 몸속의 체액은 0.85%의 식염을 함유하고 있다. 의사들이 말하는 생리 식염수는 체액과 똑같은 식염수를 말하는 것이다. 링거주사액은 0.9%의 생리 식염수이다. 생리 식염수가 인체 안에서 혈액 림프액이 되어 온 몸을 돌고, 인체의 조직 세포는 생리 식염수 속에서 계속 생성되고 있는 것이다. 생리 식염수 속에서 세균이 번식하지 못하게 하고, 그리하여 부패를 방지하고 있는 것이다. 음식물의 저장 방법도, 소금에 절이는 방법, 설탕에 절이는 방법, 알코올, 냉동, 통조림의 방법이 있다. 땀을 흘리면 몸속에서 수분, 염분, 비타민 C 등이 빠져 나오므로 탈진하게 된다. 체액 안의 염분이 땀과 함께 배출되면 체액의 농도 저하로 세포는 세균에 감염될 위험에 처한다. 식염 부족을 알코올에 설탕으로 보충하려고 한다. 염분을 적당히 섭취해야 한다. 건강체에 있어서 알코올과 당분을 조절하는 것은 물과 식염의 역할이다. 금식 중에 물과 염분을 섭취하면 피곤하지 않고 끝까지 금식할 수 있게 된다.

섭취할 수 있는 소금은 천일염이나 정제염이 아닌, 불에 구워서 불순물을 제거한 무독성의 소금으로 장청소용 소금을 써야 한다. 생수 1.5L에 무독성의 소금을 넣어 0.85%의 생리식염수로 만든 후 컵에 따라 마시고 화장실에 갈 때까지 계속 물을 마셔야 한다.

장청소를 해야 하는 이유

장내에 정체되어 있는 숙변의 배제이다. 나이를 먹어감에 따라 내장은 자연적으로 하수되고 이관된다. 그 결과 장벽에 많은 주름살이 생기고 그 속에 분변이 정체하게 된다. 이같이 대장이나 소장에 정체되어 있는 분변을 숙변이라 한다.

숙변은 소화 흡수의 장애뿐만 아니라 각종 유독 가스를 발효시킨다. 그것이 인체에 흡수되므로 많은 질병의 원인이 되고 인체의 노화를 촉진시키는 것이다. 금식에 의하여 숙변을 완전히 배설시켜 버리면 장의 소화 흡수 능력이 왕성해져서 섭식한 식물 중에 함유된 영양분은 완전히 흡수되므로 소량의 식물로도 충분한 영양공급이 가능하게 되며 위장의 피로 쇠약을 예방할 수 있는 것이다.

야생동물은 변비가 없고 설사도 없다. 분변이 완전히 소화되었기 때문에 냄새도 없다. 따라서 그냥 부패해 버린다. 인간만이 설사를 하고 변비가 있다. 변비 때문에 위장병과 뇌일혈을 일으킨다. 사장배가 되는 이유이다.

장은 소화기의 일부로서 매일 변통이 되는데 무슨 숙변이 있느냐고 말하는 사람이 있다. 금식을 해보면 알게 된다. 장청소를 해보면 여러 가지 색깔의 검붉고 끈끈한 고변이 양동이 하나이상 나오는 경우가 있다. 이것은 숙변이 대장 벽에 다년간 정체되어 있다가 부패발효를 일으켜 유해한 화학물질이 발생한 것이다. 그리고 자연적으로 혈액 내에 흡수되어 만병의 원인이 된 것이다.

중국의 '포박자'라는 책에 "장생을 얻고자 하거든 마땅히 장중을 청결하게 하라 불사(不死)를 얻고자 하거든 장중에 찌꺼기가 없도록 하라"고 쓰여 있다.

장수의 첫 번째 비결은 장을 깨끗이 해야 한다. 장내에(위. 소장. 대장) 변이 정체되면 갑작스럽게 부패를 일으켜 많은 양의 변을 배출하기도 하고 변비를 일으키기도 한다. 항상 배가 나와 있거나 식사를 조금만 해도 배가 거북하고 숨이 찬 사람은 정체된 변이 많기 때문이다. 과식을 하거나 육식을 즐기면서 활동량이 적은 사람은 소화기 계통에 질병이 많으며 혈관에 노폐물이 쌓이게 되고 고혈압 관상동맥증 뇌혈전증을 유발시킨다.

장에 찌꺼기가 많이 쌓이면 항상 피로감을 느끼며 식후에 심한 식곤증을 느낀다. 습관적인 변비가 있거나 숙변이 많이 있으면 피부가 검거나 부스럼 종기 등이 자주 생기며 손과 발이 아주 차고 피부가 심하게 거칠어진다. 금식을 하면 몸 안에 쌓여있던 지방이나 기타의 과잉 영양을 에너지원으로 대체한다. 체내에 쌓여있는 과잉영양이 빠져나가기 시작하면 그때부터 생명자체의 활기가 나타나기 시작하고 자연치유력이 증대된다. 생명현상이 적절하게 발휘되려면 영양이 풍부하고 인체에 해가 없는 식품을 섭취해야 한다. 이것을 충분히 소화시키고 완전한 흡수와 완전한 배설을 해야 한다.

이와 같은 일이 이상적으로 진행되기 위해서는 위장 소장 대장 간장 신장 등 많은 기관들이 적절히 작용해야만 한다. 인체의 구조면으로 보나 생활의 상태로 보아 장내에 들어온 많은 양의 음식을 찌꺼기 없이 배설시키지 못하는 것이다. 이와 같은 불완전한 상태는 일생동안 계속되는 것이다.

먼저 들어온 음식을 완전 소화시키고 영양분이 흡수되어야 하는데 배설을 하기도 전에 다른 찌꺼기가 생기는 관계로 오장육부 특히 소화기 계통의 모든 장기는 만성과로 상태에 빠지게 된다. 이와 같은 악순환을 끊어버리고 장을 깨끗이 비우기 위해서는 금식을 해야 한다. 금식은 몸 안의 모든 장기와 세포를 깨끗하게 하고 활력을 주기 때문이다.

숙변, 고변, 흑변이라고 한다.

숙변에 의한 질병으로는 위장질환, 급성간염, 간경변, 간장비대, 신장질환, 소화불량, 비만증, 당뇨병, 심장질환, 관절염, 천식, 신경통, 류마티스, 노이로제, 자율신경 실근증, 원인불명의 두통, 머리 무거움, 각종 결핵성질환, 뇌일혈, 중풍후유증, 늑막염, 복막염, 중이염, 축농증, 알레르기피부염, 근시 백내장, 망막염, 노안, 각종피부병, 종기, 고혈압, 빈혈, 매독, 감기, 인풀루엔자, 혈액순환부전증, 신체허약, 불면증, 히스테리, 각종부인병, 척추의 피로, 암, 유산과다 등이다. 이 병은 약으로는 숙변을 배출시킬 수 없다. 장청소를 해야 모든 숙변이 배출된다.

7. 규칙적인 생활과 운동을 해야 한다

금식 중에는 규칙적인 생활을 해야한다. 가능하다면 하루 일과를 새벽 5시에 일어나 새벽 기도회에 참석하고, 끝난 뒤에도 개인기도 시간을 따로 갖고, 양치질과 세면을 한 후 오전에 성경을 읽고 오후에 잠깐 낮잠을 자고 나서 가벼운 운동이나 산책을 하고 저녁에 양치질과 세면을 한 뒤 성경 읽기와 기도 시간을 가진 뒤 오후 10시쯤 잠자리에 드는 것이 좋다. 하루의 일과 중에 적어도 한시간 이상 운동을 해야 한다.

누워만 있으면 병을 고칠 수 없다. 금식 중에도 운동을 해야 금식을 계속 할 수 있다. 병상에 오랫동안 누워있게 되면 각종, 염증이 생긴다. 몸의 면역기능과 근육의 힘도 떨어져 병에 대하 저항력을 떨어뜨리는 결과를 가져온다.

환자가 침대에 누워있을 경우 젊은이는 매일 1.5%의 근육 힘이 떨어지고 노약자는 5%정도 떨어지므로 10일간 병상에 누워있으면 몸의 기운이 절반으로 떨어지게 된다.

스웨덴의 '벵 마르크' 교수는 "침대는 병을 치료할 수 없다. 환자들을 병상에 가두어 둔 것이 서양의학의 가장 큰 실수이다." 라고 했다.

움직여서 살도록 만들어진 것이 동물이고 정지해서 살도록 만들어진 것이 식물이다. 식물은 여기저기 옮겨서 심으면 죽고 동물은 움직이지 않고 가만히 있으면 죽는다. "누우면 죽고 걸으면 산다"는 말은 명언이다. 운동을 해야 한다.

프랑스의 생물학자 리 마르크의 말 가운데 "용불용설(用不用說)"(동물철학에서 사용하는 용어)이라는 말이 있다. "생명은 기계와 본질적으로 다르다. 기계는 쓰면 쓸수록 약해지고 고장이 나지만, 그와 반대로 생명의 기관은 쓰면 쓸수록 발달하고, 안 쓰면 안 쓸수록 무디고 퇴화한다"고 했다. 인간의 육체는 생명체이므로 운동을 통해서만 단련시킬 수 있다.

현대인의 병은 운동 부족에서 온 것들이다. 현대인은 운동 부족으로 비만증, 심장병, 고혈압, 당뇨병, 저혈압, 불면증을 앓고 있다.

운동 부족이 원인이 되어 오는 병으로는 비만증, 불안정 증후군, 협심증, 고혈압, 동맥경화, 자율신경 불안정 증후군, 요통 등이다.

항상 앉아서 근무하는 사람은 움직이며 활동하는 사람보다 심근경색이 많다. 동물성 지방의 과다섭취가 동맥경화의 원인이다. 인체를 잘 움직이면 고지혈증이나 동맥경화를 막을 수가 있다.

운동 부족은 교감신경의 긴장을 높여 혈액 순환의 저항을 증가시키고 이것이 혈압 항진에 박차를 가(加)한다. 운동은 교감신경을 이완하고 혈액 순환의 저항을 감소시켜 혈압을 내리는 작용이 있다. 요통은 사무직 종사자들에게 많이 나타난다. 운동 부족에 의한 요부근력의 저하라고 한다. 어린 학생들에게 골절이 많이 나타난다. 편식, 기호 식품, 운동 부족에 의한 골 조직 발달의 취약함 때문이다.

현대병은 생활개선을 가지고 대처하는 것이 자연적 대책이며 치료법이다. 질병의 발생을 막는데 예방 의학적 접근이 필요하다. 건강과 운동의 문제는 총체적 건강 대책의 일환으로서 가장 큰 효과를 낼 수 있다.

8. 각종 질병에 따르는 금식 기간 설정

(1) 영국의 의학박사 '카링톤'

그는 신체 마비병 30일, 위장병 26일, 간장병 26일, 간장 출혈 10일, 류마티스 관절염 45일, 소화불량 17일, 천식 40일, 당뇨병 20일, 신경통 21일, 신경쇠약 30일, 폐병 27일, 비만증 30일, 불면증 10일 이라고 했다.

21세기는 환경이 가장 오염된 세상인데 거기서 우리가 살고 있다. 만물이 오염되어 먹고 마시고 숨쉬고 사는 일이 너무나 힘들다. 옛날에는 없던 불치의 병이 너무 많아서 현대병은 21일(3주간) 이상을 금식해야 치료받을 수 있다.

독일의 자연의학자들은 20일을 가장 이상적인 날자로 보았고, 미국과 영국의 자연의학자들은 30일을 가장 이상적인 날자로 보았다.

필자의 견해로는 30일이 가장 좋은 금식기간이다. 모든 질병의 90% 이상이 30일 정도 되면 모두 치료되는 것을 보았기 때문이다.

지금처럼 오염되지 않았던 1970년대에는 3일만 금식해도 위장병이 치료되었다. 1980년대에 와서는 1주일을 금식해야 치료되었고, 1990년대에 와서는 10일을 금식해야 병이 치료되었다.

웬만한 질병은 10일을 기본으로 금식하고 고혈압, 당뇨병, 지방간, 간염, 위궤양, 위염, 동맥경화, 심장병 등 만성 질병은 3주간 즉 21일 이상을 금식하면 모두 치료된다.

(2) 금식일 수(數)는 굉장히 중요하다.

육체의 모든 체질은 5일이 지나야 변화가 시작되기에, 하루 금식도 중요하고 2일 금식도 중요하지만 질병을 갖고 있다면 반드시 단기금식보다 장기금식을 하는 것이 치료에 효과적이다. 3일 금식을 10번 하는 것보다 10일 금식을 한 번 하는 것이 훨씬 효과적이고, 10일 금식을 10번 하는 것보다 40일 금식을 한 번 하는 것이 영육간에 유익한 것이다.

자연의학자들은 고혈압과 당뇨병의 구세주는 단식이라고 한다.

구원받은 성도들에게는 예수님이 하셨던 장기금식이야말로 모든 질병을 치료하는 가장 좋은 길이고 방법이다. 40일을 금식한 목회자들은 한 분도 예외 없이 갖고 있던 모든 질병을 치료받은 간증을 하는 것을 수도 없이 듣게 된다.

1866년 미국의 작가 '마크테인'은 3일치 식량을 싣고 바다에 나갔던 사람들이 폭풍우를 만나, 바다에서 43일간 해상을 표류하다가 구조되었는데 그들 모두는 불가항력적으로 40일을 금식하게 된 것이다. 그들 모두가 병원에 입원하여 치료받았는데 한 사람도 예외 없이 그들이 갖고 있던 모든 질병을 치료받았다는 것이다. 적당한 기아상태(饑餓狀態)는 최량(最良)의 의사(醫師)요, 최량(最良)의 약(藥)보다 낫다.

7장_ 금식에 대한 오해와 무지

"혼인을 금하고 식물을 폐하라 할 터이나 식물은 하나님이 지으신 바니 믿는 자들과 진리를 아는 자들이 감사함으로 받을 것이니라 하나님의 지으신 모든 것이 선하매 감사함으로 받으면 버릴 것이 없나니"
디모데전서 4장 3~4절

7장_ 금식에 대한 오해와 무지

기독교의 금식은 타종교에서 하는 단식법과는 다르다. 금식은 영적 목적을 위하여 음식을 끊는 것을 의미한다. 세상 사람들이 정치적 세력을 얻기 위하여 어떤 자기들의 목적에 사람들의 주의를 끌기 위하여 하는 단식 투쟁과는 구분이 된다. 금식은 건강을 위하여 하는 식이요법과도 구분이 되며 오직 치료받기 위하여 육신의 건강을 위하여 하는 단식과도 구분이 된다. 영적인 목적을 위하여 하는 것이 금식이다. 세속화된 세상에서는 금식이 허영심에 의하여 또는 세력을 얻기 위한 욕망에 의하여 동기가 부여되는 것과는 전혀 다른 것이다. 이와 같은 금식도 하지 않는 것과는 전혀 다른 것이지만 성경에서 설명된 금식의 목적과는 전혀 다른 것이다.

오늘날 금식을 적절하지 않은 것으로 시대에 맞지 않는 것으로 보는 것은 잘못된 일이다. 교회 안에서나 교회 밖에서나 금식이 일반적으로 무시되는 것은 통탄할 일이다. 어떤 분의 조사에 의하면 1861~1954년

까지 근 100년 동안 그리스도인의 금식을 주제로 한 책이 한 권도 출간 돼지 않았다는 것이다 기독교를 통하여 오랫동안 실천되어진 금식이 전적으로 무시되고 오해되는 이유는 무엇인가?(리차드 포스터의 글에서)

1. 금식을 금욕주의로 오해한 것이다

신앙의 내적인 면이 쇠퇴함과 더불어 외적인 형식을 강조하는 경향으로 점차 증대된 것이다. 영적인 능력이 없이 형식만 있는 곳에는 언제나 율법이 지배하게 된다. 율법은 늘 안전하다는 느낌과 조종하는 힘을 갖고 있기 때문이다. 이리하여 금식은 가장 엄격한 규율에 속하게 되었고 극단적인 금욕과 채찍질로 이해되고 실천되어져서 자유분방한 현대문화는 이와 같은 지나친 금욕에 반발하게 되었고 금식과 금욕을 혼동하는 경향으로 기울어졌기 때문이다.

금욕주의는 육체에 관한 모든 욕망과 명예나 부귀에 대한 욕심을 금함으로써 도덕적 생활이 이루어진다는 주장으로 육욕을 금함으로서 구원을 받을 수 있다는 주장이다. 다른 말로는 극기주의라고 할 수 있다. 물질적 세계와 인간의 육체는 무가치하고 영은 선한 것이라 하여 몸이 하나님과 하나 되기 위하여 필수과정이 금욕이라 하여 금욕주의자들이 되었다. 금식은 금욕주의가 아니다. 이상향이나 목표를 얻기 위한 실천이나 훈련을 의미하는 금욕주의는 헬라어에서 유래된 말로써 중세 기독교 전성시대에 유행되었다. 중세 기독교회는 고행과 공로로 죄를 속할 수 있다는 교리로 이끌어 갔는데 여기에서는 십자가에서 영광대신 고통을 취하려는 것을 자랑하려는 내적 교만이 숨어 있음을 깨달아야 할 것이다.

금욕주의는 인간의 육체는 본질적으로 악하기 때문에 육체에 고통을 가해서 악을 굴복시킨다고 믿었다. 그래서 수도원운동이 일어났고 독신운동이 교회 내에서 퍼지게 된 것이다. 그러나 금식은 금욕이 아니다. 금식은 자기를 훈련시키고 자신을 절제시키는 경건의 훈련이요 하나님의 은혜이다.

　성령 안에 살아가는 성도들은 세상의 모든 일에 절제가 있어야 하기 때문이다. 절제 없는 식생활, 언어생활이 삶을 황폐화시키고 영혼과 육신이 병들었기 때문이다.

　절약은 부자를 만들고 절제는 사람을 만든다는 말은 기독교인이 음미해야 할 말이다.

2. 세속적 문화의 영향으로 음식 문화를 미화한 것이다

　모든 사람에게 끊임없이 들려오는 음식에 대한 선전은 하루에 반드시 3끼 식사를 해야 하고 또 그사이에 간식을 먹지 않으면 영양실조가 된다고 믿게 만든 것이다. 여기에다. 먹고 싶은 음식을 먹어야 한다는 식욕을 채우는 것이 미덕이라는 통속적인 신념이 자기를 조절하고 절제하게 만드는 금식을 케케묵은 풍습으로 만든 것이다. 더군다나 2400cal 이상 먹어야 건강할 수 있다는 현대 영양학은 3000cal 이상을 먹게 만들어 포식하는 시대로 만든 것이다.

　금식하려고 하는 사람들에게 주위의 모든 사람들과 환경은 금식을 방해하는 커다란 장애가 되고 있다. 굶으면 건강에 해롭다. 기운이 없게 된다. 일을 하는데 지장이 온다고 말하여 금식자체를 부정하게 만들었다.

그리스도인이라도 주님의 십자가를 지려는 사람들이 점점 적어지는 것도, 주님의 고난에 동참하려 하지 않는 것도 금식을 잃어버렸기 때문이다 기독교의 신앙은 십자가의 신앙이요 희생과 수고와 헌신의 신앙이다. 주님을 닮아 자기를 희생하려는 마음이 부족하기 때문이다. 희생과 수고가 없는 신앙은 기독교의 신앙이 아니다. 하나님의 베푸신 큰 은혜 중 너무 값싼 은혜로 신앙을 변질시켰기 때문이다. 사도행전의 역사는 계속되어야 한다. 사도행전의 주인공인 주님의 제자들은 불같은 열정과 뜨거운 마음이 있었기에 주님을 섬기기위해서 금식했다. 주님을 바로 섬기는 방법이 금식이기 때문이다. 금식을 잃어버린 현대의 그리스도인들은 살아계신 주님을 섬기고 주님을 따르려는 제자도가 부족하기 때문이다. 나 한사람의 희생이 자신도 살고 이웃도 살고 가정도 살고, 교회, 민족, 국가가 사는 길이다.

현대인의 죄는 미식주의이다. 과거에도 배를 신으로 삼고 살아가던 불신의 사람들이 많았다. 세상의 문화의 영향을 받고 동조되어 먹고 마시는 것이 삶의 일과가 된 식도락가들이 너무 많기 때문이다. 음식물의 쓰레기가 15조원이나 되는 세상의 문화를 기독교의 문화로 바꾸어야 한다. 세상의 문화는 타락한 문화요 대중의 문화요 하나님을 대적하는 문화이며 쾌락의 문화, 불순종의 문화이다. 세상을 구원해야 할 성도와 교회가 세상의 문화를 선도해야지 세상문화를 따라가면 안 된다. TV, 신문, 라디오 모든 매체를 동원하여 융단폭격을 하듯이 음식에 대한 예찬으로 들어차있다. 모든 것이 다 그런 것은 아니지만 현대판 선악과가 바로 그것이기 때문이다. 그들은 상업적으로 돈을 벌기 위하여 수단방법을 가리지 않는다.

건강의 문제는 뒷전이다. 경제 원리에 따라 모든 것이 움직여지는 현대의 매스컴은 나라전체를 음식 공화국으로 만들어 가는 곳마다 음식점이다. 사람들이 쉬고 즐기는 유원지 뿐 만아니라 길거리 어느 곳에 가도 음식점으로 가득 들어차있다. 건강을 생각하고 내 자녀를 생각하는 마음으로 음식을 만드는 곳이 몇 곳이나 될까? 입의 미각을 자극하는 음식으로 모든 사람들을 환자로 만든 것이다. 입에 맞는 음식을 먹지 말고 내 몸에 맞는 음식을 먹어야 하는데 우리의 현실은 그렇지 않다. 현대판 선악과로 가득 찬 우리의 식탁은 서구의 음식문화로 삼천리반도 병자강산으로 만들었다.

인류역사의 전쟁은 식탁에서의 전쟁이었다. 누가 식탁을 점령하느냐에 따라서 인생의 성공실패가 판가름 났기 때문이다. 먹어서는 안 되는 것을 먹게 만들었고 끊임없는 식욕의 유혹이 인간을 타락시킨 것이다. 우리나라 사람들의 5가지 죄가 있다고 했다. 이것은 마치 로마제국의 멸망 원인과 같다. 가정도덕의 붕괴, 사치와 낭비, 성도덕의 추락, 미식지향주의, 계층간의 격차가 그것이다.

"여호와여 내 입 앞에 파수꾼을 세우시고 내 입술의 문을 지키소서. 내 마음이 악한 일에 기울어 죄악을 행하는 자와 함께 악을 행치 말게 하시며 저희 진수를 먹지 말게 하소서"(시 141:3~4)

사람들은 살기 위하여 먹지 않고, 먹기 위하여 살아가고 있다. 사람들은 음식을 먹으면서도 또 다른 먹는 계획을 세운다. 간단히 말해 삶은 오로지 먹는 것으로만 이루어져 있다는 사실이다. 음식은 사람들에게 있어서 하나의 신이 되어 있는 것이다. 음식에 대하여 정상적인 상태에서 벗어나 너무 극도로 매혹되어 있다는 사실이다. 먹지 말아야 할 것을 먹음으로 타협하게 되고, 자신을 곤경에 빠트리는 경우를 본다. 헬라인들은 끊임없이 연회를 베풀어 무엇이든지 기념할 수 있는 모든 것을 기념하여 연회를 열었다. 로마인들도 마찬가지였다. 76가지나 되는 많은 축제일이 있었다. BC46년 율리우스 황제가 얼마이상의 돈을 음식에 쓰지 못하도록 제한을 했을 정도로 탐식에 빠졌다. 그러나 불행하게도 그의 법을 시행할 수가 없었다. 결국 로마는 잘못된 식생활 때문에 나라가 망한 것이다. 로마인들의 탐식에 대해 한 시인은 "자신들의 배를 채우기 위하여 그들의 코는 냄새를 쫓으며 부엌에서 나는 여인들의 즐거운 비명에 귀를 기울이고 굶주린 짐승 떼와 공작같이 소리 지르며 발끝은 세우고 서서 손가락을 꼬며 음식이 식기를 기다린다."

이것이 당시 로마의 현실이었다.

3. 금식에 대한 무지 때문이다

금식은 막연히 힘든 것으로 여기고 내 자신과는 전혀 관계가 없는 신앙으로 생각하는 영적교만 때문이다. 성공했다고 자부하는 자신을 위해 놓는 신앙의 교만이 영육을 병들게 만든 것이다. 성경의 말씀을 연구하고 배우고 실천하려는 의지가 부족해서이다. 금식하지 맙시다. 지금은 금식할 때가 아니다. 금식은 계명이 아니다. 금식은 의무가 아니다. 사도행전의 역사는 사도행전으로 끝이 난 것이다. 이러한 주장들은 모두가 다 무지의 소치이다.

성경은 금식에 대한 이야기로 꽉 들어 차 있다. 에덴(Eden) 동산에서 처음으로 범죄한 아담(Adam)의 죄가 선악과를 따먹은 죄였다. 실낙원의 영향은 먹어서 온 것이다. 인간의 모든 저주, 고통, 질병, 자연계의 신음, 모든 부조화는 금식 실패에서 왔기에 마지막 아담 예수님은 천국 복음을 전하시기 전에, 병든 자를 치료하시기 전에, 말씀을 가르치시기 전 제일먼저 40일 금식하심으로 마귀의 시험을 이기시고 승리와 기적, 축복과 응답을 가져오신 것이다.

기독교 복음의 출발은 금식으로 시작된 것이다. 하나님의 말씀을 받은 율법의 대표자 모세는 40일 금식을 했고, 선지자 엘리야도 40일 금식하고 승천한 것이다. 성군 다윗왕, 왕후 에스더, 포로로 잡혀 갔던 다니엘, 사도 바울, 여선지자 안나, 예수님의 제자들, 안디옥 교회 모두 금식했다. 신앙의 위대한 선진들이 모두 금식을 했고 금식의 가치를 증언했다. 개혁자 루터, 칼빈을 비롯해서 기독교 역사의 위대한 신앙인들은 모두 금식했다. 죤낙스, 요한 웨슬레, 조나단 에드워드, 찰스 피니…, 여호사밧 왕은 백성에게 금식을 선포 하고 전쟁에서 승리했다. 요나 한 사람의 금식으로 니느웨 성 전체가 구원받았다. 요한 웨슬레의 일기에서 "이 금식의 날은 영광스러운 날이었다. 왕정복고 이후 런던에서 보기 드문 날이었다. 런던의 모든 교회가 초만원을 이루었다. 그리고 모든 사람들의 얼굴에는 엄숙함이 깃들어 있었다. 하나님은 분명히 기도를 들으신다고 믿는다. 그리고 우리의 평온이 다가오고 있다고 믿는다."

영국의 청교도 목사 토마스 카트라이트(1580년)는 '진정한 금식의 거룩한 실행'이란 책에서 종교와 상관없는 것은 단식이며 단식은 육체에만 관계된다고 했고 종교적인 색채를 띤 것은 금식이며 금식은 육체와 함께 마음 영에 관계하는 것이라고 정의 했다. 금식은 우리의 회개에 대한 엄숙한 신앙고백을 위하여 주님으로부터 명령받은 절제행위라 했고 그리스도인들이 지켜야 할 의무라고 했다. 예수님은 친히 금식하시고 마태복음 6:16~18에서 금식할 때에 라고 말씀하심으로 반드시 이행해야하는 의무로 규정했고 레위기 16:19~30에서 금식은 하나님의 백성들이 지켜야할 '영원한 규례'라고 못 박았다.

예수님은 신랑을 빼앗길 날이 이르리니 그때에는 금식할 것이니라 하셔서 종말의 시대는 금식해야 한다. 아더윌리스 "우리는 신랑을 빼앗길 그날을 오늘날 이 시대로 보아야 한다. 주 예수님이 아버지께로 올라가신 때로부터 하늘에서 재림하실 때까지 그 사이의 시대를 말한다. 사도들이 이해한 바가 분명히 이것이었다. 왜냐하면 예수님이 아버지께로 승천하시기 전까지는 사도들이 금식하였다는 기사를 우리는 읽을 수 없기 때문이다. 주님께서 그 때에는 금식 할 것이니라고 말씀하신 그 때가 오늘날의 교회시대, 이 시대 바로 지금이다."

마르틴 루터는 "금식을 배격하는 것이 그리스도의 의도가 아니었다. 올바른 금식을 회복하는 것이 그리스도의 의도였다." 금식은 하나님 중심으로 이루어져야 하며 하나님이 주도하시는 것이 되어야하고 하나님이 정하신 것이어야 한다.

존 칼빈 "많은 사람들이 금식의 유용성을 과소평가하고 그 필요성을 잘 알지 못하며 어떤 이들은 금식을 전적으로 불필요한 것으로 여겨 거부하고 어떤 이들은 반대로 금식을 잘 알지 못하고 잘못 사용하여 미신적으로 쉽게 흐르는 일이 많다. 즉 한편은 금식에 대하여 전혀 관심이 없는 경우이고 또 다른 한편은 미시적으로 잘못 사용하는 경우이기에 신령한 열매를 거두지 못하는 것이다."

4. 40일 금식하는 사람들의 무지

성경에서 40일의 시간은 무엇을 의미하는가? 성경은 40일을 하나님이 영적으로 매우 중요한 기간으로 여기신다는 것을 정확히 보여 준다. 주께서 당신의 목적을 이루시기 위하여 누구인가 준비시킬 때 40일이 걸렸다.

부활절 전날부터 주일을 제외한 40일간을 사순절이라 부르며 기독교 복음의 핵심이다.

주님의 제자들은 40일 간의 시간을 하나님께 드림으로 제물이 되어 이 시대에 쓰여 지는 종들이 되어야 한다.

40일간의 시간은 중요한 시간으로 마지막 하나님의 연단과 훈련의 시간이 되는 것이다. 40일을 금식하는 목회자와 성도들이 날짜에 너무 집착한 나머지 30일 지난 후 물을 전혀 먹지 못하고 수면을 취하지 못하고 운동을 못하면서 들어 누워서 날짜를 채우는 경우가 있는데 이것은 잘못이다. 금식을 중지하고 가장 부드러운 미음으로 원기를 회복하고 난 후에 부족한 날짜를 채우는 것이 가장 지혜로운 방법이다. 움직이지 못하고 물을 먹지 못하면 육체에 심각한 손상이 오게 되며 뇌세포의 마비나 파괴로 장애자가 되기 때문이다. 몸의 70%는 수분으로 이루어져 있는데 사람의 뇌는(두뇌) 83%가 수분으로 이루어져있기에 수분 부족은 뇌세포에 치명적인 영향을 주어, 보고 듣고 말하고 냄새 맡고 접촉하는 5관에 영향을 미치게 된다. 금식 후 잘 보이지 않고 잘 듣지 못하고 말을 잘하지 못하는 것은 뇌세포에 이상을 말하는 것이다. 뇌세포가 한번 잘못되면 다시 회복하기 어렵다. 금식 할 때 40일이라고 하는 날짜에 집착하지 말아야 하고 나 혼자 금식하는 것은 반드시 피해야 하며 반드시 지도를 받아야 한다. 금식기도원에 와서 해야 되고 조언을 받고 해야 하며 금식하는 기간에도 지시에 반드시 따라야 한다.

　40일을 금식하면 장애자가 된다는 말을 많이 듣게 되는데 전문가의 지도를 받으면 염려하지 않아도 된다. 간혹 자기 고집 때문에 뇌세포에 이상이 생겨서 오랫동안 고통을 당하기도 하고 잘못하면 평생 장애를 입게 된다. 40일 금식에는 하나님께 제물 되어 크게 쓰여 지는 사람이 있는가 하면 잘못하여 큰 고통을 당할 수도 있다는 사실을 명심해야 한다.

　날짜에 집착하는 어리석음을 버리고 운동하면서 하루에 2000cc 이상의 물을 마시지 못하고 일어나지 못할 때에는 언제나 금식을 중지해야 한다.

5. 금식 후 보호식에 대한 무지

　잘못된 금식, 잘못된 보호식은 금식의 무지이다. 모든 사람들이 금식할 수 있으나 지혜로운 사람만이 보호식을 할 수 있다. 금식보다 어려운 것은 보호식이다. 입을 지키는 일이 가장 어렵다. 옛날의 어머니들은 산후병으로 고생했다. 금식 후 잘못 된 보호식으로 후유증이 있었다. 레위기 12장은 남자를 낳고 1주일은 부정하다고 말씀하고 있다. 그 이후 33일 지나야 산혈이 깨끗하다. 남자를 낳고는 40일이 지나야 온전해 진다는 것이다.

　여자를 낳고는 2주일 부정하고 그 이후 66일이 지나야 산혈이 깨끗하다고 했다. 여자를 낳고는 80일이 지나야 온전해 진다는 것이다.

　21일 금식자는 ⇒ 아들을 낳은 것이다.

　40일 금식자는 ⇒ 딸을 낳은 것이나 마찬가지이다.

금식 후 보호식

금식한 육체는 정결한 육체이다. 무엇을 먹느냐에 따라서 몸의 체질이 되고 성격이 되고 인격이 되는 것이다.

① 몸의 상태는 무색이다.

음식은 무색의 상태로 먹는 것이 가장 좋은 방법이다. 색깔이 있는 음식, 자극성이 있는 음식은 패해야 한다. 무우를 담근 동치미와 흰죽이나 미음 등을 먹어서 몸을 서서히 음식에 적응시켜야 한다. 무색에 무엇을 넣느냐에 따라서 물의 색깔이 달라지는 것처럼 무색의 몸에 어떤 음식을 넣느냐에 따라서 체질이 결정된다.

② 금식 후의 보호식은 지상의 공사이고 금식은 기초공사이다.

집을 짓는 건축공사에 비유하여 설명한다면 땅을 파고 기초를 닦는

날짜에 집착하는 어리석음을 버리고 꾸준히 운동하면서 하루에 2000cc 이상의 물을 마셔야 한다. 사진은 이준동 목사가 40일 금식자들과 함께 등산하는 모습이다.

것은 금식이고 끝나고 나서 보호식은 이제부터 집을 짓는 지상의 공사이다. 금식할 때는 기초이기에 드러나지 않지만 보호식은 드러나는 것이다. 몸이 붓게 되면 이것은 과식을 했던지 야식을 했던지 너무 자극적인 음식을 먹어서 온 것이기 때문에 한끼 정도 금식하고 부기를 빼고 나서 다시 시작해야 한다.

③ 보호식은 너무 서두르면 실패한다.

금식 후의 육신은 대부분의 지방질이 소모되고 나머지 부분은 생명에 손상이 되는 부분은 거의가 소모되지 않는다. 지방질이 거의 소모되었으므로 아무리 먹어도 뱃속이 비어있는 기분을 느끼게 된다. 배가 부르도록 먹으면 안 되고 양을 조절해서 여러차례에 걸쳐서 나누어 먹어야 한다. 보호식은 서두르면 서두르는 것만큼 실패하는 것이다. 될 수 있는 한 서서히 해야 한다. 보호식 기간에도 생수를 하루 2000cc를 마셔야 변비 등을 예방할 수 있다. 3일 이상 화장실에 가지 않았을 경우 아침에 일어나서 장 청소 후 보호식을 해야 한다.

④ 보호식 중에는 반드시 휴식해야 한다.

무리하게 운동을 하거나, 일 등을 하게 되면 후유증이 생기게 되니 반드시 휴식해야 한다. 모든 뼈와 오장육부의 기관이 이완되어 있으므로 무거운 것을 들거나 무리한 일을 하면 후유증이 오래 간다. 치아도 약해져 있기 때문에 딱딱한 것을 씹으면 치아가 손상을 입는다. 손발이나 얼굴이 붓게 되면 과로한 것이므로 부기가 빠질 때까지 휴식해야 한다.

⑤ 금식한 날짜를 채워야 한다.

금식한 사람의 위는 어린아이의 위와 같아서 음식을 소화시키고 흡수시키고 배설 시키는 기능이 떨어져 있다. 3일 금식이면 3일간, 1주일 금식이면 1주일, 10일 금식이면 10일간을 반드시 유동식 음식 즉, 죽을 먹어야 한다. 치아로 씹어야 되는 음식은 절대로 금해야 한다. 신체의 기능이 떨어져 있는 상태에서 단단한 음식이나 영양의 과잉 상태가 되면 소화시킬 수 없기 때문이다. 금식 기간의 날짜를 채우는 것이 기본이고 그 이후에도 처음 먹은 음식의 60%에서 시작해야 하며 위장이 약한 사람은 날짜를 더 연장해야 한다.

⑥ 보호식 중에는 산성식품(육식)을 섭취해서는 안 된다.

오백식품 이라고 말하는 흰쌀, 흰밀가루, 흰설탕, 흰소금, 흰조미료와 육식을 말한다. 육식의 지방질은 포화지방산이므로 깨끗한 몸의 깨끗한 곳을 오염시키기 때문에 절대로 섭취해서는 안 된다. 아무리 소화가 잘 된다 해도 보호식이 끝나고 식생활이 원래의 상태로 돌아왔을 때 해야 한다. 산성식품은 금해야 하는 것이 원칙이다. 커피, 청량음료 등도 금해야 한다. 알카리성 식품인 현미, 미역, 채소와 과일 등을 먹어야 건강한 체질이 된다. 우리가 살아가는 시대는 영양의 부족상태가 아닌 영양의 과잉시대에 살고 있기에 금식한 동안 소모된 신체의 모든 부분은 반드시 회복되기에 염려할 것이 없다. 단지 시간이 지나면 해결되기 때문이다. 산성식품은 소화될 것 같아도 몸에는 선악과이다. 지방질의 소모로 육신이 원하는 음식은 지방질이다. 입에 맞는 음식을 먹지 말고 몸에 맞는 음식을 먹어야 한다.

⑦ 보호식 기간에는 과식해서는 안 되고 배가 고프지 않을 때에는 절대로 음식을 먹어서는 안 된다.

금식은 잘 마치고 보호식 할 때는 탐식을 이기지 못해서 위하수, 위염 등 위장병을 가져오는 경우가 많이 있다. 음식을 너무 과식하면 없던 병도 생기게 되며 신체의 모든 기관에 문제가 생긴다. 반드시 배가 고픈 상태에서 음식을 먹어야 되고 배가 고프지 않으면 절대로 음식을 먹어서는 안 된다. 음식을 먹은 후에 누워 있거나 잠을 자면 얼굴과 손발이 붓게 된다. 가볍게 산책을 해야 하며 반드시 움직여야 한다.

보호식 중에 운동은 선택이 아니라 반드시 해야 하는 필수과목이다.

⑧ 보호식에 먹는 음식은 유동식이다.

씹지 않아도 소화가 될 수 있는 음식이어야 한다. 단단한 음식이 아니라 물과 함께 섞여 있어서 소화가 잘 되는 음식을 말한다. 그릇에 있는 음식을 기울여서 흘러내릴 수 있는 음식이다. 여러 가지 채소를 넣어서 만든 죽을 말한다. 죽은 언제나 소화가 될 수 있는 음식이기 때문이다. 물도 씹어서 먹으라는 말이 있듯이 죽도 잘 씹어서 삼켜야 한다. 우리 몸 속에는 삼형제가 있는데 큰형님은 치식이고 둘째는 위식이고 셋째는 장식이다. 치식이가 음식을 잘 씹어서 넘겨야 위식이가 소화를 잘 시킬 수 있고 위식이가 잘 소화를 시켜야 장식이가 영양분을 흡수하고 찌꺼기를 배설하기 때문에 인간이 건강하게 살 수 있는 것이다.

⑨ 보호식 중에는 보약이나 영양제 주사를 맞아서는 안 된다.

몸의 회복을 서두르다보니 보약을 먹으면 빨리 회복되는 것으로 알고 여러 가지 영양식품을 먹는 경우가 있는데 이것은 전혀 도움이 되지 않으며 몸의 약한 상태에서 영양제 주사를 맞을 경우 심각한 부작용이 나타날 수 있다. 서두르지 않는 것이 보호식이요. 천천히 해야 효과가 나타난다. 보호식은 제 2의 금식이므로 보호식을 잘하면 금식기간이 연장되는 효과 등을 가져오는 것이다. 금식중에도 치료를 받지만 보호식 중에 치료되고 응답되는 경우가 훨씬 많기 때문이다.

⑩ 보호식 중에도 3일에 한 번씩 장청소를 해야 변비를 예방 할 수 있다. 금식 중에는 많은 생수를 섭취했지만 보호식 중에 생수를 섭취하지 않아서 몸속에 수분이 부족하여 변비가 오는 것이다. 변비를 예방하기 위해서 장청소를 반드시 해야 한다. 수분이 부족하면 두통이 오고 공복감이 오고 변비가 온다. 이것을 예방하기 위하여 장청소를 하는 것이다.

⑪ 자극성이 있는 음식을 피해야 한다. 너무 짜고 매운 음식, 너무 차고 뜨거운 것은 위에 부담이 되므로 가급적 피해야 한다. 몸이 붓는 이유는 자극성이 있는 음식 때문이다. 입이 요구하는 음식은 몸에 나쁜 음식이다.

⑫ 보호식의 성패는 무엇을 먹느냐 얼마나 먹느냐 어떻게 먹느냐에 달려있다.

과일까지도 물로 된 유동식의 음식을 먹어야 하고 배가 부르게 먹으면 안되니 소식해야 하고 너무 급하게 먹지 말고 서식해야 한다. 금식보다 어려운 것은 보호식이다. 보호식은 반 금식이기 때문이다. 보호식은 제 2의 금식이기 때문이다. 모든 사람이 금식을 할 수 있다. 그러나 지혜로운 사람만이 보호식에 성공할 수 있다.

8장 _ 금식에 대한 계명

"너희는 영원히 이 규례를 지킬지니라
칠월 곧 그 달 십일에 너희는
스스로 괴롭게 아무 일도 하지 말되
본토인이든지 너희 중에
우거하는 객이든지 그리하라
이 날에 너희를 위하여 속죄하여
너희로 정결케 하리니
너희 모든 죄에서 너희가
여호와 앞에 정결하리라
이는 너희에게 큰 안식일인즉
너희는 스스로 괴롭게 할지니
영원히 지킬 규례라"
레위기 16장 29~31절

8장_ 금식에 대한 계명

1) 금식은 금욕이 아니라 자기절제의 훈련이다.
2) 금식은 고역이 아니라 하나님의 은혜이다.
3) 금식은 고통이 아니라 하나님의 축복이다.
4) 금식은 고난이 아니라 주님이 주시는 능력이다.
5) 금식은 기아가 아니라 말씀대로 사는 것을 의미한다.
6) 금식은 은사가 아니라 누구나 할 수 있는 의무이다
7) 금식은 자유분방하게 사는 사람에게 절제의 능력이다.
8) 금식은 하나님의 기뻐하시는 일로 말씀에 순종하는 것이다.
9) 금식은 예수님의 삶을 본받는 길이다.
10) 금식은 성령님을 일하게 하시고 말씀케 하시는 길이다.
11) 금식은 육체의 정욕, 안목의 정욕, 이생의 자랑을 벗어버리는 일이다.
12) 금식은 인간의 이성과 지성을 십자가에 못박는 일이다.

13)금식은 자아를 부인하는 길이다.

14)금식은 인간의 모든 문제를 주님께 맡기는 일이다.

15)금식은 성도가 하나님께 드릴 수 있는 최고의 헌신이다.

16)금식은 성도가 하나님께 드리는 산 제물이다.

17)금식은 성도가 육체의 한계를 뛰어 넘을 수 있는 은혜이다.

18)금식은 성도가 하나님의 음성을 들을 수 있는 기회이다.

19)금식은 성도가 경건의 능력을 유지하는 비결이다.

20)금식은 성도가 성결한 삶을 살게 하는 비밀이다.

21)금식은 성도가 가장 큰 은혜를 받을 수 있는 통로이다.

22)금식은 성도가 말씀을 깨달을 수 있는 지혜가 된다.

23)금식은 성도가 날마다 죽어지는 훈련이다.

24)금식은 성도가 올바른 기도를 하게하는 힘이다.

25)금식은 성도가 올바른 인생관을 갖게 하는 지혜이다.

26)금식은 성도가 모든 질병에서 치료받는 치료의 약이다.

27)금식은 성도가 건강하게 살 수 있는 주님의 은혜이다.

28)금식은 성도가 세속화되지 않기 위하여 실천해야할 덕목이다.

29)금식은 성도가 영적 삶의 퇴보를 막기 위하여 해야 하는 의무이다.

30)금식은 성도가 탐식에 빠지지 않기 위하여 반드시 치러야 하는 대가이다.

31)금식은 성도가 탐심의 마음을 제거하기 위하여 실천해야하는 것이다.

32)금식은 성도가 탐욕의 사고가 들어오기 전에 미리 해야 하는 실천적 교훈이다.

33) 금식은 성도가 모든 질병이 오기 전 미리 실천하는 예방의학이다.
34) 금식은 성도를 훈련시키는 가장 좋은 도구이다.
35) 금식은 성도들에게 삶의 지혜를 주는 하늘의 능력이다.
36) 금식은 성도들의 마음을 비우게 하는 가장 좋은 방법이다.
37) 금식은 성도들의 잘못된 삶을 치료하는 약이다.
38) 금식은 성도들의 중독된 습관을 고치는 치료의 약이다.
39) 금식은 성도들의 육신을 깨끗케 하는 최고의 방법이다.
40) 금식은 성도들의 머리를 맑게 하는 두뇌 건강학이다.
41) 금식은 성도들의 피부를 깨끗케 하는 피부 미용학이다.
42) 금식은 성도들의 신앙을 치료하는 체험적 은혜이다.
43) 금식은 성도들의 인생을 올바로 안내하는 안내서이다.
44) 금식은 성도들의 앞길을 인도하시는 성령의 도움이시다.
45) 금식은 성도들에게 하늘의 능력을 주시는 성령님의 능력이다.
46) 금식은 성도들에게 미래를 볼 수 있도록 비전을 주시는 은혜이다.
47) 금식은 성도들에게 신령한 영안을 열어주시는 성령님의 은사이다.
48) 금식은 성도들에게 삶의 올바른 길을 가게 하는 교과서이다.
49) 금식은 성도들에게 자신을 보게 하는 은혜이다.
50) 금식은 성도들에게 세상과 이웃을 보게 하는 영적지혜이다.
51) 금식은 성도들에게 이론이 아닌 실천적 믿음의 행위이다.
52) 금식은 성도들에게 떡이 아닌 하나님의 말씀대로 살 수 있는 것을 증명한다.
53) 금식은 성도들에게 헌신의 삶을 흠모하는 길이다.
54) 금식은 성도들에게 현실의 모든 일에서 해방을 받는 길이다.

55) 금식은 성도들에게 가장 좋은 휴식의 길이다.

56) 금식은 성도들에게 기도를 훈련시키는 기도의 학교이다.

57) 금식은 성도들에게 온전한 하루의 금식이 일 년의 기도와 같다.

58) 금식은 성도들에게 영혼을 육성시키는 교육이다.

59) 금식은 성도들에게 언어생활을 바르게 하는 훈련이다.

60) 금식은 성도들에게 잘못된 혀에 재갈을 물리는 것이다.

61) 금식은 성도들에게 욕정을 감소시키는 은혜이다.

62) 금식은 성도들에게 분노와 화를 누그러뜨리게 하는 처방이다.

63) 금식은 성도들에게 기질을 온유하게 만드는 방법이다.

64) 금식은 성도들에게 분별력을 높여서 시대를 알게 한다.

65) 금식은 성도들에게 삶의 우선순위를 깨닫게 만들어 준다.

66) 금식은 성도들에게 마음을 정화시키는 최고의 방법이다.

67) 금식은 성도들에게 세상의 어떤 어려움도 이길 수 있게 한다.

68) 금식은 성도들에게 무거운 육신의 짐을 덜어주는 길이 된다.

69) 금식은 성도들에게 악한 충동을 몰아내 주는 길이다.

70) 금식은 성도들의 머리를 치료하는 두통약이다.

71) 금식은 성도들의 행동과 삶을 절제하게 하는 은혜이다.

72) 금식은 성도들에게 믿음으로 살아가는 방법을 제시한다.

73) 금식은 성도들에게 경건을 연습하는 가장 좋은 방법이다.

74) 금식은 성도들에게 영이 육신에 잠식당하는 것을 막아준다.

75) 금식은 성도들에게 신앙을 지키게 하는 파수꾼이다.

76) 금식은 성도들에게 내 몸을 쳐서 복종케 하는 연습이다.

77) 금식은 성도들에게 음식이 신이 되는 것을 막아준다.

78)금식은 성도들에게 미식가 식도락이 되지 않도록 경계해 준다.

79)금식은 성도들에게 위장을 혼란시키고 이성을 마비시키고 혀의 감각을 마비시키는 것을 예방해 준다.

80)금식은 성도들에게 형식화되고 의식화되는 신앙에 경종을 울려준다.

81)금식은 성도들에게 경건한 삶을 유지하고 믿음을 지키게 한다.

82)금식은 성도들에게 겸손한 마음을 갖게 하는 은혜이다.

83)금식은 성도들에게 넓은 마음을 갖게 하는 통로이다.

84)금식은 성도들에게 시기와 질투하는 마음을 버리게 하는 길이다.

85)금식은 성도들에게 게으르지 않고 근면한 생활을 하게 한다.

86)금식은 성도들에게 자연의 방법대로 살아가게 하는 자연의학이다.

87)금식은 성도들의 모든 질병을 진단하는 진단의학이다.

88)금식은 성도들의 모든 병을 약으로 치료하지 않는 치료의학이다.

89)금식은 성도들의 모든 병을 칼로 수술하지 않는 수술의학이다.

90)금식은 성도들의 체질을 바꾸는 체질의학이다.

91)금식은 성도들의 육신과 마음을 함께 치료하는 심신의학이다.

92)금식은 성도들에게 하나님이 태초부터 만드신 근본의학이다.

93)금식은 성도들의 모든 부위와 질병을 치료하는 종합의학이다.

94)금식은 성도들의 모든 독소와 노폐물을 배출시키는 배설의학이다.

95)금식은 성도들을 건강케 하는 건강의학이다.

96)금식은 성도들의 영혼육을 치료하는 전인의학이다.

97)금식은 성도들에게 주시는 하늘의 신비가 있다.

98)금식은 성도들에게 세상의 알지 못하는 부요와 풍성함이 있게 한

다.

99)금식은 성도들의 영양의 불균형을 해소해 주는 완전한 영양요법이다.

100)금식은 성도들 중 허약한 사람에게는 제일 좋은 보약이다.

101)금식은 성도들이 비만체질인 경우 가장 좋은 다이어트 요법이다.

102)금식은 공해시대를 살아가는 현대인들에게 가장 좋은 건강법이다.

103)금식은 구제와 기도와 함께 반드시 실천해야 할 주님의 명령이다.

104)금식은 피를 정결케 하는 가장 좋은 방법이다.

105)금식은 육신의 뼈를 정화시키는 비법이다.

106)금식은 정신력을 강하게 하는 능력이다.

107)금식은 하나님을 섬기는 최고의 길이다.

108)금식은 자연치유력을 극대화 시킨다.

109)금식은 몸의 상태를 항상성으로 유지시킨다.

110)금식은 산과 알칼리의 균형이 이루어진다.

111)금식은 유해산소가 발생하지 않아 노화를 지연시킨다.

112)금식은 건강한 세포의 생성으로 젊음을 유지시킨다.

113)금식은 주님께 나아가는 가장 빠른 길이다.

114)금식은 피동적 신앙이 아니라 주님을 사모하고 은혜를 간구하는 능동적 신앙의 길이다.

115)금식은 주님을 만나기 위한 가장 적극적인 신앙이다.

116)금식은 가식이나 거짓이 아닌 진실 된 마음의 표현이다.

117)금식은 형식적 신앙이 아닌 실제적이고 사실적이고 체험적인 신앙을 갖게 하는 것이다.

118)금식은 이른바 형식이 아니라 실천적인, 전인적 신앙이다.

119)금식은 입술의 헌신이 아닌 온 육신을 다하여 하나님을 섬기는 최고의 헌신이다.

120)금식은 영육간의 눌린 자에게 영원한, 자유를 가져온다.

121)금식은 양적인 신앙에서 질적인 신앙으로 바꾸어준다.

122)금식은 우연적 사건이 아닌 최선의 노력을 다하는 것이다.

123)금식은 순간의 안위를 위하는 것이 아닌 영원한 신앙을 위하여 희생하는 것이다.

124)금식은 형식과 타성에 빠진 신앙인들에게 말씀을 실천하는 신앙이 된다.

125)금식은 마귀를 대적하고 하나님을 가까이 하는 것이다.

9장_ 올바른 금식과 잘못된 금식

"보라 너희가 금식하면서
다투며 싸우며 악한 주먹으로
치는도다 너희의 오늘 금식하는 것은
너희 목소리로 상달케 하려
하는 것이 아니라"
이사야 58장 4절

9장_ 올바른 금식과 잘못된 금식

1. 올바른 금식 I (사 58:3~12)

올바른 금식은 하나님이 기뻐하시는 금식이다.

1단계는 육(肉)을 금식하는 것이다. 모든 음식을 먹지 않는 것이다.

2단계는 혼(魂)을 금식하는 것이다. 보고 듣고 말하고 냄새 맡고 만지는 모든 것을 금식하는 것이다. 오관을 금식해야 한다. 일체의 오락을 중지하고, 세상일을 중지하고, 경건한 마음으로 주님만을 바라보아야 한다.

3단계는 영(靈)의 금식이다. 염려, 근심, 걱정, 두려움 등 모든 것을 주님께 맡기고 금식해야 한다. 자기 인생길을, 행사를, 염려를, 인생의 모든 짐을 맡기는 것이다.

한 단계 한 단계 과정을 밟으며 올라가면 하나님이 기뻐하시는 금식이 된다.

① 죄를 회개하는 금식

회개 없는 금식은 진정한 의미에서 금식이 아니다. 자신의 죄에 대한 철저한 애통히 있어야 한다. 옷을 찢는 대신 마음을 찢는 금식과 회개여야 한다. 자신을 돌아보고 아파하는 내면적이고 중심적인 금식과 회개여야 한다. 자신이 깨어지고 낮아지고 겸손해지는 고통과 아픔이 있어야 한다. 삶의 방향을 돌이키며 속에 있는 모든 죄를 입으로 토설하고 고백하는 회개가 있어야 한다.

② 예배와 기도가 있는 금식

하나님을 섬기는 방법은 예배뿐이다. 날마다 살아 계신 하나님을 섬기고 예배하고 찬양하고 감사하며 기도를 드려야 한다. 효과적인 기도, 능력 있는 기도를 드리기 위하여 금식하는 것이다. 기도와 예배가 없는 금식은 세상 사람이나 하는 단식이다.

③ 이웃에게 사랑을 실천하는 금식

참된 금식은 우리의 이웃에 대하여, 자신보다 약한 자와 가난한 자에 대한 억압과 짐을 덜어주고 그들을 불쌍히 여기며 긍휼히 여기는 사랑이 있어야 한다. 하나님의 긍휼과 사랑을 베풀지 않는 금식은 바리새인같이 자신의 의를 나타내기 위한 잘못된 것이다.

④ 어려운 이웃과 고아와 과부와 나그네를 돌보며 구제를 하는 금식

다른 사람을 압제하거나 비방하거나 멸시하지 말고, 어려움에 처한 사람들의 형편을 헤아려 그들을 도와서 먹이고 입히고 잠을 잘 곳을 마련해 주는 금식이다. 형제를 외면하지 않고 친척을 멀리 하지 않는 마음이다.

⑤ 마음을 괴롭게 하는 금식

하나님을 바로 섬기지 못하고 정욕으로 탐욕으로 살아온 것을 애통하

며 자신의 마음을 찢는 금식이다. 이웃에게 사랑을 실천하지 못하고 용서하지 못하고 자신의 의만을 드러내고 살아온 날에 대하여 진심으로 통회하는 마음의 금식이다.

⑥ 머리를 갈대같이 숙이는 금식

목이 곧고 마음과 귀에 할례 받지 못한 사람들이라고 책망하시는 주님 앞에 완전히 자신을 낮추고 겸손해지는 금식이다. 성령의 음성에 귀를 기울이고 말씀에 복종하는 마음의 금식으로 피조물이고 죄인임을 알고 낮아지는 마음의 금식이다.

⑦ 굵은 베를 입고 재를 날려 머리에 뿌리는 금식

하나님의 심판이 있는 것을 알고 하나님의 뜻에 굴복하고 복종하는 마음으로, 슬픔의 표시로 굵은 베를 입고 재와 같이 보잘것없는 인생, 무가치한 인생, 멸망 받을 인생, 죄악된 인생, 고통 중에 있는 인생, 낙담 중에 있는 인생임을 알고 통회하는 마음으로 드리는 금식이다.

⑧ 흉악의 결박을 풀어주는 금식

마귀와 죄악에 묶여서 포로 된 인생을 풀어주는 금식, 죄와 사망의 법에 묶여 고통을 당하는 사람들의 환경과 형편에서 풀려나게 하는 금식이다(롬 8:1~2).

⑨ 멍에의 줄을 끌러주는 금식

인생의 무거운 짐을 지고 문제의 짐을 지고 고통을 당하는 사람들의 멍에를 끌러주는 금식이다. 다른 사람의 어깨에 짐을 얹어 놓는 것이 아니라 짐을 내려 주는 금식이다. 예수님은 인생의 멍에를 가볍게 하기 위해서 대신 십자가를 져주셨다(마 11:28~30).

⑩ 압제 당하는 자를 자유케 하는 금식

사람에게 물질 때문에, 환경 때문에 마귀에게 눌려서 평안함이 없고, 기쁨이 없어 참된 자유를 잃어버린 사람들에게 자유를 주는 금식이다 (행 10:38).

⑪ 올바른 언어를 통하여 사람들에게 용기와 소망을 주는 금식

허망한 맘을 버리고, 약하고 병든 자에게, 고난을 당한 이웃에게 위로를 해주고 격려해 주고 소망을 주어 이웃의 마음에 만족과 기쁨을 주는 금식이다.

2. 올바른 금식 Ⅱ (마6:16~18)

지구촌에 지금도 굶주리고 있는 사람이 10억 명이나 되고, 과식 때문에 육체적 질병으로 고통을 당하는 자가 수 없이 많다.

지구촌의 모든 사람이 하루에 한 끼씩만 금식한다면 식량난은 해소될 수 있으며, WHO(세계보건기구)가 없어도 인류는 질병에서 해방될 수 있으며, 기독교 신앙인들이 금식한다면 지구상에서 죄와 악도 없어질 것이다. 금식으로 경제난, 모든 질병, 청소년들의 비행, 모든 범죄로부터 구원받을 수 있다. 또한 모든 질병에서 치료된다.

① 금식하려면 목표가 분명해야 한다

종교적 수련의 방법이 아니기 때문이다. 목표가 없으면 권태감이 오고 지루하고 피로감이 오기 때문에 성공하지 못한다.

모세는 하나님의 말씀을 받기 위하여, 다니엘은 포로 된 민족의 자유와 구원을 위해서, 엘리야는 이스라엘 민족의 회개와 구원을 위해서, 니느웨 성의 왕과 모든 백성은 하나님의 진노와 심판에서 구원받기 위하여, 예수님은 천국 복음을 전하시려고 금식하셨다.

안디옥 교회는 집단적으로 성령의 음성을 듣기 위해서, 주님을 섬기기 위하여 금식했을 때 응답 받은 것이다.

② 사람에게 보이려고 하지 말아야 한다

하나님께만 보여야 되고, 주님만 바라보고 금식해야 한다. 주님은 바리새인과 서기관 같은 당시의 종교 지도자들의 외식을 책망하신 것이다. "외식"의 뜻은 원래 "배우"라는 말이다. 연기하기 위하여 사람들에게 자신을 보이는 것이다. 사람을 의식하고 사람에게 시선을 맞추고 하는 금식은 세상에서 이미 상을 받은 자들이라는 것이다.

금식의 은밀성이 있어야 한다. 금식하는 사람은 하나님께만 드릴 수 있고, 말 할 수 있는 비밀이 있어야 한다는 것이다. 자랑하지 말아야 한다는 것을 말씀하신 것이다.

③ 교만하지 말아야 한다

하나님의 모형과 형상대로 지음을 받은 인생은 피조물이고 죄인이며 성도임을 기억하여야 한다. 사단은 인간을 미혹하고 시험해서 넘어뜨리려고 한다.

성전 꼭대기에서 뛰어내려 사람들에게 영광을 받으라고 하며, 자신을 섬기고 절하면 세상 모든 것을 모두 주겠다는 물질적 유혹도 했다.

전능하신 하나님이신 예수님도 시험을 당했는데 죄인인 인생들에게 다가오는 시험은 너무나 크고 위험한 것이다. 낮아지고 겸손하기 위하여 금식하는 것이니 교만하면 금식의 실패자가 되는 것이다.

에덴동산에서부터 인간이 하나님처럼 된다는 마귀의 속임수에 넘어간 것이다. 교만은 마귀의 선물이요 겸손은 은혜의 선물임을 잊지 말아야 한다.

④ 회개가 있어야 한다

모든 죄를 철저히 회개해야 한다. 육신을 깨끗케 하기 전에 영혼의 정결함이 있어야 한다. 심령이 깨끗해야 한다. 기독교는 회개로부터 시작된 천국의 복음이다.

세례요한도 예수님도 회개가 선행되어야 함을 전파하셨다. 회개 없는 신앙은 죄의 용서함이 없는 신앙으로 윤리, 도덕 차원의 종교이지 생명과 구원의 기독교 신앙이 아니기 때문이다. 십자가 구속의 은혜는 죄를 회개하는 자에게 베푸시는 하나님의 은혜의 선물이다. 철저한 자기 애통의 회개를 통한 죄 사함의 은총을 체험하는 것이 금식이다.

인간의 이성과 지식과 모든 감성을 초월하여 지금도 살아 계시고 말씀하시고 역사하시는 주님께 인생의 모든 것을 맡기는 행위가 금식이기 때문이다. 내 안에 계신 주님이 내 인생의 주인이시기 때문이다. 자신은 주인을 섬기는 하나의 종임을 알아야 한다.

⑤ 자아의 변화가 있어야 한다

금식은 자신이 죽는 것이다. 자아가 죽어야 예수가 산다. 겉 사람이 죽어야 속사람이 살 수 있다. 인간성, 죄악성, 고집성, 교만성, 음란성이 죽을 때 변화가 일어난다. 육신적 변화가 일어나고, 심령의 변화가 일어나고, 영혼의 변화가 오며, 생활의 변화가 오게 된다.

타성에 빠진 육신은 금식으로 큰 충격을 받아 잘못된 모든 부분이 정상으로 돌아가려는 현상이 나타나는데 이 현상을 동양 의학에서는 명현 현상이라 한다. 이 현상은 모든 질병이 진단되고 치료되는 과정인 것이다. 체질이 변화되어 건강한 체질로 바뀌어 진다.

세상적인 염려, 근심, 걱정에서 평화와 기쁨과 소망의 마음으로 변화

된다. 금식하면 세상길, 어그러진 길을 사랑치 아니하고 주님만을 사랑하는 영적 변화가 일어난다(렘 14:10~12).

죄인임을 깨닫고 죄를 회개하고 애통하는 회개의 사람이 되며, 구원받는 하나님의 자녀가 된다.

3. 잘못된 금식

일부 교계 인사들은 아직도 금식에 대하여 비평과 편견을 가지고 있는 것이 사실이다. 그뿐만 아니라 금식을 실시하는 사람들까지도 또한 금식을 오해하는 수가 많다. 이러한 금식에 대한 잘못된 태도를 시정하려는 의미에서 본 장이 마련되었다.

① 금욕주의(禁慾主義)

일종의 고행주의이다. 체계적 수양을 통하여 개인적인 악덕과 죄악과 싸워 이길 수 있다고 생각하는 철학적인 사고로 세속주의에 대한 경계로 정욕을 억제해야 한다고 하는 것이 금욕주의 즉 고행주의 이다. 타종교의 단식이 이것에 해당되며 초대교회 영지주의가 바로 금욕주의이다.

금식은 금욕주의가 아니다. 이상향이나 목표를 얻기 위한 실천이나 훈련을 의미하는 금욕주의는 헬라어에서 유래된 말로써 중세 기독교 전성시대에 유행되었다.

중세 기독교회는 고행과 공로로 죄를 속할 수 있다는 교리로 이끌려졌는데 여기에는 십자가에서 영광 대신에 고통을 취하려는 것을 자랑하려는 내적(內的) 교만이 숨어 있음을 우리는 깨달아야 할 것이다.

금욕주의는 인간의 육체는 본질적으로 악하기 때문에 육체에 고통을 가해서 악을 굴복시킨다고 믿었다. 그래서 수도원 운동이 일어났고 독신 운동이 교회 내에 퍼지게 된 것이다.

② 형식주의(形式主義)

이스라엘 백성들은 속죄일(욤키프로)에 규칙적인 금식을 하였는데 그것은 모세의 율법에서 출발되었다(레 23:27). 모세의 율법에 의하여 금식은 "영원한 규례"로 제정되었으나 세월이 흐르자 금식은 형식주의에 빠져버렸다.

"이르기를 우리가 금식하되 주께서 보지 아니하심은 어찜이오며 우리가 마음을 괴롭게 하되 주께서 알아주지 아니하심은 어찜이니이까…"(사 58:3) 이사야 시대에 사이비 신자들이 이구동성으로 이와 같이 말할 때에 하나님의 대답은 신속했다.

"…보라 너희가 금식하는 날에 오락을 찾아 얻으며 온갖 일을 시키는도다"(사 58:3)

"보라 너희가 금식하면서 다투며 싸우며 악한 주먹으로 치는 도다 너희의 오늘 금식하는 것은 너희 목소리로 상달케 하려 하는 것이 아니라"(사 58:4)

"이것이 어찌 나의 기뻐하는 금식이 되겠으며 이것이 어찌 사람이 그 마음을 괴롭게 하는 날이 되겠느냐 그 머리를 갈대같이 숙이고 굵은 베와 재를 펴는 것을 어찌 금식이라 하겠으며 여호와께 열납될 날이라 하겠느냐"(사 58:5) 경건의 가면을 쓰고 금식하면서 악한 주먹으로 다투고 싸우는 그들에게 하나님께서는 이렇게 대답하셨던 것이다.

또한 스가랴서 8:19에 의하면 이스라엘 백성들은 사월과 오월, 그리고 칠월과 시월의 매년 4회의 금식을 실시하였지만 그러한 규칙적인 금식은 형식주의에 치우쳐 오히려 하나님의 진노만 불러들일 뿐이었다.

신약시대에도 마찬가지였다. 금식이 전혀 자발적이어야 함에도 불구하고 율법의 속박으로 변질되어 바리새인은

"나는 이레에 두 번씩 금식하고…"(눅 18:12)라고 자랑하였다.

습관적으로 실시되는 형식적인 금식은 사도시대를 지나 교부시대에 와서 수요일과 금요일을 금식하는 날로 지켰으나 절대 형식주의를 벗어나지 못하였다.

③ 외식주의(外飾主義)

당시의 바리새인들이 "나는 이레에 두 번씩 금식하고 소득의 십일조를 드리나이다"(눅 18:12)

성전에 올라가서 기도하는 바리새인들이 많은 사람들이 듣는 중에 하나님께 드린 기도 장면이다. 자신이 하고 있는 금식이 모든 사람에게 알려지게 하려고 공개적으로 하는 금식은 외식하고 있다는 마음을 가지고 있다는 것을 증명하는 것이다. 속사람이 아닌 겉 사람의 모습이요 겉으로 만의 꾸밈이다.

바리새인들의 잘못은 자랑한다. 경건을 과시한다. 자기 내면의 큰 거짓을 모른다. 불신자들을 지옥으로 인도한다.

율법의 큰 정신을 버린다. 담긴 내용물은 탐욕과 방탕이다. 내부에는 썩은 시체가 있다. 선지자를 죽인 조상들과 동류이다. 마음에는 불법이 가득하다. 과부의 재산을 삼킨다. 시대의 정신을 알지 못한다. 안식일에 사람의 고통을 외면한다. "금식할 때에 너희는 외식하는 자들과 같이 슬픈 기색을 내지 말라 저희는 금식하는 것을 사람에게 보이려고 얼굴을 흉하게 하느니라…"(마 6:16)

외식은 겉치레라는 말이다. 예수께서는 외식하는 자들을 엄히 책망하셨다. 외식으로 금식하는 자들은 이미 상을 받았다고 말씀하셨는데 이 말의 어원은 헬라어에서 "영수증을 받았다"는 말로 사용되었다.

외식은 간사하기 이를 데 없는 악습이며 하나님은 이 같은 금식을 가증하게 여기시고 증오하신다.

④ 극단주의(極端主義)

금식의 위험은 극단주의에서도 나타난다. 금식을 하고 나서 다른 사람을 판단하고 업신여기고 교회 내에서 분쟁과 파당을 일으키는 실례도 더러 있다. 이것은 극히 위험스런 일이 아닐 수 없다.

"금식을 하면 만사형통 한다!"

"금식을 하면 복을 받게 된다!"

이러한 사고방식은 합리적인 것이 아니다. 이것은 금식을 하고 난 다음 오히려 금식으로 인하여 시험에 들었다고 볼 수 있는 것이다.

또한 기도와 금식을 만병통치약으로 취급해서도 곤란하다.

하나님께서는 의미 없는 모방을 싫어하신다. 1604년, 반복하여 명백한 실패가 드러났음에도 불구하고 '존 대럴'이라는 사람은 니느웨 사람들의 금식을 모방하여 사람들은 물론 동물들까지도 애통의 표시로 금식해야 한다는 교회법 초안을 마련하는 극단주의를 채택하였다.

금식을 구원보다 높게 평가하고 금식만이 최고의 신앙표준으로 말하는 사람이 있다면 금식의 본질과 목적을 알지 못하는 극단주의자라고 볼 수 있다.

이와 같이 금식으로 신앙의 심리적 황홀경에 빠지는 일을 주기적으로 반복하고 영적 교만이 동기가 되어 교회 내에서 다른 사람을 정죄한다면 잘못된 것이다.

사도 바울은 "먹는 자는 먹지 않는 자를 업신여기지 말고 먹지 못하는 자는 먹는 자를 판단하지 말라…"(롬 14:3)고 말하였다.

합리적이고 실제적이 아닌 것 때문에 금식한다. 일종의 광신주의 이다. 명백한 동기나 기도의 제목이 없이 맹목적으로 행하는 것으로 사이비 종교나 이단에서 행하는 것을 말한다.

⑤ 거짓 금식

세상 사람들이 말하는 단식투쟁이다. 자기들의 책략에 주의를 끌기 위하여 사용하는 방법으로 개인적, 사회적, 어떤 집단적 문제에 다른 사람들의 이목을 끌기 위한 수단으로 사용하는 단식은 참된 금식의 가장 중요한 요소인 은밀성에 관한 주님의 교훈을 무너뜨린 것이다.

현대에 와서는 개인적 욕구, 정치적 목적을 달성하기 위하여 하는 것이다.

⑥ 이기심으로 하는 금식

하나님께 드리는 예배나 기도는 하나님의 뜻을 깨달아야 하며 주님의 뜻이 계시되기를 참고 기다려야 한다. 하나님께 드리는 예배가 의도적으로 하나님의 뜻과 조화되지 않거나 하나님의 뜻이 무엇인지에 대하여 주의를 기울이지 않는다면 우리의 드리는 예배는 근본적으로 이기적인 것이며 개인의 이기심의 한 행동이 되는 것이다(슥 7:1~7).

10장_ 성경에서 금식이 빠진 구절 및 금식으로 해석할 수 있는 구절들

**"기도와 금식이 아니면
이런 유가 나가지 아니 하느니라"**
마태복음 17장 21절

10장_ 성경에서 금식이 빠진 구절 및 금식으로 해석할 수 있는 구절들

1. "금식"이 누락된 성경구절들 :
'원전'에는 있으나 '번역본'에는 없는 경우들

구약 성경이 히브리어로 기록되었다는 것과 신약 성경이 헬라어로 기록되었다는 사실은 성도라면 누구나 상식으로 알고 있는 터이다. 그런데 성경 원전에서 한국어로 성경을 번역하는 과정에서 '금식'에 관하여 삭제된 구절이 있다. 이것이야말로 참으로 안타까운 일이 아닐 수 가 없다. 성경 원전에서 성경을 영어로, 혹은 한글로 번역하는 과정에서 '금식' 이라는 단어가 삭제된 성구를 살펴보면서 성경에 나타난 '금식' 에 대한 성구를 연구하는 것도 중요한 일이라 생각된다.

1) 구약의 실례
① 레위기 16:29~31
"너희는 영원히 이 규례를 지킬지니라 칠월 곧 그 달 십일에 너희는

스스로 괴롭게 하고 아무 일도 하지 말되 본토인이든지 너희 중에 우거하는 객이든지 그리하라 이 날에 너희를 위하여 속죄하여 너희로 정결케 하리니 너희 모든 죄에서 너희가 여호와 앞에 정결하리라 이는 너희에게 큰 안식일인즉 너희는 스스로 괴롭게 할지니 영원히 지킬 규례라"
(레 16:29~31)

"너희는 스스로 괴롭게 하고 아무 일도 하지 말라"는 계명이 유대인들에게 선포되었을 때 "금식"이라는 단어가 사용되지 않았다.

레위기 16:29의 여러 성경의 번역은 다음과 같이 되었다.

HRV : 한글 개역 성경 ; 너희는 스스로 괴롭게 하고

HKJ : 한글 킹 제임스 성경 ; 너희 혼들을 괴롭게 하고

HCV : 한글 공동 번역 성경 ; 모두 단식해야 하며

HSN : 한글 새 번역 성경 ; 너희가 스스로 고행을 하는 날이니

매튜 헨리의 이 절에 대한 주석을 보면, 그러나 그들은 모두 이 날에 병자와 어린아이를 제외하고는 "음식을 입에 대지 않고", '금식' 하였으며 자기들의 "몸에서 장식물을 제거"하였다고 기록하고 있다.

레위기 23:27의 여러 성경의 번역은 다음과 같이 되었다.

HRV : 한글 개역 성경 ; 너희는 스스로 괴롭게 하며

HKJ : 한글 킹 제임스 성경 ; 너희는 너희 혼들을 괴롭게 하고

HCV : 한글 공동 번역 성경 ; 단식하며

HSN : 한글 새 번역 성경 ; 고행하며

"칠월 십일은 속죄일이니 너희에게 성회라 너희는 스스로 괴롭게 하며 여호와께 화제를 드리고"라는 말씀이 있는데, 여기서 말하는 속죄일은 '욤키프로' 이고, "너희는 스스로 괴롭게 하며…"라는 구절이 있다.

이 성구에도 '괴롭게'라는 단어가 기록되어 있는데 '스스로'라는 말은 원문에는 없는데 한글 개역 성경에 임의로 삽입되었다.

한글 공동 번역에서는 '단식'이라고 번역하였는데, 여기 표현된 '단식'은 사실은 '금식'을 말한다. 새 번역에서는 '고행'이라 번역하였는데 '금식'을 의미하는 말이고, '영혼을 괴롭게 한다'는 것은 '자기를 부인하는 행위'인데, NIV, NKJ, NRS 가 'deny yourselves'로 번역했다. '자기를 부인하는 행위' 속에는 '몸'도 포함되어 있는 것이 분명하니, 속죄를 위하여 자기의 영혼과 육체를 징계하는 것을 드러내는 어법인 것이다.

② 시편 35:13, 다윗의 고백에서 레위기 16:29의 "괴롭게 하고"와 레위기 23:27의 "괴롭게 하며"라는 말씀이 연관되어 뜻이 풀린다.

③ 이사야 58:5, "이것이 어찌 나의 기뻐하는 금식이 되겠으며 이것이 어찌 사람이 그 마음을 괴롭게 하는 날이 되겠느냐 그 머리를 갈대같이 숙이고 굵은 베와 재를 펴는 것을 어찌 금식이라 하겠으며 여호와께 열납될 날이라 하겠느냐"

  HRV : 한글 개역 성경 : 마음을 괴롭게 하는 날

  HKJ : 한글 킹 제임스 성경 : 자기 혼을 괴롭게 하는 날

  HCV : 한글 공동 번역 성경 : 고행의 날

  HSN : 한글 새 번역 성경 : 사람이 통회하며, 괴로워하는 날

"그 마음을 괴롭게 하는 날"이라는 문장에서 금식의 실례는 더욱 뚜렷해진다. 구약에서 "영혼을 괴롭게 한다", 혹은 "마음을 괴롭게 한다",

"스스로 괴롭게 하며"의 성구들은 모두 '금식'을 지칭하는 것이다.

2) 신약의 실례

신약에서는 킹 제임스 성경(King James Bible 혹은 흠정역(欽定譯), The Authorized Version ; A.V.)이 1611년 번역되었는데, 그 후에 나온 번역들에서 "금식"이라는 단어가 성경에서 삭제되었거나 의문시되는 곳이 다섯 군데 정도 나온다.

① 마태복음 17:21 "기도와 금식이 아니면 이런 유가 나가지 아니하느니라"

한글 개역 성경에서는 마태복음 17:21은 한 절 전체를 모조리 번역 과정에서 삭제하였고, 본문 '난하 주'를 달아서 기록하기를 "어떤 사본에"는 있다는 뜻으로 표시하고, 본문을 아주 작은 글씨로 기록하였다.

그러나 1611년 킹 제임스 성경에는 "없음"이라는 구절이 하나도 없이, 성경의 모든 구절이 번역되었고, 본문 역시 포함되어 있다. 1871년도 판 존 다비(John N. Darby)의 "새번역 성경"에는 이 구절이 포함되어 있고, 1902년 웨이마우스(R.F.Waymouth)의 "현대어로 된 신약 성경"에도 이 구절이 포함되어 있다. 이 구절에 대하여 1958년 번역된 "주해 신약 성경"에는 "최근 학문에 적절히 도움 받지 못한 것"이라고 이탤릭체로 써 넣었을 뿐이고, 다른 모든 번역에서는 이 구절을 완전히 삭제하였다. 이 구절에 대한 각 번역 성경의 상태를 알아보면 다음과 같다.

HRV ; 한글 개역 성경 ; 마 17:21(없음)

HKJ ; 한글 킹 제임스 성경 ; 마 17:21 그러나 이런 종류는 기도와 금식에 의하지 않고는 나가지 아니하느니라."고 하시더라.

HCV : 한글 공동 번역 성경 : 마 17:21(없음)

HSN : 한글 새 번역 성경 : 마 17:21(없음)

② 마가복음 9:29, "이르시되 기도 외에 다른 것으로는 이런 유가 나갈 수 없느니라 하시니라"

HRV : 한글 개역 성경 : 이르시되 기도 외에 다른 것으로는 이런 유가 나갈 수 없느니라 하시니라

HKJ : 한글 킹 제임스 성경 : 그들에게 말씀하시기를 이런 종류의 일은 기도와 금식에 의하지 않고는 아무것으로도 내보낼 수 없느니라고 하시더라

HCV : 한글 공동 번역 성경 : 예수께서는 '기도하지 않고서는 그런 것을 쫓아 낼 수 없다' 하고 대답하셨다

HSN : 한글 새 번역 성경 : 예수께서 그들에게 대답하셨다 이런 부류는 기도로 내쫓지 않고는 어떤 수로도 내쫓을 수 없다

이 구절에서 "이르시되(그리고 금식과) 기도 외에 다른 것으로 이런 유가 나갈 수 없느니라"라고 하여야만 원문에 충실한 번역이겠으나 "그리고 금식과" 라는 두 단어가, 1611년 킹 제임스 성경과 1871년 존 다비(John N. Darby)의 번역 성경과, 1913년 제임스 모패트(James Moffatt)의 "새 번역" 성경을 제외한 모든 번역에서 삭제되었다.

한글 개역 성경에도 물론 "그리고 금식과"라는 두 단어가 삭제되었다. 그리고 이 두 단어는 '시내 사본'과 '바티칸 사본'에서도 발견되지 않는다. 그렇다면 왜 '금식'이라는 단어가 마태복음 17:21과 마가복음 9:29

에서 삭제되었을까? 제자들이 간질병 환자를 낫게 하지 못한 것을 예를 들어 예수님이 그들에게 금식에 대하여 말씀하신 교훈이었다는 것은 틀림없을 것 같다.

③ 사도행전 10:30, "고넬료가 가로되 나흘 전 이맘때까지 내 집에서 제 구 시 기도를 하는데 홀연히 한 사람이 빛난 옷을 입고 내 앞에 서서"

이 구절에 대한 헬라어 본문은 '금식' 이라는 말을 사용하고 있으나 번역에서 삭제되었다. 1611년 킹 제임스 성경과, 1871년 존 다비(John N. Darby)의 새 번역 성경에는 '금식' 이라는 단어가 삽입되어 있으나 그 외의 모든 번역에서는 삭제되었다.

HRV ; 한글 개역 성경 ; 나흘 전 이맘 때까지 내 집에서 제 구 시 기도를 하는데

HKJ ; 한글 킹 제임스 성경 ; 나흘 전 이 시간까지 내가 금식하고 제 구시에 내 집에서 기도하고 있었는데

HCV ; 한글 공동 번역 성경 ; 나흘 전 이맘 때쯤 나는 집에서 오후 세시의 기도를 드리고 있었습니다

HSN ; 한글 새 번역 성경 ; 나흘 전 이맘 때쯤에, 내가 집에서 오후 세시에 드리는 기도를 하고 있었습니다

④ 고린도전서 7:5

HRV ; 한글 개역 성경 ; 다만 기도할 틈을 얻기 위하여 합의상 얼마 동안은

HKJ ; 한글 킹 제임스 성경 ; 다만 금식과 기도할 틈을 얻기 위하여

합의상 잠시

HCV ; 한글 공동 번역 성경 ; 다만 기도에 전념하기 위해서 서로 합의하여 얼마 동안

HSN ; 한글 새 번역 성경 ; 여러분이 기도에 전념하려고 하여, 얼마 동안 떨어져 있기로 합의한

헬라어 원문은 "다만 기도와 금식할 틈을 얻기 위하여"로 표현하고 있으나 모든 번역에서 '금식'이라는 단어가 삭제되었다. 다만 1611년 킹 제임스 성경과 1958년 필립스(J. B. Phillips)의 '현대어로 된 신약 성경'에만 '금식'이라는 말을 원문 그대로 사용하고 있다.

고린도전서 7:5은 '금식' 할 때는 '부부관계도 금하는 것'이 마땅하다는 것을 드러내 지적해주는 말씀이다.

⑤ 야고보서 4:9~10

HRV ; 한글 개역 성경 ; 슬퍼하며 애통하며 울지어다

HKJ ; 한글 킹 제임스 성경 ; 괴로워하고 애통하며 울라

HCV ; 한글 공동 번역 성경 ; 여러분은 괴로와하고 슬퍼하며 우십시오

HSN ; 한글 새 번역 성경 ; 여러분은 괴로워하십시오. 슬퍼하십시오. 우십시오

"슬퍼하며 애통하며 울지어다 너희 웃음을 애통으로 너희 즐거움을 근심으로 바꿀지어다"

"슬퍼하며…"라는 한글 성경의 단어는 영어 성경에는 "괴롭게 하며…"로 사용되고 있는데, 구약의 '속죄일'에 "영혼을 괴롭게 하며 징계

하는 것"과 같은 말로써 '금식' 하며, '자기를 부인' 하며, 주님께 회개하고 순종하며 헌신할 것을 촉구하는 말씀이다.

2. "금식"으로 해석할 수 있는 성경구절들 ;
'본문' 에 "금식"이 없으나 '실제' 로는 "금식"인 경우

① 다니엘서 10:2~3에 대한 각 성경의 번역상 차이점을 살펴보면,

HRV ; 한글 개역 성경 ; 세 이레가 차기까지 좋은 떡을 먹지 아니하며 고기와 포도주를 입에 넣지 아니하며 또 기름을 바르지 아니하니라

HKJ ; 한글 킹 제임스 성경 ; 꼬박 삼 주 간을 애도하고 있었는데, 삼 주 전체가 다 찰 때까지 먹고 싶은 빵도 먹지 아니하였고, 고기나 포도주도 입에 대지 않았으며, 또 몸에 기름도 전혀 바르지 아니하였더라.

HCV ; 한글 공동 번역 성경 ; 삼 주간 동안 고행을 하고 있었다. 맛있는 음식을 먹지 않았고 고기나 포도주도 입에 대지 않았으며, 머리에는 기름을 바르지 않은 채 예정된 삼 주간을 채웠다.

HSN ; 한글 새 번역 성경 ; 세 이레 동안 고행하였다. 세 이레 내내 좋은 음식을 삼가고, 고기와 포도주도 입에 대지 않았으며, 몸에 기름을 전혀 바르지 않았다.

다니엘서 9:3에서 금식한 다니엘이 본문에서는 '부분금식' 했을 것으로 추정이 된다.

② 마태복음 15:32에 대한 각 성경의 번역상 차이점을 살펴보면,

HRV ; 한글 개역 성경 ; 나와 함께 있은 지 이미 사흘이매 먹을 것이

없도다 길에서 기진할까 하여 굶겨 보내지 못하겠노라

　HKJ : 한글 킹 제임스 성경 ; 나와 함께 이미 사흘을 머물렀으나 먹을 것이 없고, 혹 그들이 도중에 기진할까 하여 굶겨서 보내기를 원치 아니하노라

　HCV : 한글 공동 번역 성경 ; 벌써 사흘 동안이나 나와 함께 지내면서 아무것도 먹지 못하였으니 참 보기에 안 되었구나 가다가 길에서 쓰러질지도 모르니 그들을 굶겨 보내서야 되겠느냐 하고

　HSN : 한글 새 번역 성경 ; 저 무리가 나와 함께 있은 지가 벌써 사흘이나 되었는데 먹을 것이 없으니 가엾다 그들을 굶은 채로 돌려보내고 싶지 않다

　본문도 한국어 성경에는 '굶는 것' 으로 표현했으나, 킹 제임스 성경에는 '금식' 으로 나와 있고, 헬라어 원문에도 '금식' 이다. 7병 2어의 기적은 4,000명을 먹이시고 7광주리가 남은 사건으로 금식한 성도들에게 베푸신 주님의 특별한 복이다.

　③ 마가복음 8:3에 대한 각 성경의 번역상 차이점을 살펴보면,

　HRV : 한글 개역 성경 ; 만일 내가 저희를 굶겨 집으로 보내면 길에서 기진하리라 그 중에는 멀리서 온 사람도 있느니라

　HKJ : 한글 킹 제임스 성경 ; 만일 내가 그들을 굶겨서 집으로 보내면 그들이 도중에 기진하리니 그 중에는 멀리서 온 몇몇 사람들도 있기 때문이니라고 하시니

　HCV : 한글 공동 번역 성경 ; 그들을 굶겨서 집으로 돌려 보낸다면 길에서 쓰러질 것이다 더구나 그 중에는 먼데서 온 사람들도 있다 하고

말씀하셨다.

　HSN : 한글 새 번역 성경 ; 내가 그들을 굶은 채로 집으로 돌려보내면 길에서 쓰러질 것이다 더구나 그 가운데는 먼데서 온 사람들도 있다

　본문 중에 '굶겨'는 킹 제임스 성경에는 '금식'으로 나와 있고, 헬라어 원문에도 '금식'이다. 한글 성경은 잘못 번역한 것이다. 먹을 것이 없어서 '굶은 것'과, 자원하여서였든지, 아니면 환경에 의하여 먹을 수 없어서 '금식' 했든지, 본문은 '금식'인 것이다.

　④ 고린도후서 6:5에 대한 각 성경의 번역상 차이점을 살펴보면,

　HRV : 한글 개역 성경 ; 매맞음과 갇힘과 요란한 것과 수고로움과 자지 못함과 먹지 못함과

　HKJ : 한글 킹 제임스 성경 ; 매 맞음과 갇힘과 소요와 수고와 자지 못함과 금식과

　HCV : 한글 공동 번역 성경 ; 매질과 옥살이와 폭동을 잘 겪어 냈으며 심한 노동을 하고 잠을 못 자고 굶주리면서도 그 고통을 잘 견디어 냈습니다

　HSN : 한글 새 번역 성경 ; 매 맞음과 옥에 갇힘과 난동과 수고와 잠을 자지 못함과 굶주림을 겪었습니다

　⑤ 고린도후서 11:27에 대한 각 성경의 번역상 차이점을 살펴보면,

　HRV : 한글 개역 성경 ; 또 수고하며 애쓰고 여러 번 자지 못하고 주리며 목마르고 여러 번 굶고 춥고 헐벗었노라

　HKJ : 한글 킹 제임스 성경 ; 수고하고 애쓰며 여러 번 자지 못하고

배고프며 목마르고 여러 번 금식하며 춥고 헐벗었노라

　HCV ; 한글 공동 번역 성경 ; 그리고 노동과 고역에 시달렸고 수없는 밤을 뜬 눈으로 새웠고 주리고 목말랐으며 여러 번 굶고 추위에 떨며 헐벗은 일도 있었습니다

　HSN ; 한글 새 번역 성경 ; 수고와 고역에 시달리고 여러 번 밤을 지새우고 주리고 목마르고 여러번 굶고 추위에 떨고 헐벗었습니다

　⑥ 열왕기상 11:27에 대한 각 성경의 번역상 차이점을 살펴보면,

　HRV ; 한글 개역 성경 ; 이에 일어나 먹고 마시고 그 식물의 힘을 의지하여 사십 주 사십 야를 행하여 하나님의 산 호렙에 이르니라

　HKJ ; 한글 킹 제임스 성경 ; 그가 일어나 먹고 마시고 그 음식의 힘으로 사십 일 밤낮을 가서 하나님의 산 호렙에 이르렀더라

　HCV ; 한글 공동 번역 성경 ; 엘리야는 일어나서 먹고 마셨다. 그는 음식을 먹고 힘을 얻어 사십 일을 밤낮으로 걸어 하나님의 산 호렙에 이르렀다

　HSN ; 한글 새 번역 성경 ; 엘리야는 일어나서 먹고 마셨다. 그 음식을 먹고, 힘을 얻어서 밤낮 사십 일 동안을 걸어 하나님의 산인 호렙 산에 도착하였다

　본문에는 '금식' 이라는 구절이 명백히 표현되지 않았지만, 내용적으로 볼 때 40일 동안 행하면서 음식을 취했다는 표현이 없는 것으로 보아 '금식' 한 것으로 생각된다.

11장_ 금식자의 보상(상급)

"나 여호와가 너를 항상 인도하여
마른 곳에서도 네 영혼을 만족케 하며
네 뼈를 견고케 하리니
너는 물 댄 동산 같겠고 물이 끊어지지
아니하는 샘 같을 것이라
네게서 날 자들이 오래 황폐된 곳들을
다시 세울 것이며 너는 역대의
파괴된 기초를 쌓으리니
너를 일컬어 무너진 데를 보수하는
자라 할 것이며 길을 수축하여
거할 곳이 되게 하는 자라 하리라"
이사야 58장 11~12절

11장_ 금식자의 보상(상급)

1. 이사야 58:6~12에서 금식자에게 주시는 보상(상급)

종교 지도자들이 위선적이고 형식적인 금식을 한다 하여도 그들은 사람들의 칭찬 속에서 상을 받을 뿐이다.

그러나 그리스도인들의 금식은 하늘에 계신 아버지의 공개적인 보상이 있다. 이 상급은 영원한 가치가 있는 것으로, 영적인 것이며 물질적인 것이고 육신적인 것이다.

(1) 네 빛이 아침같이 비췰 것이며

빛 되신 주님을 영접한 성도들은 금식으로 말미암아 심령이 가난하게 되어 착한 마음과 의로운 사람이 되어 하나님의 빛이 나를 통하여 나의 이웃들에게 비춰지는 것을 말한다(마 5:16).

올바른 금식은 심령이 변화되는 것으로, 이기적이고 자기 중심적인 사고와 생활에서 하나님 제일주의의 삶으로 하나님께 영광을 돌리고 이웃들에게 칭찬 받는 사람이 되는 것이다.

금식은 자신을 보는 눈을 열어주므로 자신이 먼저 회개하고 깨달아서 은혜의 사람으로 바뀌어지는 것이다. 아침에 떠오르는 태양처럼 밝은 마음이 되며 큰 포부와 꿈으로 사회와 교회에 기여하는 일군이 되는 것이다.

(2) 네 치료가 급속할 것이며

하나님의 치료가 전인적인 치료이다. 영·혼·육의 종합적인 치료가 되며 급속하게 이루어지는 것이다. 금식해서 이루어지는 치료는 오랜 시간이 걸리지 않으며 복합적인 치료가 된다. 병원에 가면 진단, 처방, 투약, 치료의 과정을 밟아야 하지만 금식은 진단과 치료가 동시에 이루어지며 영적인 병, 신앙의 병, 마음의 병, 생활의 병, 육체적인 병, 습관병 등 모든 병을 동시에 치료한다.

눈의 병은 안과에 가야하고 치아는 치과에 가야하고 귀는 이비인후과에 가야하고 위장은 내과에 가야 한다. 그러나 금식은 근본적인 치료법이요 종합적인 치료법이므로 모든 병을 한꺼번에 치료하기 때문이다. 인간을 창조하신 분은 하나님이시기 때문이다.

(3) 네 의가 네 앞에 행하고

예수 믿고 죄인이 아닌 의인이 되었지만 예수님의 보혈을 통해서 죄사함 받은 의는 내 인생을 지도하고 인도해야 하는데 내 생각이 앞서고 내 계획이 앞서고 내 뜻이 주님의 뜻보다 앞서서 예수님을 드러내지 못했는데 금식 후에는 말보다 지식보다 계획보다 행함이 앞장을 서서 그리스도인임을 나타나게 되는 것이다. 실천적 신앙인이 된다. 생활 신앙이 되는 것이다.

(4) 여호와의 영광이 네 뒤에 호위하리니

정신없이 달려온 인생으로 나의 뒤를 돌아볼 겨를이 없었는데 나의 뒤에서 어떤 흑암의 세력도 근접하지 못하도록 보호하시고 지켜주시는 것이다. 대통령을 수행하는 경호원들이 앞 뒤 전후좌우로 지키듯이 전능하신 주님이 뒤에서 호위해 주시니 이것은 놀라운 복이요 은총이다. 천군 천사를 동원하여 상하지 않게, 해 받지 않도록 지켜주시는 주님의 은혜이다.

(5) 네가 부를 때에는 나 여호와가 응답하겠고 네가 부를 짖을 때에는 말하기를 내가 여기 있다 하리라

금식한 마음은 깨어진 마음이요 회개한 마음이요 애통하는 마음으로 금식 자체가 기도인데 금식하며 기도하면 지체하지 아니하시고 즉시로 응답해 주신다는 것이다. 머리털까지도 세신 바 되신 주님께서 자신을 온전히 주님께 드리는 거룩한 제사를 받으신다는 것이다. 분명한 응답을 약속하신 것이다. 금식하며 기도하는 것은 하늘 보좌를 움직이는 핵폭탄 같은 능력이 있다. 마귀의 궤계를 능히 대적하여 승리하는 길은 금식과 기도이다.

(6) 네 빛이 흑암 중에서 발하여

칠흙같이 어두운 밤중에는 반딧불도 길을 비출 수 있고 조그마한 호

롱불도 온 집안을 밝힐 수 있는 것이다. 달은 자체로 빛을 발하지 못하고 태양 빛을 받아서 자신을 세상에 비추이는 것처럼 하나님의 자녀는 주님의 빛을 받아서 내 심령을 내 가정을 내 교회를 이웃사회를 비출 수 있는 것이다. 불신, 불황, 불의, 불평, 불만, 부조리의 어두움 속에서 빛을 비춰일 수 있는 것이다. 금식하면 환경, 조건이 아무리 어두워도 그 어두움 속에서 빛을 비춰는 능력이 있는 것이다. 절망 있는 곳에 소망의 빛을 불신이 있는 곳에 믿음의 빛을 불황이 있는 곳에 부요의 빛을 비출 수 있게 된다.

(7) 네 어두움이 낮과 같이 될 것이며

구원받은 성도에게도 어두움이 있다. 고난과 시련과 연단이 있다는 것이다. 하나님이신 예수님도 마귀에게 시험을 받으셨는데 육신을 입고 광야 같은 세상을 살아가는 인생들에게는 수많은 유혹과 미혹과 시험이 있는 것이다. 아무리 환경이 어둡고 절망 속에 처해있을지라도 금식한 자에게는 낮(정오)과 같이 된다는 말씀이다. 어두움이 물러가고 심령에, 가정에, 교회에, 직장에 정오와 같은 밝음이 된다는 것이다.

욥은 그렇게도 어려운 일을 많이 겪었지만 절망하지 않고 말씀대로 살아서 노년에 갑절의 복을 받은 것이다(욥 23:11~12).

(8) 나 여호와가 너를 항상 인도하여

선한 목자 되신 주님께서 언제나 양들을 인도하신다. 그러나 양들은 목자만을 따라가야 하는데 간혹 잘못된 길로 들어서서 길을 잃어버리고 자기 집을 찾아오지 못해서 사나운 짐승의 먹이가 되는 것이다. 길과 진리와 생명 되신 예수님을 따라가야 천국까지 갈 수 있다. 현대는 영적으로 너무나 혼탁한 세상이 되어서 이단의 종파들이 더 열심을 내고 성도들을 미혹해서 타락의 길로 끌어들이는 것이다. 금식하면 주님께서 친히 인도하여 주신다고 약속하셨다. 주의 영이신 성령께서 내 마음에 평안을 주시고 언제나 가르쳐 주시고 함께 하시고 인도해 주시는 것이다. 승천하시기 전 세상 끝 날까지 함께 하시겠다고 약속하신 주님은 성령으로 우리 안에 오셔서 험한 세상에서 인도해 주신다. 금식하면 영적으로 분별력을 주시기에 참과 거짓을 구별할 수 있게 된다.

(9) 마른 곳에서도 네 영혼을 만족케 하며

금식하는 성도는 생명을 주님 앞에 드리는 행위이기에 나를 위해 십자가에 죽으신 주님의 깊은 은혜와 능력을 체험할 수 있기에 아무리 어

금식하는 자는 심령이 가난하게 되고 애통하게 되고 의에 주리고 목마른 자가 되는 길이기에 영혼의 만족이 있다. 사진은 금식에 설명하고 있는 이준동 목사의 모습.

려운 환경과 조건 속에서도 좌절하지 않고 절망하지 않고 감사하는 자가 된다. 세상의 모든 것을 버리고 마음의 탐욕과 죄를 회개하므로 하나님 안에서만 만족을 얻게 되므로 영혼의 만족을 얻을 수 있다.

심령이 가난하게 되고 애통하게 되고 의에 주리고 목마른 자가 되는 길이기에 영혼의 만족이 있다. 금식은 영혼이 육신에게 잠식당하고 세상 것에 오염되는 것을 막아주는 방파제가 된다. 바울의 고백처럼(빌 4:11~13) 어떠한 환경 속에서라도 할 수 있는 사람, 긍정의 사람이 된다.

(10) 네 뼈를 견고케 하리니

뼈가 튼튼해야 건강한 사람이 된다. 2주간을 금식하면 뼈가 깨끗해진다고 한다. 뼈가 약하면 몸 전체가 약한 것이다. 뼈대가 튼튼해야 건강체이다. 오늘날은 정제식품 가공식품을 너무 많이 먹어 뼈 속에 칼슘이 빠져서 골감소증을 가져오고 나중에는 골다공증으로 발전한 환자가 많이 있는데 금식하면 이와 같은 질병도 치료받을 수 있다. 뼈 속에 병이 드는 골수염, 골수암은 불치의 병이다. 금식은 칼을 쓰지 않는 수술요법이다. 성령의 검 곧 하나님의 말씀으로 수술하기 때문에 치료받을 수 있다. 육신은 금식하지만 영혼은 하나님의 말씀으로 무장하기에 말씀으로 치료하는 것이다.

(11) 너는 물댄 동산 같겠고

동산은 작물을 심어 재배하는 밭을 의미한다. 물을 잘 대어준 밭에서는 여러 가지 곡식과 채소가 잘 되어 언제나 싱싱한 식물을 구할 수 있게 된다. 하나님이 주신 최초의 식물은 채식이다. 채소는 현대인들에게 병을 치료하는 약인 것이다. 우리의 영혼은 신령한 양식을 먹어야 건강할 수 있다. 이스라엘은 1년의 강우량이 70~80㎜밖에 안 된다. 1년에 1,500㎜의 강우량인 우리나라에 비하면 비가 얼마나 귀한 것 인줄을 알게 된다. 금식하여 삶의 터전인 가정, 사업장이 하나님의 은혜와 성령님의 물로 채워진 곳이라면 이것은 특별한 하나님의 복인 것이다. 심령 속에서 생수의 강이 흘러나오면 언제나 이웃을 도울 수 있고 복음의 능력을 전할 수 있게된다(요 7:38).

(12) 물이 끊어지지 아니하는 샘 같을 것이라

광야를 여행하는 나그네와 사막을 통과하는 길손에게 샘물은 생명의 물인 것이다. 이스마엘을 낳은 하갈이 물 한 가죽 부대만 갖고 아들과 함께 광야로 쫓겨나서 물이 다하자 하나님께 부르짖었더니 샘물이 터져 나오는 역사가 이루어진 것이다. 생명의 샘을 자기 곁에 두고도 알지 못했던 하갈이었는데, 하나님께서 하갈의 눈을 밝히시매 그녀가 샘물을 보고 가서 가죽 부대에 물을 채워다가 그 아이에게 마시웠다. 갈한 인생들이 생명의 물, 은혜의 물, 치료의 물, 복된 물을 체험하는 것이다. 금식하는 자에게는 영육이 소생케 되는 체험을 주실 뿐 아니라 복의 근원이 되게 하신다.

(13) 네게서 날 자들이 오래 황폐된 곳들을 다시 세울 것이며

너희 후손들을 통해서 이스라엘 민족이 바벨론의 포로 생활로부터 회복하여 조국을 재건할 것이라는 사실을 예언하신 것이다. 또한 이 땅 위

에 장차 오실 메시야를 통하여 새 하늘과 새 땅이 이루어지는 하나의 모형이기도 하다.

하나님이 기뻐하시는 금식을 통하여 금식한 자녀들의 후손을 통하여 이스라엘 민족 중에서 쇠퇴한 모든 것들을 회복한다는 말씀이다. 성읍을 세우고 잃어버렸거나 바로 지키지 못했던 신앙의 좋은 전통들을 다시 찾는 역사이다. 한 개인의 금식으로 끝나는 것이 아니라 그 후손을 통해서도 하나님은 큰 일을 이루시는 것이다.

(14) 너는 역대의 파괴된 기초를 쌓으리니 너를 일컬어 무너진 데를 수보하는 자라 할 것이며 길을 수축하여 거할 곳이 되게 하는 자라 하리라

금식한 성도는 조상 때부터 파괴된 삶의 터전, 신앙의 터전을 다시 세워, 기초를 든든히 하고 무너진 곳을 수리해서 사람들이 사는 곳으로 만들며, 후손들이 행하여야 되고 지켜야 되고 가야할 신앙의 길을 만드는 자가 된다. 태어날 후손들에게 조상으로서의 모든 사명과 본분을 다하는 신앙의 건축자가 되며, 민족의 정체성을 회복하는 복이 있게 된다는 것이다.

2. 마태복음 6:16-18에서 금식자에게 주시는 보상(상급)

금식은 은밀히 계시면서 은밀히 보시는 아버지께 보이게 하라고 했다. 그러나 아버지께서 갚아주실 때에는 드러나게 갚아주신다고 했다.

금식을 계획 중 이거나, 금식을 하는 중이거나, 금식을 끝냈을 경우에, 특별히 주의해야 할 것은 다른 사람에게 드러나지 않도록 하는 것이 주님의 뜻이다. 이것이 금식의 은밀성이다. 많은 사람들이 주님의 뜻을

잘못 이해하여 이웃들에게 이야기하는 경우가 많이 있는데 그들은 이미 상을 받은 것이다.

하나님께서 주시는 보상은 영적인 것과 육신적인 것과 생활적인 것이 있다.

1) 영적인 보상

(1) 성령 충만을 통하여 성령의 권능을 행하게 된다

"예수께서 성령의 충만함을 입어 요단강에서 돌아 오사 광야에서 사십일 동안 성령에게 이끌리시며 예수께서 성령의 권능으로 갈릴리에 돌아가시니 그 소문이 사방에 퍼졌고"(눅 4:1, 14)

예수님은 성령의 충만을 입고 40일을 광야에서 금식하시고 성령의 권능을 행하셨다.

"하나님의 나라는 말에 있지 아니하고 오직 능력에 있음이라"(고전 4:20)고 했다. 성령의 능력이 없이는 이 악한 세상을 이길 수 없고, 죄악을 이길 수 없고, 육신의 정욕을 이길 수 없기에 모든 성도들은 성령의 충만을 받아야 한다. 이것을 영성이라고 한다.

세상은 살기 좋은 세상이 되었으나 죄악이 관영하여 타락의 현상이 극에 달한 이 시대에 죄를 회개하는 역사, 거듭남의 역사는 성령으로 될 수 있다. 금식을 통하여 친히 성령의 권능을 행하신 주님을 본 받아야 한다.

성령의 충만을 미국을 건설한 청교도들은 '거룩'이라고 불렀고, 요한 웨슬리의 감리교는 '성결'이라고 했으며, 루터교는 '경건'이라고 한다.

마지막 시대인 오늘날의 영성은 성령충만이다. 성령의 권능만이 생명의 역사를 일으키고, 신령한 생각을 가져오며, 깊은 영적세계의 진리를 깨닫게 하고, 올바른 판단력을 준다. 영적인 권위로 말씀에 능력이 따라오고, 기도에 능력이 있게 된다. 성령으로 말미암은 영성을 소유하려면 신령한 것을 사모해야 하고 금식하며 기도해야 하고 말씀을 듣고 배워야 한다. 주님의 말씀을 들은 시몬은 사고(思考)가 변하고 입술이 변했고 삶이 변한 것이다.

(2) 성령의 인도하심을 받는다

예수님은 성령에게 이끌리어 40일을 금식하셨고 마귀의 시험을 이기신 것이다. 안디옥 교회는 사도행전의 교회요 최초로 선교사를 파송한 교회였다. "주를 섬겨 금식할 때에 성령이 가라사대 내가 불러 시키는 일을 위하여 바나바와 사울을 따로 세우라 하시니 이에 금식하며 기도하고 두 사람에게 안수하여 보내니라"(행 13:2~3) 교회적으로 하나님의 뜻을 알기 위하여, 주님을 섬기기 위하여 금식했더니 성령께서 말씀하시고 인도해 주신 것이다.

성령의 인도하심이 없이 인간 육신의 힘으로는 누구도 금식할 수 없기 때문이다. 금식은 성령과의 친밀한 교제를 제공해 주시고 인도하심을 받기 위하여 좀 더 좋은 환경으로 안내하시고 함께 하여 주시고 인생의 영원한 동행자가 되어 주시는 것이다. 성령의 인도하심으로 하나님의 뜻을 알게되고 하나님의 뜻대로 살게 된다.

(3) 영적으로 자유를 얻게 된다

세상과 육신에 묶여서 주님과 깊은 교제를 누리지 못했던 모든 일들이 끊어지고 믿음과 기도하는 일에 전념할 수 있기 때문이다.

　죄와 사망의 법에 묶여 살다가, 마귀에게 종노릇 하다가 결국 심판 받고 멸망 받는 것이다. 금식은 이와같은 모든 묶임을 풀어놓아 참 자유케 되는 역사가 일어난다(롬 8:1~2).

　죄와 사망의 법에서 풀려나 생명의 성령의 법으로 참된 자유와 기쁨을 누릴 수 있게 된다. 예수 그리스도 안에서 주님을 바라보고 금식하는 성도에게 주님이 주시는 은혜이다.

　(4) 은혜를 받게 되고 신앙이 성숙되고 성장하게 된다

　위로부터 주신 크신 은혜와 사랑을 받아 귀한 특권을 누리며 살아왔지만 이와 같은 귀한 진리를 깨닫지 못했는데 금식은 내 안에 잠자던 영혼과 신앙을 깨어나게 하여 하나님의 은혜를 받게 하며, 지금까지 미숙아와 같은 신앙으로 조금만 어려움이 와도 불평하고 원망했던 자신의 허물과 죄를 회개하고 은혜에 감사하는 성숙한 신앙이 되고 자신도 모르게 신앙이 성장하는 것이다.

　타락한 인간 속에는 자신을 보다 경건하게 만들 수 있는 어떤 덕성도 존재하지 않는다. 주님의 주신 은혜 속에서만 인간은 깨달을 수 있고 새로워질 수 있고 변화될 수 있는 것이다. 금식으로 육체의 행실과 자아를 깨뜨리면 은혜 안에서 신앙이 성숙되고 성장하는 것이다.

　(5) 하나님의 섭리와 계획을 깨닫게 된다

　전능하신 하나님, 광대하신 하나님, 위대하신 하나님 앞에서 하나님의 백성들은 굵은 베옷을 입고 몸에 걸치고 다녔던 장식물까지 모두 찢

어버리고 마음을 찢는 금식으로 자신을 낮추는 회개의 역사를 일으켰을 때 하나님의 긍휼을 체험할 수 있었다.

하나님의 절대주권에 관한 통찰력을 갖게 되어 전적으로 자신을 하나님께 의탁하고 섬김으로 크신 하나님의 섭리와 계획을 알게 되는 것이다. 우주 만물의 창조자이시며, 인간의 생사화복의 주관자이시며 생명을 주시는 분임을 깨닫게 된다. 금식은 자아를 비우게 되므로 겸손한 마음이 되게 하고 낮아진 마음이 되게 해서 예수 그리스도의 마음을 갖게 하므로 하나님의 위대성을 알게 되는 것이다.

(6) 믿음이 증진된다

하나님은 모든 사람에게 믿음의 분량을 주셨다(롬12:3).

주신 믿음을 사용하지 못하고 활용하지 못해서 하나님의 능력을 체험하지 못하는 것이다.

금식은 믿음을 도와주고 격려해주고 갖게 해주는 능력이다.

육신에 음식물을 공급해 주면 육신이 성장하는 것처럼, 금식은 믿음에 영양분을 공급해 주어 약한 믿음을 강한 믿음으로, 작은 믿음을 큰 믿음으로, 피상적인 믿음을 체험적인 믿음으로, 무능한 믿음을 능력 있는 믿음으로 자라게 하는 것이다.

금식은 비상한 믿음을 얻을 수 있는 길이요 통로이다.

응답받는 믿음, 마귀를 이기는 믿음, 능력있는 믿음은 금식을 통하여 주어지는 하나님의 선물이다.

(7) 마귀를 이기는 힘을 받는다

예수님 자신이 40일 금식으로 마귀의 시험을 이기신 것이다.

마태복음 4:11에 "이에 마귀는 예수를 떠나고 천사들이 나아와서 수종드니라"고 했다.

첫 사람 아담은 선악과를 따먹고 마귀에게 실패한 인생이 되었으나 마지막 아담이신 예수님은 승리를 가져오신 것이다.

승리를 가져오신 주님은 누가복음 10:19에 "내가 너희에게 뱀과 전갈을 밟으며 원수의 모든 능력을 제어할 권세를 주었으니 너희를 해할 자가 결단코 없으리라" 이미 마귀를 이기는 권세를 주신 것이다. 영적인 힘을 잃었기에 마귀의 종노릇을 하고 있는 것이다. 영적인 힘은 기도와 금식의 힘을 잃었기 때문이다. 금식은 잃어버린 힘을 찾을 수 있는 길이다.

(8) 표적과 기사가 나타난다

마가 다락방에 모여서 금식하고 기도에 전념했던 120문도를 통하여 교회를 세우시고 가는 곳마다 병든 자가 치료되고 귀신이 떠나가고 백성들이 회개하고 하나님께 돌아오는 놀라운 역사가 일어난 것이다.

빌립 집사가 사마리아 성에 내려가 그리스도를 백성들에게 전파하니 "많은 사람에게 붙었던 더러운 귀신들이 크게 소리를 지르며 나가고 또 많은 중풍병자와 앉은뱅이가 나으니 그 성에 큰 기쁨이 있더라"(행 8:7~8)고 했다.

예수님의 부활의 사건은 복음의 일군이 된 성도들에게 가장 큰 표적과 기사이다. 구원받은 성도는 하나님의 기적으로 살아가는 것이다.

금식하면 하나님이 붙들어 사용하시므로 표적과 기사가 나타나는 것이다.

(9) 하나님의 뜻을 돌이키기도 한다

하나님의 뜻은 일정하시고, 하나님의 계획은 변경되거나 수정될 수 없는 것이다. 그러나 하나님 앞에 나아와 금식하며 죄를 회개하고 통회하면 하나님의 계획은 변경될 수 있다.

니느웨의 온 백성이 왕으로부터 짐승에 이르기까지 모두가 금식하며 악에서 떠나 회개하니

"하나님이 그들의 행한 것 곧 그 악한 길에서 돌이켜 떠난 것을 감찰하시고 뜻을 돌이키사 그들에게 내리리라 말씀하신 재앙을 내리지 아니하시니라"(욘 3:10)고 했다.

요엘 선지자 시대에도 한발과 재앙으로 큰 고통을 겪게 된 백성들에게 이제라도 금식하며 울며 애통하고 마음을 다하여 하나님께 돌아가라는 권면을 주었다. 옷을 찢지 말고 마음을 찢으며 회개할 것을 촉구했다.

"너희는 옷을 찢지 말고 마음을 찢고 너희 하나님 여호와께로 돌아올지어다 그는 은혜로우시며 자비로우시며 노하기를 더디하시며 인애가 크시사 뜻을 돌이켜 재앙을 내리지 아니하시나니 주께서 혹시 마음과 뜻을 돌이키시고 그 뒤에 복을 끼치사 너희 하나님 여호와께 소제와 전제를 드리게 하지 아니하실는지 누가 알겠느냐"(욜 2:13~14)고 했다.

하나님은 뜻을 돌이키시고 재앙을 내리지 아니하시고 백성을 긍휼히 여기시고 곡식과 새 포도주와 기름을 흡족히 주시고 적군의 세력을 물리쳐 주셨다.

하나님의 자녀인 성도들의 금식은 하나님의 뜻을 돌이키시게 하는 능력이다.

(10) 말씀의 은사를 받는다

기독교는 말씀의 종교이다. 예수 믿는 것은 말씀을 믿는 것이다. 말씀은 3가지이다. 기록된 말씀은 성경이고, 육신이 된 말씀은 예수 그리스도이시고, 선포된 말씀은 설교이다. 하나님의 말씀은 살아있는 말씀으로 인간의 영혼과 육을 해부하는 능력이 있다.

예수님은 기록된 말씀으로 마귀의 시험을 이기셨고, 사도들은 육신 되신 말씀인 예수님을 통하여 하나님을 만났고 오늘날의 성도들은 선포된 말씀으로 주님을 만날 수 있다. 개혁교회의 중심은 예배이고 예배의 중심은 말씀이다. 선포되는 말씀으로 문제를 해결하고 죄를 회개하고 은혜를 체험하며, 주님의 음성을 듣는 것이다.

생명의 떡이신 예수를 먹고, 흘리신 피를 마신 성도는 말씀의 은사를 받은 자들이다. 금식으로 육신의 양식을 끊고 생명의 만나를 채우면, 말씀을 깨닫게 하시고, 믿어지게 하시고, 전하게 하시고, 말씀의 능력을 체험하게 하신다. 금식은 말씀의 은사를 받게 하고 체험케 하는 가장 좋은 방법이다.

(11) 회개의 역사가 일어난다

죄악의 병에 걸린 인생은 회개해야 구원받을 수 있다. 예수님의 첫 번째 말씀은 "회개하라 천국이 가까웠느니라"였다. 회개는 성령의 역사가 있어야 하며 회개의 영이 임해야 한다. 성령은 거룩하신 분이기에, 성결의 영이시기에 금식하면 몸과 마음이 깨끗해지고 성결해지기 때문에 회개의 역사가 일어나는 것이다. 구약시대에 이스라엘 백성들은 하나님의 명령으로 1년에 한 번씩, 1년 동안 살아오면서 지은 죄를 자복하고 통회하는 대속죄일(욤키프로)을 지켜온 것이다(레 23:27). 온 백성이 누구든지 이 날만은 모든 일을 중지하고 하루종일 하나님 앞에 나와서 금식하도록 명령받았다(레 16:29~34). 하나님의 자녀들은 1년에 하루동안이라도 깊이 회개하도록 날짜를 정해 주신 것이다. 이 날이 대속죄일이다. 금식하면 마음속에 숨겨진 죄가 드러나고, 죄로 생각되지 않았던 지극히 작은 일이 죄로 느껴져 회개하게 된다. 금식은 죄를 기억하게 되고 죄에 대한 애통을 갖게되며 죄를 통회하게 되는 것이다. 누구에게나 있는 죄의 병에서 치료받아야 구원의 은혜가 임한다.

(12) 선교의 사명을 받는다

주님 승천하시기 전 사랑하는 제자들에게 말씀하시기를 "…너희는 온 천하에 다니며 만민에게 복음을 전파하라 믿고 세례를 받는 사람은 구원을 얻을 것이요 믿지 않는 사람은 정죄를 받으리라"(막 15:15~16)고 하셨다. 이것은 구원받은 성도의 의무요 책임이다.

"오직 성령이 너희에게 임하시면 너희가 권능을 받고 예루살렘과 온 유대와 사마리아와 땅 끝까지 이르러 내 증인이 되리라"(행 1:8)고 하셨다. 성령을 받은 제자들은 모두 예수그리스도의 복음을 전하다가 거의 다 순교자가 되었다. 증인이 되려면 순교자가 될 각오를 해야 한다. 안디옥 교회는 온 교회의 성도들이 모여 집단적으로 금식했을 때 성령의 음성을 들었고, 기독교 최초의 선교사 두 사람을 파송했다. 선교사가 되기 위해서는 반드시 금식해야 하며, 선교지에 도착해서는 처음 며칠은 음식을 먹지 말고 물을 마시면서 금식해서 나의 체질을 그 지역의 풍토에 맞추어 체질을 변화시켜야 풍토병에 걸리지 않게 되는 것이다. 건강한 체질이 되어야 선교의 사명을 감당할 수 있기 때문이다.

(13) 민족을 구원하는 역사가 일어난다

유다의 여호사밧 왕은 3개 연합군대의 갑작스런 침공을 받고 국가 존폐의 위기 앞에 온 나라에 금식을 선포하고 하나님 성전에 올라가 하나님께 간구하고, 찬양대를 군대 앞에 보내어 하나님께 찬송하며 감사하니, 적군들은 자중지난(自中之亂)이 일어나서 저희들끼리 서로 죽이고 죽는 일로 저희들 스스로 자멸해 버리는 일이 일어났다. 적들이 가져왔던 재물, 의복, 보물을 가져오는데 3일이 걸렸다. 민족 구원의 역사가 이루어졌다(대하 20:1~30).

에스라는 바벨론 포로로 잡혀가 있던 자기 백성들의 2차 귀환을 앞두고 아하와 강가에서 금식을 선포하고, 돌아가는 길이 평탄하기를 하나님께 기도하여 무사히 조국에 돌아오게 되었다(스 8:21~23).

수만 리의 길에 어린이, 부녀자, 노약자 등 인간적으로 그들을 이끌고 돌아가야 하는 길은 너무 험하고 어려운 길이었다. 금식한 덕분에 왕의 허락으로 무사히 조국에 돌아올 수 있게 되었고 신앙을 개혁하는 개혁자가 되었다.

바벨론에 포로로 잡혀갔던 느헤미야도 조국 예루살렘의 성이 훼파되고 성문들이 불에 탔다는 소식을 듣고 울며 슬퍼하며 금식하며 기도하였더니, 왕이 허락하여 3차 귀환을 하게되었고, 조국에 돌아와 무너진 성벽을 재건하고 잃어버린 신앙을 되찾게 하는 신앙 부흥 운동을 주도해서 조국을 구원했던 것이다(느 1:1~11).

에스더 역시 진멸 당할 동족의 운명 앞에 금식하고 죽으면 죽으리라는 각오로 왕에게 나아갔더니, 왕의 호의를 입어 화를 면하고 원수를 진멸하고 자기 민족을 구원하는 역사가 일어났던 것이다(에 4:1~17).

(14) 체험적 신앙으로 변한다

예수를 믿어도 관념적으로, 습관적으로, 이성적으로 믿었던 신앙이 금식하면 뜨거운 신앙, 기도하는 신앙, 열심 있는 신앙으로 바뀐다.

초대교회의 시작은 금식으로 출발한 것이다. 마가의 다락방에 모인 120문도는 금식하며 하나님께 기도해서 성령 충만을 받고 예수그리스도의 증인이 된 것이다. 성령의 강림을 눈으로 보고 귀로 듣고 입으로 말하는 체험적 신앙으로 바뀌어진 것이다. 말세에 성령 충만의 신앙은 하나님이 요엘 선지를 통하여 약속하신 것이다. 젊은이가 환상을 보고 늙은이가 꿈을 꾸는 미래의 소망을 갖는 신앙으로 변하는 것이다.

기독교의 신앙은 이론이 아니고 학문이 아니고 논리가 아니라 살아계신 하나님을 체험하고 느끼고 말할 수 있어야 한다. 금식은 형식적이고 의식적이고 자기중심적인 신앙에서 하나님 한 분만으로 만족하는 체험적 신앙으로 바뀌어지게 된다.

(15) 육신의 정욕을 이길 수 있다

육신적 욕망에 이끌려 살아가는 자가 많이 있다. 육체의 정욕을 이기고 이기적인 자아를 이기기 위해서는 하나님의 은혜가 필요하다. 금식은 육신을 추구하는 마음을 죽게 하고, 생각을 영적인 문제로 향하게 한다.

기쁨을 잃어버리고 평강을 잃어버리는 이유는 개인생활에서 성결이 부족해서 오는 현상이다. 말씀의 힘을 잃어버리고 기도의 힘을 잃는 것은 영적인 힘을 잃어버렸기 때문이다. 잃어버린 영성은 금식을 통하여 찾을 수 있다. 시들어버릴 세상의 승리의 월계관을 얻기 위해서도 얼마나 많이 연습하며 훈련하며 자기를 채찍질 하는가?

운동 선수들의 자기 절제와 훈련의 모습은 눈물겨운 것이다.

훈련이 천재를 낳는다는 말이 있다. 시들지 않는 영원한 면류관을 얻기 위해서 육체에 재갈을 먹여 육체의 욕망을 억제하며 경건한 연습을 이루어야 하나님의 자녀는 육신의 정욕을 이겨 승리할 수 있다.

(16) 탐욕을 이길 수 있게 된다

인간의 모든 죄는 탐욕에서 시작되었다. 하나님이 처음으로 모세를 통하여 주신 십계명은 하나님을 섬기고 이웃을 하나님의 사랑으로 섬기고 물질을 다스리고 살아야 한다는 계명이다.

하나님, 사람, 물질의 순서이다. 순서가 바뀌면 탐욕이 된다. 첫 사람 아담은 하나님의 말씀보다 물질을 앞세웠기에 실패했으며, 그의 후손들은 모두 아담과 같은 죄로 탐욕을 이기지 못하여 인생의 실패자가 되었다. 발람 선지자도, 에서도, 게하시도, 예수님의 제자 가룟인 유다도, 초대교회의 아나니아와 삽비라도 탐욕의 덫에 걸려서 멸망한 것이다. 광야 40년간 이스라엘 백성들은 전능하신 하나님의 수많은 기적과 은혜와 큰복 속에서 탐욕의 죄로 광야에서 죽게 된 것이다. 금식은 마음의 평안을 주며 자족하는 마음을 갖게되어 모든 일에 감사하게 된다. 욥의 고백처럼 주신 자도 하나님이시요 취하신 분도 하나님이심을 깨닫고 모든 일에 원망하지 않았다(욥 1:21).

(17) 주위의 모든 환경에 적응 할 수 있게 된다

내가 살아가는 환경이 반드시 좋은 것만은 아니다. 포로로 잡혀가서 이방 문화에 적응해야 하기도 하고, 이방인들이 우상에게 드렸던 제물을 먹어야 하는 어려운 형편 속에서도 금식함으로 모든 어려움을 지혜롭게 극복한 다니엘과 세 친구를 들 수 있다. 하나님은 애굽에서 모세를 통하여 홍해 바다를 건너온 백성들에게 사흘동안 먹지도 마시지도 못하게 3일간을 금식하게 하시므로 광야생활을 하는 동안 환경에 적응할 수 있도록 미리 훈련시키신 것이다.

금식은 자신을 주위의 환경에 적응할 수 있도록 만들어 주는 능력이 있다. 주위의 여러 가지 여건 때문에, 환경 때문에, 사람 때문에 고통을 겪고 있다면 금식해서 자신을 쳐서 복종시켜야 한다.

(18) 시간을 바로 사용하게 된다

금식하면 시간을 낭비하지 않게 되고 귀하게 쓰임 받는 사람이 된다.

청교도들은 "단 한 번밖에 없는 인생, 그것은 곧 지나가리, 그리스도를 위하여 행한 것만이 영원한 것이다"라고 했다.

시간의 주인은 하나님이시다. 마지막 시대를 살면서 시간 속에서 일하는 하나님의 자녀는, 마지막을 살아간다는 심정으로 시간을 사용해야 하나. 시간은 기다리는 자에게 너무 느리고, 시간은 두려워하는 자에게 너무 빠르며, 슬퍼하는 자에게는 너무 길며, 신나지 않은 자에게는 너무 지루한 것이다. 시간은 주님과 함께 살고 주님과 함께 쓰는 자에게는 한 알 한 알이 귀중한 보석과 같다.

시간은 매일 주어지는 기적이며 똑같은 속도로 흐르고 있고 융통성이 없어서 결코 멈출 수가 없기에, 시간을 꾸거나 빌리거나 저축할 수 없기에 시간은 사용하기에 따라 가치가 달라지는 것이다.

(19) 온유한 사람으로 변한다
"온유한 자는 복이 있나니 저희가 땅을 기업으로 받을 것이요"(마 5:5)

선지자들의 전한 말씀을 듣고 믿지 아니하고 대적한 이스라엘 백성들을 가리켜 목이 곧고 마음과 귀에 할례 받지 못한 사람들이라고 책망한 스데반 집사의 설교는 온유함이 무엇인가를 보여준다. 온유함은 강퍅하고 완악한 마음이 아니라 부드럽고 따뜻한 마음이다. 짐승을 잡아먹고 사는 육식 동물은 아프리카 밀림에 가야 볼 수 있고 동물원에 가야 구경할 수 있지만 남을 해하지 아니하고 풀을 먹고 살아가는 초식동물은 세계 어느 곳을 가도 볼 수 있는 것은 이런 이유 때문이다.

모세는 혈기가 많아서 살인죄를 짓고 도망을 간 도망자였기에 광야에서 40년을 훈련받게 하시고 40일을 금식하게 하셔서 온유한 사람으로 만드셔서 이스라엘 역사상 가장 위대한 지도자가 된 것이다(민 12:3).

(20) 받은 은혜와 복을 계속 유지할 수 있게 된다
주신 은혜와 복을 지키고 누리는 것이 중요하다. 바울 사도는 말년에 고백하기를 선한 싸움을 싸우고 달려갈 길을 마치고 믿음을 지켰다고 했는데, 신앙을 지키는 것이 중요하다.

은혜를 계속 유지하고 받은 복을 간수하기 위해서는 언제나 자신을 돌아보고 자신을 깨뜨리고 점검하는 일이 중요하다.

금식은 자신을 돌아보게 하고 자신을 점검하게 만들어 자신의 위치와 신분을 깨닫게 만들기에 주신 은혜와 복을 유지할 수 있게 된다.

(21) 반드시 응답이 있다

개인적으로든 집단적으로든 금식한 개인, 민족, 가정은 반드시 하나님의 응답이 있는 것이다. 아무리 어려운 문제와 짐을 가지고 와도 하나님은 사람의 중심을 보시고 긍휼을 베푸셔서 문제의 해답을 주시는 것이다.

언제나 자신을 낮추어 겸손하면 하나님의 사랑은 나타나게 되어 있는 것이다(사 58:9). 하나님은 인간의 과거를 묻지 아니하시고 죄를 묻지 아니하시고 무조건적인 사랑을 베푸시기 때문이다.

예수님이 비유로 말씀하신 두 아들의 비유 중에서도 돌아온 아들에게 제일 좋은 옷을 입히고, 손에 가락지를 끼우고, 살진 송아지를 잡아서 온 동네에 잔치를 열어주시는 아버지이시기 때문이다.

(22) 하늘의 권세를 주신다

하나님의 자녀는 자녀의 권세가 주어진다(요 1:12).

초대교회 성령을 체험한 사도들에게는 3가지 권세를 주셨다.

발언권의 역사로 입에서 나오는 말이 그대로 이루어 진 것이다. 성령의 역사로 혀를 붙잡으시고 사용하시는 하나님이시다. 아나니아와 삽비라의 범죄를 성령이 아시고 베드로를 통하여 말씀하셨다. 병든 자와 귀신들을 향하여 명령을 할 때 그대로 이루어 진 것이다. 말의 권세가 나타난 것이다. 한 입으로 찬송과 저주가 나가는데 성령에 의하여 붙잡혀진 혀는 찬송하며 감사하며 악한 영들을 추방하는 말씀의 권세가 있는 것이다.

거수권의 역사로 손을 들어 안수하고 기도할 때 그대로 이루어 진 것이다. 믿는 자에게 따르는 표적이 나타난 것이다.

결의권의 역사로 마음에 먹은 대로 모든 일이 이루어진 것이다. 금식하면 하나님의 뜻을 성별 할 수 있기에 세상적이고 육신적이고 현세적인 것을 구하지 않기 때문이다. 마음만 먹어도 주님은 알고 계시며 모든 것을 이루어 주시는 것이다.

(23) 영육간에 복을 주신다

신령한 복을 알게 된다. 성부 하나님의 선택, 성자 하나님의 구속, 성령 하나님의 인치심을 통하여 위로부터 주시는 복을 깨닫게 되며 생활에 필요한 물질의 복을 주시는 것이다.

요엘서에 닥친 재앙은 물질의 재앙이어서, 하나님께 드릴 소제가 없어 제사를 드리지 못하고 영적 기근으로 기쁨과 감사가 없게 된 것이었다.

"팟종이가 남긴 것을 메뚜기가 먹고 메뚜기가 남긴 것을 늣이 먹고 늣이 남긴 것을 황충이 먹었도다"(욜 1:4)고 했다.

영육간에 병이 들어 하나님의 재앙이 닥쳐온 것이다. 금식일을 정하고 온 백성이 하나님께 부르짖어 기도하니 영육간에 복을 주시고 채워 주신 것이다. 금식은 자신을 전체로 드리는 가장 큰 헌신이요 제물이기에 영육간에 복을 주시는 것이다.

(24) 사람의 마음을 움직이신다
너무나 강퍅하고 완악해서 상대할 수 없는 사람이라도 그 영혼을 위하여 금식하면 하나님은 사람의 마음을 움직이셔서 올바른 인생으로 변화시켜 주시는 것이다. 어떠한 사람도 포기해서는 안 되며 포기할 수 없는 것이다. 심지어 다윗은 "나는 저희가 병들었을 때에 굵은 베옷을 입으며 금식하여 내 영혼을 괴롭게 하였더니 내 기도가 내 품으로 돌아왔도다"(시 35:13)라고 했다.

인간의 생사화복을 주관하실 뿐 아니라 그 심령조차도 주께서 움직이신다. 한 영혼을 위하여 금식하면 영혼이 주께로 돌아오는 역사가 이루어지는 것이다. 불신자를 위한 금식은 영혼을 구원하는 역사가 일어난다. 불신과 흑암의 세력이 물러가고 하늘의 역사가 이루어진다.

2) 정신적인 보상
(1) 자기 개혁이 된다.
금식은 없어서 못 먹는 것이 아니라 먹을 것이 있어도 자원하여 스스로 음식을 끊는 것이다. 단순히 음식만을 끊는 것이 아니라 세속적인 마음과 모든 생각을 끊는 것이다. 육신의 정화뿐 아니라 정신적인 정화가 이루어지기 때문에 깨끗한 마음과 넓은 마음으로 자기 자신을 고치는 역사가 이루어진다. 세속적 이해관계를 초월하여 한 차원 높은 영적 세계를 바라볼 수 있게 되므로 스스로를 치료하는 가장 좋은 방법이다.

(2) 새로운 인격이 형성된다.

사람의 가치는 그 사람의 인격에 있다. 인격은 오랜 세월 배우고 보고 듣고 하는 가운데서 형성된 것으로 환경과 여건에 모든 것이 좌우되는 것이다. 내가 알고 내가 듣고 내가 배운 것 이상의 것을 말할 수 없고 볼 수 없는 것인데 금식은 내 자신을 볼 수 있을 뿐 아니라 나의 이웃을 볼 수 있게 되므로 한 차원 높은 사람으로 바꿔지는 것이다. 남의 아픔을 볼 수 있고 남의 고통을 이해 할 수 있게 되기 때문이다. 예수 그리스도 안에서 새로운 피조물이 된 성도는 금식으로 새로운 인격이 이루어지는 것이다.

(3) 마음가짐과 포부가 커진다

"대저 그 마음의 생각이 어떠하면 그 위인도 그러한즉 그가 너더러 먹고 마시라 할지라도 그 마음은 너와 함께 하지 아니함이라"(잠 23:7)고 했다. 금식하면 마음의 자세가 달라진다. 지금까지 갖고 있던 마음보다 더 넓고 큰 마음이 생긴다. 초조한 마음, 불안한 마음, 성급한 마음, 변덕이 심한 마음, 좁은 마음, 옹졸한 마음, 편협한 마음, 약한 마음이 바뀌어지는 것이다.

"무릇 지킬 만한 것보다 더욱 네 마음을 지키라 생명의 근원이 이에서 남이니라"(잠 4:23)고 했다.

큰 마음, 넓은 마음, 포용하는 마음, 이해하는 마음, 용서하는 마음으로 바뀌어진다.

(4) 하나님의 뜻과 대자연의 섭리를 알게 된다

금식으로 창자가 비워지면 마음도 비워진다. 겸손한 마음이 되어, 자연과 더불어 살아가야 하는 것이다. 하나님의 창조물로서 자신의 위치와 사명을 깨닫게 된다. 인간의 탐욕이 자연을 훼손하고 자연을 파괴하여 결국 지구촌 재앙으로 이어지고 있기 때문이다.

(5) 신앙심이 깊어진다

깊은 데로 가서 그물을 내려 고기를 잡으라는 주님의 말씀처럼 신앙의 깊은 곳으로 가야 한다. 금식은 말씀의 깊은 곳, 기도의 깊은 곳, 은혜의 깊은 곳으로 들어가게 하는 문이다.

교회를 습관적으로 출석하는 신앙인, 기도를 습관화하지 못한 성도, 신앙이 생활화되지 못해서 성경을 날마다 읽지 못하는 성도는 신앙의 깊은 곳으로 들어가야 한다. 날마다 기도하게 되고 성경을 읽게 되고 감사하게 된다.

(6) 의지가 강해진다

의지가 약해서 무슨 일을 추진하지 못하게 되고 좌절하는 나약한 마음이 금식으로 강해지고 담대해져서 어떤 문제와 일을 당해도 쉽게 포기하거나 낙심하지 않게 된다. 신경성 질환은 거의 대부분 의지가 약해서 인내하지 못하고 참지 못해서 자기 스스로를 통제하지 못해서 오는 증상인데 금식으로 치료가 되는 것이다. 강한 의지와 담력을 갖게 되어 한번 결정한 일은 끝까지 추진하고 결실을 보게 되는 것이다.

(7) 이해력이 깊어지고 빨라지게 된다

모든 사물과 일에 대한 통찰력이 생겨서 이해하는 능력이 생기게 되고 남의 것을 받아들이고 수용하는 믿음이 된다.

정신적인 부조화는 남의 것을 받아들이지 못하고 수용하지 못해서 생기는 현상인데 내 것을 남에게 주고 희생하고 수고하는 마음으로 변화되기에 남을 이해하는 마음이 깊어지게 되고 빠르게 된다. 금식은 자신의 것을 주게 드리고 헌신하는 길이기 때문이다.

(8) 기억력이 좋아지게 된다

나이가 들어감에 따라 자주 잊어버리는 건망증이 생기고 많은 것을 기억하지 못하게 된다. 금식은 두뇌 건강학으로 머리의 혈액 순환이 좋아지고 날마다 죽어가던 뇌세포가 멈추게 되고 기억력이 되살아나고 두뇌가 활성화되기에 머리가 맑고 깨끗해져서 모든 두통증도 없어지게 된다. 암기하는 능력도 생긴다.

(9) 자신감이 생긴다

자기 자신을 과대평가하는 것도 문제이지만 자기 자신을 너무 과소평가해서 열등감이나 의욕상실증에 걸리면 안 된다. 성공한 사람들은 세 가지 말을 하지 않는다고 한다. '할 수 없다, 안 된다, 한계가 있다'라는 말이다.

금식하면 영성의 개발로 큰 은혜를 체험하게 되고 이제까지 한 일보다 더 큰 일을 할 수 있게 능력을 주신다. 할 수 있다. 하면 된다. 해야만 한다는 자신감, 사명감이 넘치게 된다. 자신과의 싸움에서 실패한 적밖에 없다 할지라도 세 가지 말을 하지 않는 다면 처음으로 자신과의 싸움에서 승리한 것이다.

(10) 용기를 갖게 된다

사단은 좌절감과 절망감을 갖고 와서 일하고자 하는 의욕을 빼앗아간다. 죄책감과 정죄 의식을 통해서 실패하게 만든다.

금식은 자신의 한계를 뛰어넘는 은혜를 체험할 수 있기에 용기를 갖게 된다. 현실의 문제를 주님의 눈으로 보게 하기 때문이다.

(11) 헛된 욕망을 억제하게 된다

땀을 흘려서 일하고 먹고살게 하신 하나님께서는 사람이 무엇으로 심든지 그대로 거두는, 심고 거두는 원리를 떠나 노력하지 않고 땀흘리지 않고 부(富)를 얻으려는 불한당(不汗黨)같은 잘못된 사고가 너무나 많은 오늘날, 자신의 위치를 지키고 열심히 살아가는 성도의 삶이 가장 아름다운 삶이다. 복권 열풍, 주식투자의 열풍, 경마, 카지노 등은 모두가 잘못된 가치관 때문이다. 금식은 허망한 욕심과 세상의 썩어 없어질 욕망을 억제하는 힘이 있다.

(12) 명랑한 기분을 갖게 된다

금식을 하면 세상 일에 너무 신경을 쓰고 사사로운 일에 신경을 써 왔던 모든 일에서 놓여지기 때문에 마음에 평강이 넘치고 기쁨이 넘치게 되며, 명랑한 기분을 갖게 되어 긍정적인 사람이 되며 누구와도 어울릴 수 있는 큰 사람이 된다. 마음이 밝은 사람이 되기 때문에 매사에 진취적이고 적극적인 사람이 된다.

(13) 능력과 지혜가 개발된다

지금까지 갖고 있던 능력이 아니라 더 큰 능력으로 개발되며 위로부터 주신 지혜가 금식으로 하나님을 아는 지혜로 세상 사람에게 하나님을 증거하는 지혜로 개발된다.

사사로운 일이나 작은 일에 얽매여서 자신의 일을 바로 처리하지 못하는 일들이 모든 일을 바로 처리하는 능력으로 개발되는 것이다. 인내력, 지구력, 일을 감당하는 능력으로 개발이 된다.

3) 신체적인 보상
(1) 건강이 증진된다

몸이 약한 사람이나 질병에 걸린 자가 치료될 뿐만 아니라 건강이 더욱 좋아진다. 공해시대에 살고 있는 현대인에게 금식이 이처럼 필요한 때가 없었다. 건강한 사람도 금식하면 건강 상태가 더욱 좋아진다. 이 세상에는 완전히 건강한 사람이란 없다. 날마다 음식을 먹고 살아가며 많은 일을 해야 하는 생명체이므로 병이 들고 연약해지기에 금식으로 건강이 좋아지고 육신의 노폐물이 배설되어 몸이 가볍고 영육간에 건강이 좋아진다.

(2) 허약한 몸이 건강하게 된다

태어날 때부터 선천적으로 체질이 약한 사람이 있고, 후천적으로 너무 과로하고 과념해서 몸이 약해진 사람도 있다.

몸이 약하다는 말은 위장이 약하다는 말이다. 먹은 음식을 소화시키고 영양분을 흡수시키며 찌꺼기를 배설하는 것이 이루어지지 않아서 오는 현상이다. 위(胃)는 둘이 아니고 하나 뿐이다. 위의 과로가 몸 전체의 과로가 되었기에 위장에 휴식을 주면 약한 위장이 강한 위장이 되어 먹는 음식이 소화가 잘 되고 허약한 몸이 치료되는 것이다. 소화기 계통의 질병을 치료받아야 건강하게 된다.

(3) 노이로제가 해소된다

지나친 신경을 써서 온 병이다. 금식은 생리적 휴식이기 때문에 육신뿐 아니라 정신에까지 절대적 영향을 미친다. 스스로 감당할 수 없는 문제가 스스로 감당할 수 있다는 자신감이 생겨서 노이로제 증상이 사라지게 된다.

(4) 스트레스도 해소된다

주위의 환경과 사람을 통하여 받는 정신적 에너지의 소모로 육신도 약해져서 기분이 우울하고 기쁨이 없고 소망이 없는 것처럼 보이나 금식은 기분을 상쾌하게 만들고 자신감을 회복시켜 스트레스를 물리칠 수 있게 된다.

(5) 젊어지게 된다

금식이 회춘(回春)의 비법임은 자연의학자들에 의하여 오래 전에 밝혀진 사실이다. 금식하면 몸 속에 노화된 세포, 병든 세포가 떨어져 나가고 새로운 세포가 생성이 되고 몸 전체가 깨끗해지기 때문에 몰라볼 정도로 달라지는 것이다. 한번에 장기금식을 못하는 경우라도 매월 3일 씩만 1년을 금식하면 예전의 사람이 아닌 새로운 사람이 된다는 것이다.

(6) 정력이 증진된다

오염된 세상이기에 성 기능 장애자들이 많이 있다. 현대의학으로도 치료되지 않는 병이 금식으로 치료되어 회복되는 경우가 많이 있다. 건강한 체질이 되기 때문이다. 세포가 갱신되어 생명력이 강화되어 체력이 향상되기 때문이다.

(7) 불로(不老) 장수하게 된다

모든 사람에게 소망이 있다면 늙지 않고 오래 사는 것이다. 늙는 것은 몸 속의 세포가 노화되기 때문이다. 몸 속에 적체된 모든 독소를 배출하게 되므로 수명이 연장되는 것이다. 금식은 세계 제 1의 장수약이 된다는 말은 과학적이고 의학적인 말이다. 영양의 과잉은 노화를 촉진하고 수명을 단축시키기 때문이다.

(8) 비만증이 치료된다

현대에 와서 비만증은 모든 병의 원인이라고 한다. 운동량은 부족하고 영양은 과잉되어 체내에 축적이 되므로 소모되지 않은 열량이 쌓인 것이 비만이다.

금식하면 소모되는 것은 거의 지방질이다. 심장조직, 뇌 세포 조직은 거의 소모되지 않는다. 몸에 불필요한 저장된 과잉 영양부터 소모되기 때문에 이 과정에서 비만증이 교정되고 치료된다.

(9) 몸이 야윈 사람은 살찌게 된다

위(胃)가 무력증에 빠지고 약해서 영양분의 흡수가 잘 이루어지지 않기에 살이 안 찌는 것인데 위장이 치료되면 건강한 몸으로 변화되며 살찌게 된다.

어떠한 약을 먹어도, 음식을 먹어도 살찌지 않는 사람은 위장을 치료받으면 문제가 해결되는 것이다.

(10) 얼굴이 고와진다

금식은 피부 미용학 이라고 한다. 피부를 통하여 모든 독소가 배출되었기에 피부가 아름다워지고 곱게 된다.

혈색이 좋아지기에 얼굴에 빛이 나고 고와지는 것이다. 피부에 생기는 여드름, 피부염, 각종 피부병이 치료되고 아름다운 피부가 되기 때문이다.

(11) 피로를 모르게 된다

모든 사람은 과로, 과식, 과음, 과념, 과력, 과색 때문에 육체의 장기가 휴식을 갖지 못해 피로가 온다.

특히 위장의 피로가 모든 장기의 피로와 연결되기에 금식하면 모든 장기의 휴식이 되므로 놀랍도록 몸이 가볍고 피곤을 모르게 된다.

(12) 수면시간도 줄어든다

하루에 7~8시간을 자고 나면 피곤하지 않아야 하는데, 그래도 늘 피곤하고 몸이 무거운 사람은 금식을 하고 나면 수면 시간이 6시간 정도만 되어도 전혀 피로를 모르게 된다. 금식 후에는 수면 시간이 줄어들어 많은 일을 할 수 있게 된다.

(13) 음식이 맛이 있다

입이 까다로운 사람이 많이 있다. 입맛을 찾기가 어려운 시대에 살아가고 있다. 너무나 오염된 음식과 정제식품, 가공식품으로 혀가 잘못 길들여져 모든 음식이 맛이 없는데, 금식하면 입이 겸손하게 되고 혀가 본래의 맛을 찾을 수 있기에 모든 음식이 맛있게 된다.

어린 아이들이 밥투정을 하면 금식해서 치료받을 수 있다.

(14) 체질이 개선된다

금식은 체질 자체를 바꾸어 버린다. 알레르기 체질, 허약 체질, 비만 체질, 산성 체질, 선병성 체질이 바뀌어져서 수십 년 치료받지 못한 질병들이 치료되는 것이다. 손발이 차고 겨울에 추위를 많이 타서 옷을 몇 겹씩 껴입은 사람도 금식하면 몸이 뜨거워지고 체질이 바뀌어서 내복을 입지 않고도 겨울을 지낼 수 있게 된다.

(15) 암, 노인병 등 모든 병을 예방한다

현대인의 모든 병은 난치병으로 치료보다 예방이 훨씬 중요하다. 암이 발병되기 전 이미 수년 전부터 암세포가 자라서 병이 된 것이다. 누구에게나 몸속에 질병의 세포를 가지고 있다. 연령, 환경, 시기에 관계 없이 언제나 금식하면 모든 질병의 균이 소멸되고 건강 체질이 되는 것이다. 금식은 질병에 대한 예방의학이다. 병들기 전에 금식해야 하며 건강할 때 금식해야 평생 질병에 걸리지 않는다.

(16) 난치병, 만성병이 치료된다

금식은 칼을 쓰지 않는 수술요법이요, 약을 쓰지 않는 치료요법이다.

자연계의 모든 동물은 병들면 일체의 음식 먹는 것을 중지하므로 스스로 병을 치료하는 것이다. 하나님이 주신 자연 치유력 때문이다. 사람만이 이 귀한 진리를 모르고 인간적인 방법으로 치료해 보려고 노력하지만 질병의 근본적인 치료가 아닌 부분적인 치료만 시킬 뿐이다. 금식은 몸 전체를 치료하는 종합의학이다.

(17) 식생활이 개선된다

잘못된 식생활을 고칠 수 있다. 음식을 너무 많이 먹는 과식, 밤늦게 먹는 야식, 식사 중간에 먹는 간식, 여러 가지 화학 조미료를 가미해서 먹는 첨식, 맛있는 것만 찾아다니며 먹는 미식, 달고 맛이 있다고 먹는 정제식, 가공식의 잘못된 식생활 습관을 치료받을 수 있다.

식생활의 개선이 없이 건강할 수 없기 때문이다.

12장_ 금식과 건강

"하나님이 일곱째 날을
복 주사 거룩하게 하셨으니
이는 하나님이 그 창조하시며
만드시던 모든 일을 마치시고
이 날에 안식하셨음이더라"
창세기 2장 3절

12장_ 금식과 건강

가장 큰 복은 건강의 복이다. 완전한 건강 자가 없기 때문이다. 육체적 질병뿐 아니라 정신적인 병 영혼의 질병까지 계산하면 온전한 사람이 없기 때문이다. 육체의 장애자까지 합하면 건강하게 살아간다는 것은 가장 큰 은혜요 축복이다. 전 국민의 1%가 장애자라고 한다. 21세기는 공해의 시대요 오염의 시대이기에 건강하기가 더욱 어렵다. 건강의 불안시대에 현대병은 날로 늘어가고 있는 것이 오늘의 현실이다. 인간을 만드신 하나님은 병원을 만들지 않으셨고 약이나 수술칼을 만들지 않으셨다. 인간이 죄를 짓기 전에는 질병, 고통이 없었다. 죄의 댓가로 질병이 왔다. 금식일을 정하고 죄를 회개하고 하나님께 기도하면 응답 주시고 질병이 치료되고 건강한 삶을 살 수 있게 된다.

WHO의 건강의 7가지 조건
① 무엇을 먹어도 맛이 있다
② 잠을 잘 잔다(숙면)

③ 변을 잘 본다(쾌변)
④ 평소에 감기 기운이 없다
⑤ 체중이 항상 일정하다
⑥ 금방피로를 느끼지 않는다
⑦ 항상 즐겁고 명랑하다

1. 생명력 회복

생명은 존귀한 것이고 유일한 것이고 아름다운 것이다. 시들어가는 나무, 꽃, 생물은 아름답지 않다. 문명화된 생활 속에서 하루하루의 삶에 권태감을 느끼고 피로감을 느끼고 즐거움을 잃고 살아가는 것이 우리들의 삶이다.

금식은 타성에 빠진 신체를 활성화 시키는 충격요법이다. 이른바 신체는 자극을 받으면 정상으로 돌아가려는 작용이 나타나는데 이와 같은 정상화작용이 인체에 유익한 방향으로 극대화 되는 것이 금식의 효과이다. 음식물이 들어오지 않은 상태에서 정상기능을 유지하기 위하여 인체는 비상상태를 선포하게 되고 스스로 자기를 지키려는 정상화 작용에 의하여 인체의 저항력이 강화되고 생명력이 회복되는 것이다. 금식은 현대인들의 무분별한 식생활, 환경공해, 식품의 오염, 수질의 오염, 운동부족에서 살아야 하는 열악한 조건에서 생존해야 하는 모든 이에게 심신을 새롭게 하고 하나님과의 관계를 바르게 하는 가장 좋은 길이다. 금식은 죽어가는 인체의 모든 생명력을 회복시키려는 하나님의 마지막 방법이다.

금식을 예수님은 성도의 자연스러운 생활양식으로 말씀하신 것이다.

육체와 마음과 영혼을 새롭게 하시는 생명력의 회복이다. 인체의 모든 기능이 회복되기 때문이다.

2. 생리적 휴식

세상을 창조하신 하나님은 6일간 일하시고 하루를 쉬셨다. 인간에게 휴식이 없다면 살아갈 수 없다. 현대인의 질병은 과로에서 왔기 때문이다. 과식, 과음, 과욕, 과념, 과력이 과로를 가져왔기 때문이다. 현대인은 일을 너무 많이 해서도 과로이지만 한번 먹은 음식은 적어도 10시간 이상이 되어야 소화된다. 하루도 쉬지 않고 3끼의 식사로 모든 기관이 혹사를 당한 것이다. 기계도 계속 사용하면 고장이 나게 되어 있다. 인체는 1주일에 하루를 휴식하도록 하나님께서 창조하셨는데 이 법칙을 어겼기 때문에 육신에 질병이 온 것이다.

금식은 노폐물의 청소요 독소를 제거하고 쓰레기를 배출하는 것이다. 성도는 금식을 통해 새로운 안식과 기쁨과 능력을 얻게 된다. 양평금식기도원의 통성기도 장면.

금식하면 인체 모든 기관에 완전한 휴식을 주게 된다. 하나 밖에 없는 위장의 혹사는 만병을 가져왔다.

'위장의 휴식은 몸 전체의 휴식이다.' 인체의 죽음은 장내에서 오기 때문이다. 현대에 환자가 늘어가는 원인은 현대 영양학의 잘못이다.

먹고 마시는 것은 휴식이 될 수 없다. 가장 좋은 휴식은 금식이다. 자연계의 모든 동물들은 병들면 절대로 음식을 먹지 않는다. 하나님이 주신 자연 치유력을 알고 있기 때문이다. 미련한 개도 자신의 육체에 병이 오면 며칠간 먹지 않고 자신을 치료하는 것이다. 만물의 영장이라고 하는 인간만이 하나님이 주신 지각을 잃어버려 먹고 마시는 것이 생활화 되고 너무나 습관화되어서 이것을 끊기가 어려운 것이다. 금식을 하게 되면 몸의 전체는 생리적인 휴식이 주어지기 때문에 그동안 몸속에 쌓인 모든 독소와 노폐물이 배설되고 갖고 있던 질병이 금식현상으로 모두 드러나게 되고 진단이 된 질병은 치료가 시작되는 것이다. 이 과정은 너무나 과학적으로 이루어지고 의학적으로 어떤 부작용이 없이 온전하게 이루어지는 것이다.

3. 노폐물 배출

인체는 24시간 끊임없이 움직이기 때문에 많은 노폐물이 발생한다. 몸에 장애를 주기 때문에 독소라고 하고 몸의 찌꺼기이기 때문에 노폐물이라고 하며 몸에는 전혀 필요치 않기에 쓰레기라고 한다.

금식은 노폐물의 청소요 독소를 제거하고 쓰레기를 배출하는 것이다. 옛날 시골에서 산의 나무를 해다 아궁이에 불을 때고 살았다. 굴뚝에 검댕이가 차면 불길이 들어가지 않고 불이 밖으로 나오기에 눈물을 흘린다. 질병은 굴뚝 속의 검댕이가 된다. 검댕이를 아무리 청소하려고 해도 불을 때면서는 할 수 없다. 식사로 영양을 섭취하면서 약을 먹고 온천에 가서 요양을 해도 검댕이를 제거할 수 없다. 불을 때는 것을 중지하고 굴뚝청소를 해야 한다. 영양공급을 중지하고 질병의 식량을 봉쇄하면 체액으로 하여금 몸속에 있는 모든 노폐물을 청소하는 방법이 금식이다. 하늘의 힘이요 전능하신 하나님의 능력이다. 의학은 그릇에 담긴 물이요 대자연의 힘인 금식은 바다의 물이다.

4. 호르몬 분비 촉진

인간에게 주신 호르몬은 모든 병을 예방하고 신체기능을 원활히 한다. 목구멍의 갑상선 속에 있는 아주 적은 양의 옥소 호르몬은 값으로 500원어치 밖에 안된다. 500원어치의 옥소에서 100원어치만 제거하면 사람은 백치가 되고 100원어치 늘리면 심장이 뒤틀려 목숨을 조이게 된다고 한다. 미국에서는 멜라토닌 신드롬이있다 DHEA라는 약이다. 뇌의 송과선에서 분비되는 호르몬으로 시차극복에 탁월한 효과 있고 노화방지, 수명연장, 활력을 유지한다고 한다.

금식하면 인체 생리학적으로 부신피질에서 코르틴이라는 호르몬을 통하여 병이 치료된다. 병이 들면 모든 동물은 금식하여 치료 받는 것이 본능이고 대자연의 힘이다. 인간의 질병을 치유케 하는 지상명령을 내리는 곳은 부신피질 호르몬이다. 이것이 자연 '양능'의 힘이다.

이것은 불가사의한 인체 생리이다. 금식하면 뇌하수체와 갑상선, 고환, 난소 등의 호르몬 분비를 촉진해주어 각 기관이 눈에 띄게 젊어진다. 호르몬 분비가 활발해지면 피부에 윤기가 나고 기름지게 되어 젊음의 생리를 누릴 수 있다. 소나무에 상처가 나면 송진이 나오는 것은 치병의 본능이다. 진시황은 금식의 방법을 몰라 불로장생의 비약을 구했으나 얻지 못했고 기름진 음식으로 49세에 죽었다.

5. 혈액의 정화

레 17:11, 육체의 생명은 피에 있다. 혈액(피)은 두 가지이다.

적혈구는 간장으로부터 영양분을 세포로 운반해 주고 세포에서 생기는 독을 몸 밖으로 몰아낸다. 그리고 백혈구는 병균을 잡아먹는 일을 한다. 피를 깨끗케하고 백혈구를 강하게 하는 것이 건강의 길이다. 동양의학에서는 '만병일독' 이라는 말이 있다. 만가지 병은 한가지 독에서 왔다는 것이다. 과식, 가공식을 하면 피가 더러워져서 적혈구 백혈구의 기능이 약화된다. 금식하면 과식이나 가공식, 정제식, 약으로 생긴 몸속의 독이 모두 배출되어 피가 맑아지고 혈구수가 증가하여 기능이 강화된다.

현대인들은 왜 혈액이 깨끗하지 못한가?

의식동원이란 말이 있다. 의약과 음식의 근원이 같다. 잘못된 음식습관, 생활습관으로 인조병, 식원병이 되어 각종 성인병이 되었다. 무절제한 음식습관, 각종공해, 화학약품으로 피가 깨끗하지 못하다. 금식은 각종 스트레스로 인한 심적 충격, 운동부족에서 오는 모든 것을 예방 할 수 있다. 피가 깨끗해야 건강한 것이다. 금식은 혈액을 깨끗케한다. 정화능력이 향상된다. 얼굴에 여드름, 주근깨, 각종 모든 피부에 있는 각종 질병을 깨끗케 한다. 사람의 신체 속에 치유력이 있다. 하버드대의 '리차드 케보트 교수는 "육신 속에 흐르고 있는 회복의 힘, 균형을 이루려는 힘. 보상의 힘, 방어력 이것이 하나님의 치유력"이라고 했다. 혈액이 깨끗하게 되어 인체의 정화작업능력이 이루어지는 것이다.

6. 체질 개선

병적 현상이 자연히 소멸, 신체기능이 정상으로 회복, 현대의 만성병은 70%가 산성체질에서 왔다. 식생활의 70%가 산성식품을 섭취했기 때문이다.

건강한 사람의 체액은 PH 7.4 내외의 약알칼리성이다. 이러한 상태일 때 신진대사가 가장 왕성하며 질병에 대한 면역력도 강해서 건강한 삶을 누릴 수 있다. 환경 공해, 식수의 오염, 가공식품, 육류 등 식생활의 잘못, 운동 부족, 스트레스 체질의 산성화는 각종 알레르기 성인병의 원인이다. 체질을 바꾸려면 노폐물, 유해물질을 해독, 분해해서 몸 밖으로 배출시키고 체액을 알카리화해야 한다. 물은 인체의 해로운 것을 몸 밖으로 내 보낸다. 물은 자연의학이 제시하는 가장 좋은 약이다.

병 잘 드는 체질은 건강한 체질로 약한 체질은 강한 체질로 바뀌어진다. 체질의 개선이 이루어진다.

병적현상이 자연히 소멸된다. 신체기능이 정상으로 회복된다. 체내에 쌓여 있던 숙변이 제거되어 병적 조직, 지방조직, 신장, 간장 조직이 소모되고 중추조직, 심장조직은 최후까지 소모되지 않는다. 히포크라테스는 "원래 인간은 질병을 고치는 힘을 가지고 있다. 의사는 그 힘을 충분히 발휘할 수 있도록 도와주기만 하면 된다. 만일 신체의 대청소가 되어 있지 않은 상태에서 먹고 싶은 만큼 다 먹어 버리면 그 분량만큼 몸에 해가 되는 것이다. 환자에게 너무 먹이면 질병까지 보태 주는 꼴이 된다. 모든 일에 있어서 도가 지나치는 일은 자연에 역행하는 것임을 명심해야 한다"고 했다.

40일 금식자 - 지방 97%, 비장 63%, 근육 30%, 혈액 17%, 간장 56%, 신경중추, 신경, 뇌세포 0%이다 현대병의 70%는 산성체질이다. 산성체질은 알카리성 식품을 많이 섭취해서 혈액의 산알카리 조화를 도모하는 것이 현명한 식생활이다. 실제로 산성체질의 소유자가 알카리성 식품인 야채류, 해조류를 날마다 많이 먹으면 알카리성 체질로 변혁된다. 그러나 혈액은 일시적으로 알카리성으로 기울지만 체질은 알카리성으로 변하지 않는다. 산성체질이 적응이 된 상태에서 알카리성 식품을 섭취하는 것으로 몸 자체가 알카리성 체질로 변할 필요가 없게 된다. 진정한 알카리성 체질이란 자기 체내에서 알카리를 만들고 그것을 놓치지 않도록 되어야 한다. 금식은 체질을 개선한다. 음식물의 투입이 중지되면 생활에 필요한 에너지는 체내에 저장된 글리코겐 지방 단백질이 분해되고 연소되어 충당된다. 금식 중에는 자신의 살을 먹고 살아간다. 완전한 육식이요 산성식이다. 금식 중에는 비타민류도 섭취하지 않아서 지방이나 단백질의 분해가 원활 할 수 없게 된다. 그렇기 때문에 지방이 완전 연소되지 않고 산성물질이 체내에서 산출된다. 금식 중 구토증의 원인이 산성체질일수록 강하게 일어난다. 신체는 많은 고통을 느끼게 된다. 고통 속에서 신체는 어떻게 해서든지 알카리성분을 체내에서 만들어 내는 기능으로 전환하지 않을 수 없는 상황으로 몰리게 된다. 마침내 체질이 변할 수 있다. 산성체질에 완전한 산성식이 비합리적인 방법 같아도 체질이 바뀌어 지는 것이 금식이다.

금식 중 구토를 하는 경우는 아래와 같은 질병을 갖고 있는 경우이다.

위궤양, 십이지장궤양, 장관의 유착, 숙변의 정체, 산성체질, 폭음 폭식으로 위벽이 헌 경우

7. 자연 요법

어느 목회자는 건강의 비결을 소식, 채식, 금식이라고 했다.

15년간 아침을 금식, 매주 수요일 금식, 1주일 금식을 1년에 4번 했고, 점심은 보통사람처럼 먹고 저녁은 채식했더니 질병 없이 건강하게 살았다는 것이다.

질병을 다스리는 방법으로는,

자연요법 ; 인간은 소우주이다. 자연의 일부이다. 햇빛, 공기, 물, 흙, 곡식, 채소, 일광욕, 삼림욕, 토사용법, 광천수요법, 풍욕, 냉온욕

정신요법 : 자기에 대한 깨달음, 자연과 같은 무소무욕의 마음을 갖는다. 질병을 이길 수 있다. 정신건강은 몸의 자연치유력으로 자신감을 갖게 한다.

생활요법 : 식생활(곡채식 민족)은 가공식품을 먹지 않는다. 가공식품의 천국은 바로 건강식품의 지옥이다. 적당량의 염분과 좋은 물을 충분히 마신다. 입는 옷은 통풍이 잘 되어지는 옷을 입어야 피부도 건강하다. 주거생활은 공동체적인 삶으로 더불어 살아야 건강하다.

바로 건강의 비결은 절제 있는 삶이다(소식, 소욕, 소언).

현대병의 주범은 서구식 먹거리이다 패스트푸드가 정크 식품이기 때문이다. 국민 전체 인구의 10%가 당뇨병 10%가 간질환 환자이다. 불치병 난치병 만성질환으로 질병에 시달리는 현실이다.

한국인의 영양섭취에 적색경보가 켜졌다. 10년 전만 해도 보건 당국

이 "동물성 단백질을 섭취할 것"을 권고 했으나 최근에는 국민들의 영양섭취를 말려야 하는 상황이다. 최근에는 육류와 지방의 과대섭취를 말려야 한다. 단백질 섭취량 권고치의 124.1%, 지방은 113%, 비타민A 섭취량 74.2%, 칼슘 86.7%이다. 현대는 5저식 품이 인기(저지방, 저열량, 저당분, 저염, 저알콜) 있다

현대인의 질병의 종류 5만종 중에 원인이 규명된 것이 2000가지 뿐이다.

인간은 자연의 산물이다. 인간들은 자연에서 비롯되고 자연에서 살아가며 자연을 먹고 자연으로 돌아가는 자연의 산물이므로 비단 농사만이 아니더라도 자연 그대로 순수성을 지나치게 벗어나서는 우리 스스로 만든 독극물 속에서 도저히 헤어 나올 수 없다. 화학 물질에 오염되어 인간이 악해지고 독해지고 있는 현실이다. 앞만 보고 살아와서 명예 물질로 오염이 되어 아수라장 같은 세상이 되었다. 오염된 독극물을 너무 많이 먹고 살다보니 몸속에는 무서운 암이 자라도 알 수 없는 것이다. 현대병은 자각증상이 없고 보니 치료의 시기를 놓쳐서 회복할 수 없는 경우가 너무 많은 것이다. 금식은 병을 치료할 뿐 아니라 모든 병의 근원을 배출시키므로 예방할 수 있는 효과도 있는 것이다.

자연에 순응해야 건강하다. 간디는 "이 세상은 우리의 필요를 위해서는 풍요롭지만 우리의 탐욕을 위해서는 궁핍한 곳이다"라고 말했다. 인간의 탐욕을 버리고 자연 질서에 순응하는 법을 배워야 건강하게 살 수 있다. 자연이 주는 적당한 양의 식물을 섭취해야 건강하다. 가공식품을 멀리하고 제철에 나는 식품을 먹으라. 비만은 건강의 적이다

야생동물은 자기에게 주어진 수명 다하고 자연으로 귀화한다. 천명을

다하고 건강하게 산다. 인간만이 오염된 환경, 오염된 육식, 스트레스 때문에 100만 명 중 1명만이 자기 수명을 누린다.

8. 예방 진단

모든 질병을 예방하는 예방의학이요 치료받는 치료요법이며 모든 병의 뿌리 뽑는 근본 요법이다. 모든 병을 진단하는 진단의학이요 모든 질병을 수술하는 수술의학이다(출 15:26, 벧전 2:4).

병아리는 태어나자마자 3일 금식한다. 미국백과 사전에서 동물들이 금식하는 기간은 아래와 같다.

쥐→6일, 토끼→15일, 개→38일, 전갈→12개월, 개구리→16개월, 거미→17개월, 물고기→20개월, 비단뱀→13개월.

인도의 간디는 3주 내외의 금식을 17회 했다. 금식요법으로 77세에 피살되었다. 당시 인도의 평균수명 23세였다. "내가 가진 이 에너지와 큰 힘은 금식으로 말미암아 내 육체가 정화되었기 때문이다"

동양의학 365가지의 약재가 있다고 한다.

상약(120)은 독성이 없고 잠복해도 무방하고 질병예방의 좋은 약이다. 중약(120)은 사람의 기운 기르는 약으로 잘 쓰면 약 못 쓰면 독. 오래 복용하면 해가 된다(보약이다). 하약(125)은 병치료약으로 독성이 있어 오래 복용하면 해가 된다. 상약은 평생 먹는 밥이다. 그러나 제일 좋은 약인 밥을 먹고 병들었으니 금식해야 한다.

9. 숙변의 배설

인간은 나이를 먹어감에 따라서 자아가 이완되고 하수된다. 결과는 장벽에 많은 주름살이 생기고 그 속에 변이 정체되어 잠을 자게 된다. 대장이나 소장에 정체되어 있는 변을 숙변이라한다. 이와 같은 숙변으로 소화흡수의 장해 뿐 아니라 각종 유효 가스를 발효시켜 이것이 인체에 흡수되므로 많은 질병의 원인이 되고 인체의 노화를 촉진하는 것이다.

숙변을 완전히 배설시키면 장의 소화, 흡수, 배설 능력이 왕성해지기 때문에 음식물 중에 함유된 영양분을 완전 흡수하게 되어 소량의 음식물로도 충분한 영양공급이 가능하게 되고 위장의 피로와 쇠약을 예방할 수 있으며 위장의 모든 질병이 치료된다.

10. 체액의 분비

식생활에서 산성식품과 알카리성 식품이 균형을 가져오지 못해서 질병에 걸린다. 현대병 70% 산성체질이다.

산성식품은 육식과 오백식품(흰쌀, 흰밀가루, 흰소금, 흰설탕, 흰조미료)이다. 주요 알카리성 식품은 채곡식, 해조류, 견과류인데, 산성식품의 과잉으로 위궤양, 동맥경화, 고혈압, 심장병, 당뇨병, 신경통, 류마티즘, 신장병을 일으킨다.

우리 질병의 70%는 산 중독증에서 기인한다. 체액이 산성으로 기울면 체력의 약화를 가져온다. 노동과 활동을 하면 체액이 산성이 되고, 안정, 휴식을 취하면 체액은 알카리성으로 기운다. 일과 휴식의 조화를 이루지 못하면 산성체질이 되고 염려, 근심, 불안, 두려움 등 각종 스트레스는 체액을 산성화 시킨다. 금식하면 체액이 PH 7.4 약알카리성이 되어 모든 질병이 치유되고 어떤 질병에도 이길 수 있는 항체가 된다.

금식은 모든 질병의 예방 및 치료에 적용되며 체질개선, 불로장수, 심신의 상쾌함, 두뇌명석 영성 등 금식은 모든 병에 적응한다

11. 자연치유력의 극대화

자연치유력이다. 생물은 본래 스스로 자기 생명을 바르게 지키며 치료하는 자연 치유력을 태어날 때부터 부여 받은 것이다. 이 능력은 하늘이 각자에게 주신 것이다. 사람에게 몸을 맡기는 것이 아니라 자연에게 맡기는 방법이다. 육체적 정신적 영적으로 정화하여 최고의 활력과 최상의 건강을 보증해 주는 것이다.

야생동물은 병들면 먹지 않는다. 이것이 자연의 이치이다. 자연을 거역하면 반드시 댓가를 지불한다. 인류 역사상 가장 큰 위기의 시대에 살아가고 있다. 가장 큰 일은 3가지이다. 포식, 물질과잉, 생태계의 변화이다.

건강하게 사는 것이 하나님의 뜻이다. 병든 사람 치료 받는 것이 하나님의 뜻이다. 성부 하나님의 이름은 여호와 라파 치료하시는 하나님이시다. 예수님의 이름은 자기 백성을 저희 죄에서 구원할 자 의 뜻이다 기독교의 구원은 전인구원으로 영혼육의 구원이다. 보혜사 성령은 병고치는 은사를 주셨다.

공해시대를 살아가는 모든 사람에게 건강은 필수적 조건이다. 건강한 삶의 비결은 금식에 있다. 자연계의 모든 생명체가 이것을 증거한다.

현대의학은 약물요법과 수술요법의 두 가지이다.

약을 먹으면 병이 낫는다는 것은 현대의학의 상식이다. 그러나 약의 부작용에 의하여 오히려 병에 걸리는 무서운 시대를 직면하고 있다. 약

의 부작용, 약의 공해로 기형아 산출(살리드마이드) SMON병(키노포름(위장약), 연용, 위궤양(부신피질호르몬 연용), 당뇨병 등이 발생하고 있다.

　이처럼 약으로 병을 고치려면 약의 부작용에 의한 병이 온다. 지나치게 약에 의존하고 있다. 약물중독자가 많이 있다. 모든 생물은 몸에 이상이 생기면 이상을 고치는 힘 즉 자유 치유력을 가지고 있다. 금식은 병에 걸리지 않는 건강법(예방의학), 약을 쓰지 않고 병을 고치는 치료의학이다. 약은 본래 독이라 할 수 있다. 이 독을 써서 병의 증상을 제압하려는 것이 투약이며 여기에 현대의학이 맹점이 있다. 병은 약으로 낫는 것이 아니라 스스로의 생명력으로 나을 수 있다. 자연 치유력을 갖고 있기 때문이다.

　인간에게 제일 좋은 약은 휴식과 금식이다(벤자민 프랭클린). 초대교부 요한 크리도스톰은 "금식은 약이다" 영혼, 정신, 육신, 생활을 치료한다고 말했다. 금식은 자생력을 강하게 해서 몸속의 모든 병을 스스로 치료시키는 자연 치유력을 극대화시키는 방법이다. 육체에 병이 오면 제일 먼저 입맛이 없어진다. 이것은 육체가 더 이상의 음식을 요구하지 않는 자연의 현상이다. 몸 스스로 음식을 받아들일 수 있는 상태가 아니기 때문에 음식을 거부하는 것이다. 그뿐 아니라 육체가 너무 과로했기 때문에 휴식을 요구하는 하나의 표현이다. 피곤하므로 휴식을 해야 한다는 신호가 질병으로 다가온 것이다. 이와 같은 육체의 요구를 전폭적으로 받아들여서 휴식을 하게 하는 것이 금식이다.

12. 체력의 강화

몸이 약해서 금식을 할 수 없는 말보다 틀린 말이 없다. 몸이 약하다는 말은 위장이 약하다는 말이다. 소화, 흡수, 배설의 불균형으로 몸이 약해진 것이다. 자연의학인 금식을 통하여 질병을 치료할 뿐 아니라 태어나면서부터 퇴적된 병의 근원을 철저히 없애고 질병을 미연에 방지하여 참된 건강을 이루고 체력이 강화된다.

성인의 체중이 35kg 미만인 사람을 제외하고 모두 금식할 수 있다.

체력이 약한 사람은 반드시 장기금식을 해야 한다. 체력이 약하다는 말은 위장이 약하는 말이다. 위장병을 치료하려면 금식을 해서 위장과 모든 기관에 휴식을 주어야 한다. 잘못된 식생활의 습관으로 모든 사람이 위장병을 가지고 있기 때문에 금식이 필요하고 반드시 금식해야 한다. 36kg인 환자도 금식했고 40kg 체중도 21일 금식을 했으며 2세의 어린이도 10일을 금식했으니 누구든지 금식을 할 수 있다.

13. 식생활 치료

중세에 와서 금식법을 재발견한 사람인 이태리의 류드비고 코르나르 (1465~1566)는 35세부터 40세까지 수 없는 질환에 시달렸다. 의사의 사형선고를 받고 절식과 금식을 통하여 병을 고침 받고나서 많은 논문을 발표했다. 83세에 "절도를 유지하는 생활전술"이란 처녀작을 발표했다. "가난하고 불행한 이탈리아여! 그대는 매년 폭음, 포식에 의한 인간의 죽음이 페스트나 들판이 초토가 되는 전쟁에 의한 것 보다 훨씬 맹위를 떨치고 시민들에게 엄습하는 사실을 알고 있는가?" 이 말은 당시 유행인 지극히 부끄럽게 여겨야 할 대 주연에 기인한 것이었고 비생산적인 소비에 기인한 것으로서 이들 대연회가 수많은 전투에 뒤지지 않는 희생자 수를 내게 한다는 것을 되풀이 하여 강조했다.

최후의 것은 95세에 쓴 것으로 "무절제와의 투쟁을 위한 수단은 각자 사람의 수중에 있다. 제3자의 손을 빌릴 것도 없이 자신이 할 수 있는 방법을 잘 생각해 내어야 할 것이다. 그러하기에는 하등의 특별사항이 필요 없다. 자연 그 자체가 지시하는 간단한 규칙에 따라 살아 나가는 것뿐이다. 소식으로 만족하고 하나님의 섭리에 따라 행동하며 살아가기에 필요한 최소한의 양식을 섭취하는 것으로 충분하다" 이 필요한 분량을 조금이라도 초과할 경우 그것이 질환을 일으키고 죽음으로 연결되는 것이다. 오랜 순환 끝에 미각이나 만족감 등을 잃고 타계하게 되는 것이다. 무절제한 생활이 대식한의 자식이며 중용을 지키는 생활이 절식의 자식이라는 점에 대하여 이의를 내세우는 사람은 없으면서도 무절제한 삶이 용감한 것과 고상한 것의 상징으로 간주하고 절제하는 자의 삶을 부끄러워해야 할 성격의 소유자 인색의 상징으로 치부하고 있다. 이러한 잘못된 삶의 방식은 공복감을 참지 못하고 욕망대로 식욕이 시키는 대로 먹는 일상적 생활 습관에서 나온 것에 지나지 않는다. 이러한 식생활이 인간의 양식을 완전히 상실케하고 선행의 극히 세세한 길에도 발을 들여 놓지 못하게 해 결국은 부도덕한 겉늙은이가 되고 급기야는 치명적인 질병을 짊어지고 마는 것이다.

코르나로는 꼭 100세에 중부 북이탈리아의 종교적 중심지인 파도바시에서 소파에 기댄 채 문자 그대로 잠자듯 그의 생을 마쳤다.

바른생활이란 규칙 바른 식생활, 체조, 신선한 공기, 물, 일광욕, 노동과의 정상적인 조건조성, 유익한 습관을 갖고 나쁜 전봉을 거부하는 삶이다.

소련에서는 1970년 6월에 공포된 건강법의 법률에 "각자의 건강은 나라의 재산이다"라고 했다.

자기의 위장을 통제할 수 있는 사람은 바로 자기 자신이며 모든 다른 통제도 이 중심 통제에서 비롯된다. 금식은 위장을 축소시키지 않는다. 위벽을 확장시키지 않는다. 위의 소화액 분비를 유발시키지 않으며 위를 손상시키지 않는다. 장의 기능을 마비시키지 않는다. 심장을 약화시키거나 심장에 지장을 초래하지 않는다. 영양결핍으로 인한 부종을 일으키지 않는다. 결핵을 유발시키거나 결핵이 심화 되도록 방치하지 않는다. 질병에 대한 저항력을 감퇴시키지 않는다. 치아에 손상을 끼치지 않는다. 체내 각 선에 지장을 초래하지 않는다. 비정상적인 심적 상태를 유발시키지 않는다.

금식함으로서 얻는 유익은 각 생명 기관에 완전한 휴식을 제공한다. 음식물이 장내에서 부패되고 인체를 중독 시키는 것을 저지시킨다. 장을 비게하여 부패 박테리아를 제거한다. 배출기관들에게 적절하게 일하는 기회를 제공한다. 각종분비물, 저장물질, 질병조직 비정상적인 생활적 기능과 분비작용을 정상적으로 회복시킨다. 노폐물의 제거와 흡수를 촉진시킨다. 세포와 조직들을 생기 있는 상태로 회복시킨다. 에너지의 보존과 운반체계를 강화한다. 소화력과 동화력을 증강시킨다. 마음을 맑게하여 정신력을 강화시킨다. 전반적인 인체 기능을 향상시킨다.

13장_ 금식과 의학

"그리하면 네 빛이
아침같이 비췰 것이며
네 치료가 급속할 것이며
네 의가 네 앞에 행하고
여호와의 영광이
네 뒤에 호위하리니"
이사야 58장 8절

13장_ 금식과 의학

금식은 의학이다. 인간을 만드신 하나님은 병원을 만들지 않으셨다. 하나님이 창조한 인간은 불멸의 존재로 지음 받아 영혼도 육신도 병들지 않게 하신 것이 하나님의 뜻이었다. 인간이 죄를 짓고 잘못된 삶으로 영혼과 육체에 병이 와서 죽게 되었고 병들게 된 것이다. 하나님은 우주 만물을 창조하시고 보시기에 좋았더라 했다.

사람을 해 할 것은 아무것도 없었다. 하늘과 땅과 그 가운데 거하는 모든 것들은 온화했고 관대했으며 사람의 본성에 친근했다. 사람이 자신을 창조하신 하나님과 평화를 유지하고 있는 상태에서 모든 것이 창조되었고 이러한 조건 속에서는 어떤 불행도 인간에게 부딪힐 수 없었고 어려운 질병이나 고통이 없었다.

인간의 불행과 질병과 고통은 하나님과의 평화를 깨뜨린 원인이었으며 하나님을 거역한 불순종의 죄에서 왔다. 원죄로 말미암아 온 것이다.

하늘과 땅의 통치자를 거역한 이래로 철저하게 변했으며 부패하지 않는 구조는 부패를 덧입었고 불멸의 인간은 죽어야 할 운명으로 덧입었다. 복의 근원이 되시고 생명의 근원이 되시는 창조주 하나님을 거역한 죄 때문에 인간은 엄청난 재앙을 받게 되었다. 인류의 조상인 아담과 하와가 범죄한 시대부터 불행과 고통, 질병, 사망이 인간을 지배하게 되었다. 원죄 아래 태어난 인간은 자신의 몸에서 질병과 고통을 완전히 없앨수는 없고 죽음을 피할 수 는 없지만 질병으로 오는 괴로움을 줄이는 노력은 현실적으로 필요한 것이다.

이것이 성경의 원리이고 하나님의 방법이다. 나의 육신과 영혼을 의학에만 맡길 것이 아니라 하나님의 말씀대로 살아가면 특별히 절제하고 살수 있는 금식이야말로 가장 좋은 의학이요 하나님이 만드신 방법이다.

1. 금식은 자연 의학

루소, "인간이여 자연으로 돌아가라"

괴테, "인간은 자연으로부터 멀어 질수록 질병에 가까워 진다"

육신의 건강을 위하여는 자연을 스승으로 삼고 세상을 살아가야 한다. 자연이란 하늘과 땅 불과 물 나무와 땅 속의 광물질로 이루어진다. 이것이 밀접한 관계를 유지하며 서로 헤치기도하고 서로를 돕기도 한다. 자연에는 우리 인간의 생각으로 짐작할 수 없는 각종의 현상이 나타난다. 인간은 자연의 지배하에 살아가고 있다. 그러나 인간은 인위적인 힘을 가하여 자연을 개조하고 인간에게 유익하게 만들고자 한다. 자연을 훼손한 댓가는 반드시 인간 자신에게 돌아온다는 사실이다. 인간의 삶의 터전은 자연이며 인간은 지연의 일부이다. 자연에서 생명을 유지하고 자연에서 성장하고 발전했기 때문에 자연을 믿고 따르게 되어 있다. 자연의 법칙은 어길 수 없고 어겨서는 안된다. 자연의 법칙이 가장 순리적이기 때문이다. 순리에 따른다는 것은 자연에 적응한다는 것을 의미한다. 인간은 오랜 세월동안 자연의 변화와 같이 적응하고 변화해 왔다. 이것을 버리고 짧은 시간에 인위적인 어떤 개조가 이루어진다면 인간의 생명은 위협을 받는다.

현대의학은 인체의 자연 생리기능을 마비 약화시키는 일만하고 있기에 점점 더 많은 질병의 문제에 해결책이 없는 것이다. 인체는 특별한 사고가 없는 한, 스스로 조직을 강화하고 병균의 침입을 이겨내는 질병을 스스로 치유하는 면역체계를 갖고 있다.

자연에 의지하지 않는 습관 때문에 자신의 생명을 죽여가고 있는 것이다. 생물학상으로 인간에게 수명의 한계가 있을 수 없으며 인간이 노쇠해야 할 이유가 없다. 인체는 영원한 삶의 씨앗을 가지고 있기 때문이다. 자연에 순응하여 살아야 건강하고 모든 병을 이길 수 있다. 자연에 순응하여 살아가는 야생동물에게는 병이 없다. 문명의 이기로 움직이지 않고 편하게 살려는 인간 욕망이 무서운 질병을 가져온 것이다. 자연에 순응하는 건강법은 돈을 들이지 않아도 된다. 가장 값싸고 쉬운 것이며 누구나 얻을 수 있는 것이다. 가난한 사람도 부자보다 건강하게 살 수 있는 방법을 하나님이 주신 것이다.

집에서 키우는 개조차도 병이 들면 나을때 까지 굶는다. 하나님이 주신 본능이 마비되지 않았기에 자연의 요법으로 병을 고치는 것이다.

육신의 건강을 위해서는 야생동물에게서 배워야 한다. 금식은 자연의 학이다. 잘못된 식생활로 수명을 단축하고 있을 뿐이다. 과식하여 죽는 것은 인간, 가축, 동물원의 동물뿐이다. 가축인 개조차도 영리하기에 자연의 본능을 가지고 있다.

　금식하면 몸 안에 쌓여있던 지방과 과잉영양이 빠져나가기 시작하며 그때부터 생명자체의 활기가 나타나고 자연치유력이 증대된다. 생명은 본래 스스로 자기생명을 바르게 지키며 치료하는 자연 치유력을 태어날 때부터 받은 것이다. 이 능력은 하늘이 각자에게 준 자연 치유력이다. 사람에게 몸을 맡기는 것이 아니라 자연에게 맡기는 것이다. 금식은 약을 쓰지 않는 자연의학이다.

2. 금식은 치료 의학

　현대의학은 약물요법과 수술요법으로 사람을 치료한다. 하지만 금식은 약 없이 하나님의 말씀으로 치료하는 것이다. 세상의 어떠한 약에도 부작용이 있으나 금식에는 없다.

　"네 치료가 급속할 것이며…"(이사야 58:8)

　금식은 인체의 자기치유력, 자기복구력, 원기를 회복시키는데 있다. 치료는 인체 내의 생물학적 반응이다. 육체에 생리적 휴식을 주어 육체가 100% 자기 치유력을 발휘할 수 있다.

　금식은 육체, 그 자신을 도울 수 있게 하는 것이다. 각 기관의 휴식, 회복의 기회를 주며 독소와 노폐물을 배출하는데 필요한 생명력, 치유력을 향상시켜 준다. 생명력을 최고의 수준으로 높여준다. 소화흡수, 배설기관의 능력을 향상시켜 준다. 순환기능이 좋아져 소화가 잘 되고 체력이 증강된다.

　금식은 신체 내부를 정화시키는 왕도이다. 하나 밖에 없는 위장을 깨끗이 하는 것이다.

3. 금식은 수술의학

칼을 쓰지 않는 수술이다. 현대의학은 수술요법, 약물요법의 두 가지 방법으로 병을 치료한다. 현대의학인 과학의학은 수술요법 약물요법을 통하여 많은 병자를 치료했고 평균 수명을 연장시켜 큰 업적을 남겼다. 그러나 완전한 치료법은 아니다. 그것에 따른 부작용도 있기 때문이다. 금식은 칼을 쓰지 않는 수술요법이라는 것을 자연의 학자들은 많은 환자들의 임상실험으로 증명했다. 금식하는 성도들은 날마다 예배와 기도를 통하여 하나님의 말씀인 검으로 수술을 받는 것이다. 교통사고를 당했거나 당장 수술을 요하는 환자는 병원에 가서 수술을 받아야 한다. 그러나 오랫동안 만성적인 질병으로 고통을 당하는 사람들은 금식이야말로 하나님의 말씀으로 수술을 받는 것이다. 육신뿐만 아니라 인간의 정신과 영혼까지 완전케 되는 것이다.

4. 금식은 예방 의학

현대의학은 하나님이 인간에게 지혜와 지식을 주셔서 놀랄만한 성장과 성과를 거두고 있다. 그러나 질병을 치료하는 것보다 질병을 예방하는 것이 더 중요하다는 것을 알게 되었다. 건강은 건강할 때 지켜야 한다.

금식은 모든 질병을 예방할 수 있다. 금식하면 인간의 신체는 그 체내에서 축척되어 있는 물질에 의하여 살아가게 된다. 신체에 필요한 영양분, 단백질, 지방질이 공급되지 않으면 육체는 자기 분해, 자기소화를 시작하여 자신의 조직을 연소 소화한다. 그러나 그 과정은 결코 불균형적으로 이루어지는 것이 아니라 아주 훌륭하게 잘 이루어진다. 몸속에 있는 질병과 노화되어 쓸모없는 조직과 세포를 분해시키고 연소시킨다.

금식에 의하여 육체는 가장 불순하고 하급물질인 죽은 세포 좋지 못한 축척물, 종기, 지방, 노폐물 등을 모두 소화시키게 된다. 노화된 세포와 병적 조직이 분해 연소되는 동안 새롭고 건강한 세포가 발육되어 몸속에 있던 모든 질병의 근원을 깨끗하게 한다. 현대병을 막을 수 있다.

5. 금식은 종합 의학

금식은 육신 전체를 치료하고 진단하는 종합의학이다. 현대의학은 몸의 일부를 치료할 뿐이다. 한 부분을 치료해서는 근본적 치료가 이루어지지 않는다. 질병은 국소적이지만 병인은 전체적이라는 사실을 잊고

금식은 머리부터 발 끝까지 모든 질병을 한꺼번에 치료하는 것이다. 사진은 기도원 자매 숙소에서 함께 대화를 나누며 성도의 교제를 나누는 모습.

있다. 통증이나 고통은 하늘이 내리는 경고라는 것도 의식하지 못한다. 현대의학은 의학에만 의존할 뿐이다. 금식은 육신전체의 병을 치료하며 깨끗케 한다.

육체가 병이 들면 병원에 가서 치료 받아야 한다. 눈은 안과로 이는 치과로 귀는 이비인후과로 위는 내과로 가서 진찰 받고 처방받고 치료 받아야 한다.

그러나 금식은 머리부터 발 끝까지 모든 질병을 한꺼번에 치료하는 것이다. 전체를 치료하기에 종합의학이다.

6. 금식은 심신 의학

현대병은 심인성질환이라 한다. 육체뿐 아니라 인간의 심령이 병들었기에 함께 치료 받아야 한다. 이것을 제3의 의학이라고 부르기도 한다. 질병의 80%가 심인성질환이라고 하니 영혼과 심령이 함께 치료되어야 한다. 금식은 전인적 건강법이기에 몸과 마음을 함께 치료해서 심신의 조화로운 건강을 추구하는 것이다.

인체는 자생력을 갖고 있다. 즉 스스로 건강해지려는 능력이다. 대기 중 수많은 세균 바이러스, 독소, 발암물질이 들어 있어도 한시도 쉬지 않고 공기를 마시는 인류가 지구상에 생존해 있는 이유이다. 사람이 한 번 숨을 쉴 때 마다 들이 마시는 공기가 500cc이며 한 시간에 360리터를 흡입하면서도 사람이 살 수 있는 것은 자생력 때문이다.

자생력을 기르는 비결은 몸, 마음 심령이 정상이어야 한다. 규칙적 생활 적당한 운동은 자생력을 키울 수 있다. 한번 웃을 때의 효과는 땀이 흠뻑 배어나오도록 10회의 에어로빅을 하는 것과 같은 효과이다.

잠 17:22, "마음의 즐거움은 양약이다"
잠 18:14, "사람의 심령은 능히 그 병을 이긴다"
엡 4:26, "분을 내어도 죄를 짓지 말며 해가 지도록 분을 품지 말고"
이것은 하나님이 처방하신 처방약이다. 금식은 잘못된 심성을 치료한다.

7. 금식은 근본 의학

태초부터 하나님이 만드신 의학이다. 병원 약, 의사, 간호사, 수술도구, 주사를 만들지 않았다. 모든 생명력에 자연치유력을 주셨다. 인간은 스스로 병이 치료되는 경우가 일생동안 5만 번이나 된다고 한다.

5만 번의 치료는 외부에 의한 것이 아니라 내 육신 속에서 스스로 일어나는 사건이다. 자연계의 모든 동물들은 스스로 살아갈 수 있는 능력을 태초부터, 지음 받았을 때부터 창조주로 부터 부여 받은 것이다. 성장기간의 5~8배의 수명을 유지하는 것도 자연의 원리를 따라 살아가고 병들면 모든 음식을 거부함으로 질병이 없이 하늘이 주신 생명을 누리고 때가 되면 깊은 산속으로 들어가서 자연으로 귀화하는 것이다. 자연계의 모든 동물들은 질병이 없이 주신 수명을 누리는 것이 자연의 원리이다. 탐욕과 탐식하지 않고 먹을 수 있는 것만 먹고 절대로 과식하거나 포식하지 않고 살아가며 그나마 다 병들면 금식을 통하여 스스로 질병을 치유 받는 것이다. 금식은 하나님이 만드신 태초부터 존재해 온 근본 의학이기 때문이다.

8. 금식은 진단 의학

기계는 사람을 정확하게 진단하지 못하기 때문에 사람의 질병도 오진 없이 진단하지 못한다. 현대의학은 30%의 오진이 있다고 한다. 하나님의 진단은 정확하다

몸은 거짓말을 못한다. 금식을 통해서 내 몸의 모든 질병이 진단이 되는 것이다. 평소에 건강한 사람도 이상이 발견되는 것이다. 모든 질병의 70%는 위장병이라고 한다. 위장병의 70%는 신경성 위장병이라고 한다. 신경성 질환은 의학의 기구로는 진단되지 않지만 금식하면 모든 것이 드러난다. 평소에 소화 잘되고 건강한 것 같아도 위가 과로해 구토를 하게 되고 고통을 느끼는 것이다. 내 몸에 고통이 왔다면 그것은 질병이 진단되었다는 증거이고 치료가 시작되었다는 의미이다. 금식을 하면 금식 현상이 나타난다.

일반적 현상으로 공복감, 탈력감, 무력감, 피로감, 체중의 감소, 수면 시간의 감소, 설태의 발생으로 악취, 헛바늘, 구토, 복통, 두통, 소변의 혼탁, 피부의 발진으로 온몸에 열꽃이 돋고 후각이 예민해지고 머리가 무겁게 되고 어지러운 현상도 있고 여자들에게는 생리적으로 여러 가지 현상이 나타난다. 질병을 갖고 있는 경우에는 통증이 오고 모든 부위에 있는 질병이 전부 진단이 되기 때문에 금식을 하기 전보다 훨씬 고통을 당하게 된다. 그러나 침착하게 생수를 마시면서 금식을 하면 40일을 누구든지 할 수 있게 된다. 금식하기 전의 체중의 40%가 소모되면 생명을 잃을 수가 있다. 그러나 40일을 금식해도 20% 전후로 줄어들게 되며 더 이상 소모되지 않는다. 소모되는 육체의 모든 것은 불필요한 것으로부터 점진적으로 소모가 되지 생명을 유지하는 중추신경, 심장조직, 뇌세포, 선조직은 거의 소모되지 않는다. 금식은 의학이기 때문이다.

9. 금식은 배설 의학

숨을 쉴 때에도 숨 내쉴 호, 마실 흡. 내 속의 독을 뱉는 것이 호흡이다. 내어보내야 한다. 변비 환자의 급증으로 대장암이 많이 발생하고 있다. 몸속의 독을 잘 배출시켜야 한다.

자연의학자들은 하루 3끼의 식사를 하면 몸속의 독이 75%만 배출되고 2끼를 식사하면 100%, 한 끼만 식사하면 117%의 독이 배출된다고 말하고 있다.

금식은 날마다 2000cc 이상의 생수를 마셔야 하기에 내 몸속의 모든 구석구석에 있는 모든 독소가 전부 배설되기에 금식을 배설 의학이라고 한다.

자연 의학의 근본이념은 배설의학이라고 할 수 있다. 이것을 일명 '마이너스 영약학' 이라고 한다.

의성 히포크라테스는 "신체를 적당하게 청소하여 주지 않고 여기에 영양물을 더하면 더할수록 신체를 상해하게 된다."고 했다.

"현대인은 건강법의 진수에 대하여 잘 모르고 있는 것 같다. 현대인은 폭음, 폭식하기 때문에 건강법이 필요한 것이다. 먹지 않는 즐거움으로 살 수 있는 사람이라면 건강운동을 할 필요가 없다. 아무 것도 하지 않아도 건강한 것이 나의 건강법의 진수이다"(일본의 서승조 선생).

배설의학은 미국인 아렌스의 법칙(수지의 법칙) 에 의거한 것이다.

생물계의 적량의 법칙과 상응한다. 성경은 좁은 문으로 들어가기를 힘쓰라고 했다. 금식은 좁은 문이다. 이 문을 통과하면 영,혼,육이 새로워지는 것이다.

10. 금식은 체질 의학

모든 질병은 세균에 의한 것이 아니라 체질이 약해져서 질병이 왔기에 현대병을 체질병 이라고 한다. 하루아침에 병든 것이 아니라 오랜 기간 동안 잘못된 생활로 육신의 체질이 잘못되어 질병이 온 것이라고 말한다.

화학비료가 나오기 전에는 농사짓는 토양이 산성 토양이 되어서 수확량이 많지 않았다. 땅의 지력을 회복하기 위해서 풀을 베어 퇴비를 만들어 논에 넣은 것이다. 사람의 몸도 체질이 있다. 약알칼리성의 체질이 되면 어떤 질병이 와도 스스로 소화시킬 수 있다고 한다. 체질을 건강하게 만들면 평생토록 질병과 상관없이 건강한 삶을 살 수 있다. 현대병의 70%는 산성체질에서 왔다고 한다. 우리가 평소에 먹는 음식이 산성식품이 70%이고 알칼리성 식품이 30%이기 때문이다. 앞으로는 알칼리성 식품을 70% 섭취하고 산성식품을 30% 섭취하는 산과 알칼리의 균형을 이루어야 건강할 수 있다. 그러나 음식의 섭취로는 체액이 일시적으로 바뀌지만 근본적으로 바뀌지 않는다.

그러나 금식하면 체질의 변화가 온다. 금식하는 동안 음식을 섭취하지 않지만 내 육신은 자기 살을 먹음으로 모든 생명현상을 유지하는 것이다. 이것은 완전한 육식이 된다.

내가 내 살을 먹음으로 잘못된 모든 세포가 탈락하고 새로운 세포가 생성되는 것이다. 금식 중에 몸속의 노폐물의 배출작업은 신속히 이루어지는데 호흡이 가빠지고 소변색깔이 암갈색이 되고 분출물이 나오고 땀, 점액배출, 구토, 설사, 설태 등의 징후는 체질변화의 징후이다.

소화능력 흡수능력의 향상으로 신경조직이 소생되고 정신력이 개선되며 분비선 조직 호르몬 분비는 자극되고 촉진되기에 생리학상으로 신체기능이 정상상태로 돌아가기에 이 과정을 통하여 체질이 바뀌는 것이다.

11. 금식은 건강 의학

우리나라 사람들의 평균 학력은 전문대학 졸업이라고 한다. 세계에서 유래를 찾을 수 없는 고학력의 수준이다. 학교를 통하여 많은 공부를 배웠으나 건강학을 배운 적이 없다. 건강학은 사람이 병들기 이전에 이수해야 하는 학문이다. 너무 바쁜 현대인들은 건강을 돌볼 겨를도 없이 살아가고 있다. 건강은 건강할 때 지켜야 하는 것이 철칙이다. 육신이 병들기 전에 건강을 관리하는 지혜가 있어야 한다. 미리 건강을 저축하고 질병을 예방하는 생활이 필요한 때이다. 공해 스트레스 생체리듬의 부조화 잘못된 생활습관 등으로 건강하지 못한 것이 오늘의 문제이다. 현대병은 갑자기 온 것이 아니라 평소에 건강을 관리하지 않고 육신과 정신을 탕진했기 때문에 온 것이다.

건강을 좌우하는 요인은 유전이나 의료혜택 같은 생물학적 요인보다 환경이나 개인의 생활양식이 건강에 더 많은 영향을 미치는 것이다. 현대병 70~80%는 잘못된 생활의 습관 때문에 온 것이기에 생활 습관병으로 부르고 있다. 건강은 저절로 주어지는 것이 아니라 스스로 만들어 나간다는 생활방식의 변화가 중요하다.

인체의 신비 중 최고의 선물은 항상성이다. 인체는 끊임 없이 정상으로 돌아가려는 힘이 있기 때문이다. 스스로 건강해지려는 성질이 있다.

육신이 병들면 입맛이 없고 먹고 싶은 마음이 없어지게 된다. 이때에는 음식을 먹을 것이 아니라 며칠간 금식하면 몸은 자체적으로 기력을 찾고 회복이 된다. 자연계의 모든 동물들은 하나님이 주신 항상성을 통하여 스스로 자기를 절제하여 음식을 먹지 않음으로 건강을 되찾는 것이다. 어리석은 사람들만이 음식을 먹음으로 질병을 더해주는 결과를 갖게 되는 것이다. 스스로 자기를 지켜서 건강을 지키려는 자연 치유력은 어떤 의사보다 훌륭한 것이다. 몸 안의 항상성을 유지시키고 자생력을 강하게 만드는 것이 금식이다. 평소에 약을 과용하는 사람은 건강한 사람이 없다.

12. 금식은 평등 의학

현대의학은 병균을 죽이기 위하여 항생제를 사용하여 박멸시킨다. 우주적 시야에서 보면 생존(生存)할 권리를 박탈하는 것이다. 교육에서도 차별화 교육의 추세에 있다.

돈벌이를 위해서 농약을 과다하게 사용(使用)하여 먹거리에 문제를 가져오고 산업폐기물을 아무 곳에나 버리고 오염시키는 공해문제로 모두에게 심각한 생존(生存)의 문제와 건강문제가 있다.

현대과학의 산물은 식품공해, 농약공해, 소음공해 등 각종 공해를 초래하여 사회문제 된 것도 근본원인은 차별의 시장 때문이다.

금식하면 남에게 해를 끼치지 아니하고 함께 더불어 살아가려는 소박한 마음이 있게 된다. 이것이 평등사상이다. 어떤 질병에 걸려도 항생제나 약을 쓰지 않고 물만 마시면 되고 건강이 회복되는 것이다. 돈이 들어가지 않고 누구든지 할 수 있는 것이며 가장 최소의 비용으로 최대의 효과를 낼 수 있기에 평등의학이다. 어느 누구도 예외가 없기 때문이다.

　모두가 할 수 있는 것이 금식이기 때문이다. 부자도 가난한 사람도 특별한 대우를 받을 수 없는 것이 금식이다. 똑같은 입장에서 혜택을 받을 수 있게 배려된 유일한 의료수단이 금식이다. 자연요법의 세계에서는 만인이 평등하다.

　금식은 아무 것도 먹지 않는 것이 아니라 음식이 바뀐 것이다. 물과 공기로 대체되었다. 금식하는동안 물밥을 먹고 공기 반찬을 먹는 것이다. 누구나 먹을 수 있기에 값 없이 먹을 수 있기에 평등 의학이다.

14장_ 금식은 주님이 주시는 능력이다

"이에 마귀는 예수를 떠나고
천사들이 나아와서
수종 드니라"
마태복음 4장 11절

14장_ 금식은 주님이 주시는 능력이다

기독교는 능력이다 전지하시고 전능하신 하나님의 능력이다. 살아계신 하나님의 능력이다 세상 만물을 창조하신 하나님이시기 때문이다.

20세기 후반기에 들어와 약50년 동안 이룩한 과학문명의 발달은 2000년 동안 인류가 이룩한 것보다 훨씬 더 많은 과학적 진보를 가져왔다. 유전공학, 우주공학, 생명공학, 전자공학, 분야에 깜짝 놀랄만한 발달을 가져왔다.

금식은 영적인 하나님의 힘이다 . 초대교회 사도들과 제자들은 이와 같은 영적인 능력으로 이 땅위에 피로 값 주시고 사신 교회를 세우고 복음의 일꾼이 되었으며 수많은 기사와 이적을 나타낸 것이다.

과학적 진보보다 훨씬 강력한 영적인 진보가 금식에 있다.

주님의 마지막 유언을 듣고 마가의 다락방에 모여 금식하며 기도하다 성령의 충만함을 체험했다 금식과 기도라는 강력한 수단을 통하여 성령의 능력을 체험하고 성령의 은사와 능력을 통하여 수많은 병든 자들이 치유되는 기적을 행한 것이다.

1. 사람을 변화 시키는 능력

예수를 구세주로 영접하고 구원받은 성도는 하나님의 자녀요 하늘나라의 상속자이다.

하나님 아버지가 나의 아버지 이시요 예수 그리스도가 나의 구세주 되시며 하늘나라가 내 나라가 되는 것을 고백하는 것이다.

윤리적으로 도덕적으로 선한 사람이 되었다는 말이 아니다, 성경말씀을 들어서 알고 있는 율법의 사람이 되었다는 말이 아니다. 지식의 사람이 되었다는 말도 아니다. 예수 그리스도가 내 인생의 주인으로 내 안에 와서 계신 사람이 된 것이다. 예수의 살을 먹고 예수의 피를 마셔서 예수의 생명을 받은 사람이다.

내가 사는 것이 아니라 내안에 예수 그리스도가 사시는 것이다. 지금까지 내가 주인이고 내가 왕 노릇 한 삶을 청산하고 예수 그리스도의 생명, 영생의 생명, 하나님의 생명으로 살아가는 것이다.

그의 인생관, 가치관, 역사관이 바뀌어진 것이다(고후 5:17). 금식은 잃어버린 은혜를 깨닫게 한다.

자신을 돌아보게 한다. 고난은 하나님을 찾는 기회요 인격이 변화 받는 기회이다.

영국의 저술자 C.S 루이스는 "평안할 때 인간은 하나님께서 양심을 통하여 속삭이는 소리를 잘 듣지 못한다. 그래서 하나님께서는 고난을 보내시는 것이다. 고난은 인간의 잠 든 감각을 깨우시는 하나님의 큰 소리"라고 말했다.

배고픔의 고난이 제일 큰 고난이다. 배가 고파야 하나님을 찾는다. 인격을 변화시키는 하나님의 능력이다.

하나님께서 이스라엘 자손들로 하여금 애굽의 낡은 습관, 욕망으로부터 벗어나 새 사람이 되어야 가나안의 복지에 들어갈 수 있게 된다는 말씀이다. 사람이 변화되지 않고는 가나안의 새 땅에 들어갈 수 없기 때문이다. 광야 40년은 가나안 땅에 들어가기 위한 준비기간이다. 약속의 땅으로 들어가기 전에 변화되어야 했다. 홍해 바다를 통하여 과거의 사람, 옛 사람을 장사지내고 광야에 왔으나 낡은 전통, 애굽의 노예근성은 저들의 마음, 육체, 영혼에 뿌리 박혀 있었다. 저들은 광야 40년간 줄기차게 애굽으로 돌아가기를 원했고, 옛 사람을 벗어버리지 못해 광야에서 죽게 되었다. 약속의 땅으로 들어가기 위하여 금식으로 자아의 낡은 구습과 옛 사람을 청산했다면 40년간 방황하지 않았을 것이다.

2. 문제를 감당할 수 있는 능력

문제없는 사람, 사회, 민족, 국가는 없다. 죄 지은 인생이 되고 보니. 죄 값으로 쫓겨나 에덴을 잃어버리고 난 이후 시대와 환경을 초월하여 문제의 인생이 된 것이다.

구약시대에 개인이 죄 지으면 질병으로 민족이 죄를 지으면 재앙으로 국가가 범죄 하면 전쟁으로 하나님은 징계하셨다. 인간의 한계성이 있다. 인간의 제한성과 인간의 나약성이 있다. 인간이 하나님 등지고 교만할 때 징계하셨다. 그러나 회개하고 주께 돌아오면 용서하시고 사랑하시고 긍휼을 베풀어 주셨다. 문제는 하나님을 찾는 지름길이기 때문이다. 문제는 자신을 돌아보게 만든다. 문제를 깨닫게 만드신다. 문제 속에서 전능하신 하나님을 찾아야 한다. 문제 있으면 기도하게 되고 금식한다.

금식은 회개를 전제로 한다. 미움, 시기 원망을 갖고는 금식할 수 없다. 용서와 이해와 사랑과 관용의 마음이 없이 금식할 수 없게 된다. 금식은 믿음을 전제로 한다. 믿음 없이 금식할 수 없다. 예수님을 바라보고 십자가를 바라보아야 금식에 승리할 수 있다. 40일 금식하신 예수님을 믿는 믿음만이 금식에 승리 할 수 있다. 내 인생을 맡기면 해결해 주신다. 길, 짐, 염려, 행사를 맡기라고 하셨다.

금식은 자기 희생을 전제로 한다. 희생 없는 금식은 할 수 없기 때문이다. 육체적 희생, 시간적 희생, 경제적 희생이다. 이스라엘 백성이 어떤 문제 당해도 금식하고 회개하면 해결해 주신 하나님이시다.

금식은 문제를 없애주는 것이 아니라 문제를 내가 감당 할 수 있는 능력을 주시는 것이다.

3. 말씀을 먹는 능력

말씀은 들어야 하고 읽어야 하고 배워야 하고 가르쳐야 하고 암기해야 되고 가슴에 담아야 하고 실천해야 한다. 말씀이 육신이 되신 예수 기록된 말씀은 성경이고 선포된 말씀은 설교이다.

요 6:53~57, "예수께서 이르시되 내가 진실로 진실로 너희에게 이르노니 인자의 살을 먹지 아니하고 인자의 피를 마시지 아니하면 너희 속에 생명이 없느니라. 내 살을 먹고 내 피를 마시는 자는 영생을 가졌고 마지막 날에 내가 그를 다시 살리리니 내 살은 참된 양식이요 내피는 참된 음료로다 내 살을 먹고 내 피를 마시는 자는 내 안에 거하고 나도 그

안에 거하나니 살아계신 아버지께서 나를 보내시매 내가 아버지로 인하여 사는 것 같이 나를 먹는 그 사람도 나로 인하여 살리라" 사람이 떡으로만 사는 것이 아니요 하나님의 말씀을 먹고 사는 것을 금식하는 성도들이 증거 하는 것이다. 생명의 떡을 먹어야 산다. 예수님을 따라 다니던 제자들은 주님의 뜻을 알지 못했다. 하나님 나라에 대하여 설명했으나 믿지 못했고 받아들이지 못했다. 눈에 보이지 않는 하나님의 나라 세상에 보이는 사물을 가지고 설명하신 주님 비유로 설교하신 주님 그러나 깨닫지 못했다. 승천하시는 예수님의 마지막 분부를 듣고 10일간 금식하며 기도하다 성령을 받고 깨달았다(시 49:20).

하나님 아버지의 뜻, 말씀을 깨닫는 복이 가장 큰 복이다. 하나님의 모형과 형상대로 지음 받은 인생이 세상 것에 육신의 것에 잠식되어 자기를 모르고 신령한 세계를 모르고 영의 세계를 모르는 무지한 인간으

금식은 가장 강력한 기도이며, 가장 큰 회개의 기도이며, 가장 큰 전심의 기도이며, 가장 큰 믿음의 기도이며, 가장 큰 헌신의 기도이다. 금식자를 위해 안수기도하는 모습.

로 타락한 것이다. 금식은 잠든 영혼, 잠든 심령, 잠든 신앙을 깨우는 각성제이다.

4. 기도를 바르게 하는 능력

무엇을 구해야 하는 것인지 어떻게 구해야 하는지 기도의 제목을 주신다. 자신이 무엇을 기도해야 하는지 알게 하신다. 정욕으로 구하지 않게 하시고 세상적으로 구하게 하시지 않고 오직 하나님의 뜻으로 말씀을 따라 구하게 하신다. 기도에 전념하게 하시며 기도의 은사와 능력이 있다. 땅의 것 보다 하늘의 것을 구해야 하고, 육의 것 보다 영적인 것을 먼저 구하고 세상의 것보다 신령한 것을 구하게 하신다. 기도하는 일은 중요한 일이며 가장 값지고 귀한 일이다. 그보다 더 귀한 것은 기도를 바르게 하는 것이다. 평생에 기도할 제목을 주시고 올바르게 구할 수 있도록 도와주신다.

하루의 온전한 금식은 1년 기도와 맞먹는다는 프랭크 홀 박사의 말은 의미가 있다.

금식은 가장 강력한 기도이며, 가장 깊은 기도이며, 가장 큰 소원의 기도이며, 가장 큰 영적인 기도이며, 가장 큰 회개의 기도이며, 가장 큰 전심의 기도이며, 가장 큰 자아를 깨뜨리는 기도이며, 가장 큰 믿음의 기도이며, 가장 큰 희생의 기도이며, 가장 큰 헌신의 기도이다.

금식은 이 10가지의 기도를 드릴 수 있는 힘이다.

5. 질병을 치료하는 능력

현대병의 90%는 식원병이다. 이 병은 원래 노인 등에게 걸렸던 노인

성 질환이 성인들에게 걸려 성인병이라 했다. 현대에 와서 어린이들에게까지 당뇨, 암, 고혈압이 발생하여 현대병이라 했다. 잘못된 생활로 왔기에 생활 습관병이라 부른다. 이것은 자연을 거스리고 삶의 편리와 안일만을 찾아 스스로 만든 병이라 하여 인조병이라 하고 영양을 많이 섭취하고 움직이지 않아서 운동부족병이라 했고 피가 탁하여져서 탁혈병이라 했으며 오랫동안 잘못된 체질로 인하여 체질병이라 부르고 선진국에서 많이 발생해서 문화병이라고 부르고 있다. 이러한 병은 먹어서 온 병이기에 식원병이다. 그래서 금식이 현대인들에게 가장 좋은 치료제가 된다.

우리가 살고 있는 시대는 공해의 시대이다. 건강의 적(赤) 신호이다. 수질, 대기, 토양, 음식물의 오염은 심각한 건강상의 문제를 초래했다. 육체 속에 있는 모든 독소가 각종 질병의 원인이다. 금식하면 폐, 간, 콩팥, 피부, 대장을 통하여 노폐물이 배출되기에 모든 질병이 치료된다. 금식하는 동안 육체는 과학적으로 정교하게 움직이며 의학적으로 어떤 부작용 없이 육체가 깨끗해지는 것이다.

금식하는 동안 온 몸을 다니는 피는 경탄할 만큼 깨끗해지고 몸속의 노폐물이 배출되므로 평소에 무거운 몸, 고통의 몸을 가져온 모든 질병이 거짓말처럼 물러가게 된다. "네 치료가 급속할 것이며…" 금식은 신체의 쓸데없는 독을 파괴시키고 배출시켜서 신체내의 에너지와 열을 증가시켜서 노화를 방지시키고 젊음의 활력을 유지하게 한다. 피부를 깨끗하게 하므로 피부 미용에도 탁월한 효과가 있으며 정신 건강에도 최고의 방법이다. 금식은 잘못된 생활 습관과 성격을 치료하므로 악마와 질병으로부터 인간을 해방시킨다.

금식은 자연의 치유법이다. 군살, 병살, 물살이 제거된다. 금식하면 면역체계 강화된다. 금식하면 체질을 변화시킨다. 약한체질, 허약체질, 비만체질, 알레르기체질, 산성체질이 약알칼리성체질로 바뀌어 진다. 체질이 변화되는 나이에 금식해야(1, 3, 5, 7, 13, 33, 44, 59, 69, 75) 금식하면 군살이 빠져서 건강하게 된다. 군살은 몸속에 지니고 다니는 짐과 같아서 심장병, 류마티스, 고혈압 등 현대병의 원인이 될 뿐 아니라 근육의 활동을 둔화시켜서 일찍 노쇠하게 만든다. 불필요한 인원, 기구 감축할 때 군살빼기라는 말을 쓴다. 군살은 몸에만 붙어 있지 않고 삶의 전 영역에 달라붙어 있다. 무계획성으로 시간을 활용하여 시간을 낭비하는 일 불필요한 경비를 지출하는 습관, 너무 많은 일을 하려는 욕심 앞서서 일의 결실이 없는 삶의 버릇, 너무 바빠서 해야 할 기도하지 않는 습관, 말씀을 읽지 않는 관행, 예배에 일찍 참여하지 못하는 관행, 영혼의 군살을 제거하지 않는 한 아무리 귀한 재능과 좋은 생각을 갖고 있어도 실패하게 된다. 필요한 일에 쓸 시간과 물질이 되어야 낭비벽이 없어지고 창의적이고 생산적이고 긍정적인 마음의 바탕이 된다. 금식은 군살을 빼는 유일한 방법이다. 군살은 벗어야 할 짐이지 지켜야 할 자산이 아니다. 금식하여 삶의 분명한 목표를 세우고 영혼의 군살을 빼어야 한다.

6. 가난 저주를 이기는 능력

먹게 만들어 불순종으로 가난, 저주, 고통, 땀, 수고가 왔다. 예수님 먹지 않으시고 금식해서 마귀의 시험 이기시고 승리와 축복, 응답, 기적을 가져 오셨다.

아담(Adam)에게 주신 복은 다음과 같다. '생육하라' 개인적인 능력의 복을 주셨다. '번성하라' 가정적인 능력의 복을 주셨다. '충만하라' 사회적 능력의 복을 주셨다. '정복하라' 우주적인 능력의 복을 주셨다. '다스리라' 관리적인 능력의 복을 주셨다

노아에게 아브라함, 이삭 야곱에게 복 주신 하나님 예수님 최초의 설교, 팔복의 설교, 복음은 하나님의 소식이요 복된 소식 기쁜 소식 가난한 자의 복음이다(눅 4:18).

노아의 홍수 이후 "땅이 있을 동안에는 심음과 거둠과 추위와 더위와 여름과 겨울과 낮과 밤이 쉬지 아니하리라"(창 8:22)

심고 거두는 법칙이 있다. 거두기 위해서 심어야 한다(갈 6:7). 금식은 전인적 헌신이다. 육신, 시간, 믿음, 정성, 물질을 심는 것이다. 드릴 것 없어도 내 육신 전체를 드리고 심는 것이 금식이다. 하나님께 드리고 심어서 불황을 이기고 가난을 이겨야 하늘의 보고를 열으시고 쌓을 곳이 없도록 부어주신다.

성미, 십일조, 건축헌금을 드려야 복을 받는 것이다.

신 8:18, "네 하나님 여호와를 기억하라 그가 네게 재물 얻을 능을 주셨음이라 이같이 하심은 네 열조에게 맹세하신 언약을 오늘과 같이 이루려 하심이니라"

마 15:32~38, 막 8:1~8, 7병2어의 기적으로 4천 명을 먹이고 일곱 광주리를 남긴 사건은 금식이었다. 경제기적은 금식으로부터 이루어진다. 금식하면 가난과 저주가 물러가고 부요와 풍성함이 다가온다. 요엘서에서 민족적 재앙이 왔음에 금식일을 정하고 모든 백성이 금식하니 모든 기근과 가난과 재앙이 물러간 것이다.

7. 자아를 이기는 능력

인생 최대의 승리자는 자신을 이기는 자이며 인생 최대의 행복자는 자족하는 자이다(빌 4:11~13). 겉 사람, 육의 사람을 이겨야 승리한다. 산속의 도둑놈 잡기는 쉬우나 내 안의 도둑놈은 잡기가 어렵다(중국의 왕양명). 자신과의 싸움이다. 운동선수와 바둑의 고수들이 한결 같이 하는 말은 자기와의 싸움이다 라고 했다.

인생 최대의 싸움은 가장 처절한 싸움이며 신앙은 자기를 보는 것이요 자아를 알고 깨닫는 것이다. 마귀와 싸우기 전에 세상과 싸우기 전에 먼저 자신과의 싸움에서 승리해야 한다. 자신의 한계성 제한성 연약성을 뛰어 넘는 은혜가 있어야 한다. 가장 큰 은혜는 자기를 극복하는데서 오는 것이다. 육체적 한계를 뛰어 넘을 때에 주시는 은혜가 가장 큰 은혜이다.

일본의 속담에 갈까 말까 망설일 때에는 가지 말라. 만날까 말까 망설일 때에는 만나지 말라. 먹을까 말까 망설일 때에는 먹지 말라 죽을까 말까 망설일 때에는 죽어라. 금식은 자아, 육신 겉 사람 인간성이 죽는 것이다. 죽지 않고 열매를 맺을 수 없기 때문이다.

요12:24. 한알의 밀알도 그대로 있으면 소용이 없고 땅 속에 묻혀서 죽을 때에 열매를 맺게 된다.

금식은 자기를 죽이는 훈련이기에 자기를 이기는 자는 모든 일에 승리자가 된다.

8. 악한 영을 쫓는 능력

엡 6:10~20, 마 17:15~20

금식은 악령을 쫓는 능력이 있다. 하나님의 영이신 성령, 마귀의 영인 악령, 사람의 영인 심령이 있다.

점치는 영, 신접한 영, 질투의 영, 거짓말하는 영, 뒤틀림의 영, 교만의 영, 슬픔의 영, 음란의 영, 질병의 영, 벙어리와의 귀머거리의 영, 종의 영, 두려움의 영, 미혹케하는 영, 적그리스도의 영, 오류의 영, 사망의 영

사단, 마귀, 악마 → 동의어 사단은 다스리는 자로써 단수이다.

귀신, 악령 → 귀신들은 사단을 섬기는 악한 영들로 복수이다.

사단은 거짓말쟁이, 강도, 불화의 선동자, 적대자, 교활하다, 사악하다, 악하다, 유혹자, 도적이다, 교만하다, 기만적이다, 포학하다, 잔인하다, 침략적이다, 호전적이다, 파괴자이다.

금식한 성도들은 내 힘으로 마귀를 쫓는 것이 아니라 예수 그리스도의 이름으로 쫓는 것이다.

9. 불신의 속박에서 벗어나는 능력

죄와 사망의 법에 묶여 사는 인생, 하나님의 진노 아래 있는 인생, 심판아래 있는 인생은 불신의 영에 묶여 있는 인생이다. 모든 매사에 부정적 사고를 갖게 하고 위로부터 주시는 하나님의 은혜와 사랑과 축복을 가로막는 불신의 영에서 벗어나야 한다. 마음속의 의심과 불신은 믿음을 방해하고, 기도의 응답을 받지 못하게 하고, 질병에서 고침 받지 못하게 하며, 전도하지 못하게 하여 영혼을 구원시키지 못하게 한다. 금식은 모든 의심과 불신을 사라지게 하고 마음속에 확신을 가져오게 한다.

금식은 믿음에 힘을 얻게 하고, 주님을 본받게 하며, 자신을 깨닫게 되는 능력이 있다. 기도에 힘을 주고 기도를 극대화시키는 수단이 된다. 금식은 불신을 파괴하는 원자력적인 하나님의 능력이다.

금식은 자녀에게 영적인 날개를 달아주는 것과 같다. 응답을 받지 못한 사람이 응답을 받게 되고, 병고침을 받는 은사를 체험하게 되고, 자신의 사명을 감당할 수 있는 능력을 부여하시는 것이다.

오직 하나님의 영광을 위하여 쓰여 지는 귀한 일꾼이 된다.

히 11:6, 믿음이 있어야 하나님을 기쁘시게 한다. 불신의 속박에서 벗어나야 육신의 생각, 잘못된 생각에서 벗어날 수 있게 된다. 마귀의 첫 번째 공격목표는 '만일'이라는 의심이다. 예수님에게 3번 모두 '만일'을 사용한 것을 보아 의심의 속박은 마귀의 전매특허품이다. 금식은 믿음에 확신을 가져다준다. 하나님의 말씀에 대한 절대적 신뢰를 준다.

엡 2:8~9, 구원도, 은혜도, 능력도, 치료함도 믿음에서 온다. 겨자씨만한 믿음이 있어도 산을 옮긴다. 태산과 같은 문제, 해결할 수 없는 문제가 해결된다. 금식하면 예수의 믿음으로 승리하게 되는 것이다.

10. 시험을 이기는 능력

마귀는 시험하는 자, 유혹하는 자, 미혹하는 자, 대적하는 자, 원수, 파괴자이다.

금식은 시험을 이기는 능력이다. 마귀가 떠나가는 능력이다. 마귀의 시험을 이겨야 승리자가 된다.

육신의 정욕, 안목의 정욕, 이생의 자랑, 정욕의 시험도 이겨야 한다.

신앙의 시험은 만일(의심)을 가져왔고 음식에 대한 시험은 과식, 탐식, 포식, 폭식, 간식, 야식, 속식, 정제식, 가공식, 외식으로 나타난다. 교만에 대한 시험은 뛰어 내리라는 것이었다. 우상의 시험은 섬기면 세상 모든 것을 준다는 것이었다.

하나님의 시험을 이기는 자는 은혜자가 되고 정욕의 시험을 이기면 성화자가 되고 마귀의 시험 이기면 능력자가 된다.

마귀의 시험이 올무가 되어 타락한 인생은 육신의 정욕, 안목의 정욕, 이생의 자랑에 포로가 되어 실패한 인생이 되었다. 마귀의 시험을 이기지 않고 하나님의 나라가 확장될 수 없으며, 한 영혼이 하나님께 돌아오기 위하여는 영혼을 붙잡고 있는 마귀의 진이 훼파되어야 한다. 마귀는 시험하는 자이다. 유혹자, 대적자이다. 많은 성도들이 신앙생활을 하다가 실족하고 시험에 들어 신앙에서 떠나는 현실을 목격한다. 악한 영의 정체를 몰라서이다. 마귀는 죽은 자는 건드리지 않는다. 살아있는 자, 신령한 자, 주님 뜻대로 살려고 하는 자, 불의와 타협하지 않는 자를 공격하고 시험한다. 금식은 성도들로 하여금 시험의 올무를 파괴하는 강력한 능력인 것이다. 금식은 기독교 신앙의 위대한 기본 방파제이다. 마귀와 세속주의를 막는 견고한 진이다.

초대 교회는 기도와 금식으로 생명력 있는 진리 위에 세워진 하나님의 집이다. 이것이 초대 교회의 생명력이었고 하나님의 능력이었다.

11. 탐욕을 이기는 능력

인간의 탐욕이 하나님을 대적하게 되었다. 탐욕은 모든 죄의 시작이다. 현대인의 7대 죄악 탐욕, 탐식, 탐색 교만, 시기, 질투, 게으름이다.

지나친 욕심이 인간 죄의 시작이다. 금식하려면 마귀의 시험과 유혹이 있다. 금식 중에 시험과 유혹이 있다. 금식 끝나고 나면 진짜 시험과 유혹이 있다. 10계명은 하나님 사람 물질의 순서이다. 탐욕을 이겨야 바른 사람이 된다. 과도한 욕심, 과로, 과식, 과음을 가져왔다. 욕심이 잉태한 즉 죄를 낳고 죄가 장성한 즉 사망을 낳느니라(약 1:15).

딤전 4:8, 육체의 연습은 약간의 유익이 있으나 경건은 범사에 유익하니 금생과 내생에 약속이 있느니라. 탐욕이 모든 죄의 기초이다. 탐욕을 이기면 십계명을 지킬 수 있다.

12. 죄를 회개케 하는 능력

금식은 성령에 이끌리어서 해야 한다. 사람의 생각이나 힘으로는 할 수 없는 것이 금식이다. 성령은 진리의 영이시고 성결의 영이시다. 성령께서 회개할 수 있도록 인도하시고 회개케 하신다. 그가 와서 죄에 대하

한평생을 금식기도 운동에 바친 이준동 목사. 오늘도 그는 금식자들에게 새로운 소망의 말씀을 전파하고 있다.

여 의에 대하여 심판에 대하여 세상을 책망하시리라 하셨으니 성령은 자신의 잘못이 무엇인지 어떻게 살아가야 하는지 무슨 일을 해야 하는지 알게 하신다.

　죄(罪)란 4(四)가지 아닌 것(非)이다. 에덴동산에서 뱀의 말을 귀로 듣고, 선악과를 쳐다 보고, 손으로 따서, 입으로 먹은 것이 죄이다. 금식은 세상의 모든 죄를 끊어버리고 오직 주께만 향하는 마음이 있기에 회개의 은혜가 임하는 것이다. 회개의 영을 주셔서 한 가지 일에 집중하게 만드는 것이다.

　성령은 성결의 영이시기에 금식으로 몸과 마음과 영혼이 깨끗한 사람에게 임하시고 회개케 하신다.

15장_ 금식에 관한 명언들

금식은
천사들의 삶을 본받는 것이고
현세적인 일들을 멸시하는 것이고
기도의 학교이며
영혼을 육성시키고
입에 자갈을 물리며
욕정을 감소시키고
분노를 누그러뜨리고
기질을 온유하게 만들고…
- 존 크리소스톰

15장_ 금식에 관한 명언들

1. 키릴루스(예루살렘의 주교, 315~386)

앞으로는 독사가 되지 말라. 예전에는 그대가 독사 새끼였지만 이제는 죄악 된 삶의 허물을 벗어버려라. 모든 뱀들은 구멍으로 기어 들어가 옛 허물을 벗고, 옛 껍질을 비벼서 떨쳐버리며, 다시금 새 몸을 만든다. 이와 마찬가지로 그대도 좁고 곧은 문으로 들어가, 금식을 통해 예전의 자아를 비벼서 떨쳐 버리고, 그대를 훼손시키는 것을 내어 쫓아라.

2. 어거스틴(354~430)

주께서 우리의 배와 고기를 모두 없애실 때까지, 주께서 우리의 공허함을 충만으로 채우시고, 이 썩을 것을 영원히 썩지 않을 것으로 입히실 때까지, 우리는 먹고 마심으로써 날마다 몸을 유지한다.

필수적으로 필요한 음식이 내게 달콤하지만, 나는 그 달콤함에 대항하여 싸우며, 거기 사로잡히지 않기 위해 금식을 통해 매일 싸운다. 때로는 그 달콤함이 내 몸을 지배하고, 그 기쁨으로 나의 고통이 제거되기도 한다 때로는 과연 그것이 몸을 유지하는데 필수적으로 필요한 것인지, 아니면 육욕적인 탐욕의 기만에 빠진 것인지 불확실하다. 불행한 영혼은 이 같은 불확실한 상태를 즐거워하며 그 속에서 자신을 방어할 변명을 준비하고, 건강이라는 가리개로 만족의 문제를 위장할 수 있다.

나는 날마다 이러한 유혹들에 저항하려고 노력하며, 주의 도우심을 요청하고, 나의 곤경을 주께 아뢴다. 왜냐하면 아직도 나는 그것을 확실하게 분별하지 못하기 때문이다. 이 문제에 대한 나의 견해가 무엇이냐고 물으면 나는 깊이 숙고한 후에 복음서와 서신서 그리고 신약성경 전체가 금식을 요구하고 있다고 생각한다.

3. 마르틴 루터(1483~1546)

금식에 대해 나는 이렇게 말하고자 합니다. 몸을 억제하고 통제하기 위해 자주 금식하는 것은 옳은 일입니다. 왜냐하면 뱃속이 차면 몸은 설교나 기도나 공부 또는 다른 좋은 일을 하기에 거북해지기 때문입니다. 이런 상황에서는 하나님의 말씀이 자리할 틈이 없습니다. 그러나 선행의 경우와 마찬가지로 금식을 통해 무슨 공적을 쌓으려는 태도를 가져서는 안 됩니다.

성경은 두 종류의 건전한 금식을 알려준다. 첫째는 영으로 육신을 제어하기 위해 기꺼이 받아들이는 금식이다. 이와 관련하여 바울은 "…수고로움과 자지 못함과 먹지 못함과…"(고후 6:5), '먹지 못함=금식'.

둘째는 참고 견뎌야 하되 기꺼이 받아들여야 하는 금식이다. 이와 관련하여 바울은 "바로 이 시간까지 우리가 주리고 목마르며 헐벗고 매 맞으며 정처가 없고"(고전 4:11), '주리고=금식' 이라고 말한다.

또한 그리스도께서는 "신랑을 빼앗길 날이 이르리니 그때에는 금식할 것이니라"고 말씀하신다.

루터는 고린도전서 4:11의 '주리고' 라는 말이 '굶주림(hunger)' 으로 나와 있는데 이것도 '금식' 으로 보았다.

4. 존 칼빈(1509~1564)

요컨대 종교는 회의나 교회 법정에서 해결되어야 할 종교적 논쟁이 일어날 때마다 목회자를 선임하는 일과 관련하여 의문이 제기될 때마다, 매우 중요하고 난해한 문제를 토론해야 할 때마다, 혹은 주님의 진노의 심판(역병, 전쟁, 기근 등)이 닥친 듯이 생각될 때마다, 시대를 불문하고 거룩한 규례이자 해결책으로 삼아야 할 일은 목회자들이 교인들을 독려하여, 공적 금식과 특별 기도를 하게 하는 것이다. 거룩하고 유효한 금식은 세 가지 목표를 지닌다. 우리는 육신을 약화시키고 제어하여 방종에 빠지지 않기 위해 기도와 거룩한 묵상을 보다 잘 준비할 수 있기 위해, 혹은 하나님 앞에 우리 죄를 자백할 때 우리의 겸손을 증거하기 위해 금식을 이용한다.

경건한 자는 일생토록 검소하고 절제하는 삶을 살아야 한다. 그리하여 그 삶이 가능한 한 금식과 유사한 모습을 띠어야 한다. 그러나 이에 덧붙여, 그 성격상 일시적인 또 다른 종류의 금식도 있는데, 하루나 혹은 특정기간 동안 정상적인 식사를 중단하는 보다 심한 금식도 있다.

많은 사람들이 금식의 유용성을 과소평가하고 그 필요성을 잘 알지 못하며, 어떤 이들은 금식을 전적으로 불필요한 것으로 여겨 거부하고,

어떤 이들은 반대로 금식을 잘 알지 못하고 잘못 사용하여 미신적으로 쉽게 흐르는 일이 많다.

5. 토마스 카아트라이트 목사

금식은 우리의 회개에 대한 엄숙한 신앙고백을 위해서 주님으로부터 명령받은 절제행위이다.

'참된 금식의 거룩한 실행'이란 책에서 "단식이란 종교와 상관없는 자연치유법이다. 인체의 모든 기능을 복원시켜 심신을 조화시키며 자연치유력을 촉진시켜 병을 물리치고 생명력을 발양한다.

종교와 연결된 경우 개혁교회를 제외하고는 모두 고행주의에 빠졌다. 금식은 영혼과 육을 치료하는 하나님의 처방이며 초자연적인 신앙의 훈련으로 영성 개발에 1차적인 목적이 있는 것이다.

6. 매튜 헨리 목사(1662~1714)

만일 우리가 엄숙한 금식을 자주 오랫동안 심하게 행한다고 해도, 그것이 헌신적인 성향을 고무시키고 기도를 활성화시키며 하나님의 뜻대로 하는 금식을 증가시키고 우리 마음의 기질과 삶의 경로를 더 좋게 변화시키는데 도움이 되지 않는다면, 그것은 원래 취지에 부합하지 않으며 하나님은 그것을 인정해 주지 않으신다.

회개하면서 우리는 우리의 영혼을 괴롭게 하여야 하며, 육체의 즐거움을 멀리하는 동안 금식을 실천할 뿐 아니라 또한 내적으로 우리 죄에 대하여 슬퍼하며 자기 부인과 절제의 삶을 살아가야 하기 때문이다.

7. 윌리암 로(영국의 기독작가, 1668~1761)

만일 종교적인 측면에서 금식해야 하고, 우리의 자연적인 식욕을 거부하는 것이 요구되어야 한다면, 이것은 우리 본성 안에 있는 투쟁과 싸움을 경감시키기 위함이다. 이것은 우리 몸을 정결한 도구로서 보다 적합하게 하기 위함이며, 하나님의 은혜에 보다 철저히 순종하기 위함이며, 영혼을 거슬러 싸우는 정욕의 샘을 고갈시키기 위함이며, 뜨거운 혈기를 식히기 위함이며, 우리 마음으로 하여금 신령한 묵상을 더 잘할 수 있게 하기 위함이다. 비록 이 같은 금식이 몸에 고통을 주긴 하지만 육체적 욕구와 열정들을 감소시키며, 우리의 영적 미각을 증진시킨다. 따라서 우리가 이 고통스러운 훈련을 신중하게 실행할 경우 큰 평안을 얻을 수 있다.

8. 요한 웨슬리(1703~1791)

풍부한 떡은 영혼으로 하여금 부주의하고 경솔하도록 부추길 뿐만 아니라 어리석고 불경건한 욕구들, 즉 더럽고 비열한 성향을 증가시킨다. … 점잖은 듯하고 일상적인 육욕성조차 영혼을 지속적으로 타락시키며, 멸망당할 짐승과 같은 수준으로 가라앉힌다. 다양하고 맛있는 음식은 몸뿐만 아니라 영혼에도 심각한 영향을 미칠 수 있다. 즉 기회가 주어지면 영혼도 온갖 감각적인 쾌락으로 빠져들 수 있는 것이다. 그러므로 이 같은 근거에서 지혜로운 사람이라면 자신의 영혼을 삼가 낮추며 저급한 욕구에 빠져들지 않도록 자제할 것이다. 저급한 욕구들은 자연히 영혼을 이 땅에 속한 것에 묶고 또한 그것을 오염시키는 경향이 있다.

금식을 하는 또 다른 이유는 탐욕과 육욕에 빠지게 하는 음식을 절제하고, 어리석고 해로운 욕구들과 추하고 헛된 일에 두는 애착을 뒤로 물리치기 위함인 것이다.

천국을 향해 나아감에 있어 결코 금식하지 않는 사람은 결코 기도하지 않는 사람과 같다. 금식은 기도에 도움이 된다. 사적인 기도에 많은 시간을 할애할 때에는 특히 그러하다. 종종 하나님은 종들의 영혼을 세상의 모든 것들 위로 이끌어 올리시기를 기뻐하시며 때로는 삼층천에까지 이끌고자 하신다. 하나님은 성적인 금욕과 같은 한 가지 덕성뿐만 아니라, 영혼의 진지성, 양심의 민감성, 세상에 대한 죽음, 하나님을 향한 사랑, 거룩하고 천상적인 모든 성향 등을 확고히 하며 증진시키는 방편으로서 금식을 자주 이용하신다.

9. 조나단 에드워즈 목사(1703~1758)

이 시대에는 하나님의 성령으로 충만한 목회자들이 절실히 필요하다. 이렇게 되기까지는 우리는 쉬지 않고 노력해야 한다. 이 일을 위해 다른 어떤 사람들보다 목회자들이 은밀한 기도와 금식에 힘써야 하며, 또한 서로 합력하여 기도하고 금식하는 일에 힘써야 한다고 생각한다. 인근에 있는 목회자들이 종종 함께 만나 열렬한 기도와 금식에 여러 날을 할애하고, 하늘로부터 내리는 하나님의 각별하신 은혜를 뜨겁게 간구하는 모습, 바로 이런 모습이 오늘날 절실히 필요하다.

금식과 기도에 관해 한 가지 더 언급하고 싶은데 이는 목회자들이 무시해 온 사항이라고 생각한다.

그들은 설교할 때 은밀한 기도는 추천하고 많이 강조하지만, 은밀한 금식에 관해서는 거의 언급하지 않는다. 우리 주님은 제자들에게 은밀한 기도를 명하셨듯이 은밀한 금식도 명하셨다.

  은밀한 금식이 은밀한 기도처럼 명시적인 방법과 일관된 방침 하에서 행해져야 한다는 뜻은 아니지만, 모든 그리스도인들이 자주 행해야 하는 의무임은 분명하다고 생각한다. 영적인 측면과 현실적인 측면에서 이것을 필요로 하는 경우가 많으며, 우리 자신을 위해 혹은 친구들을 위해 하나님의 특별한 은총을 이같은 방법으로 간구 해야 하는 경우도 많다. 오늘과 같은 시대에 이 땅을 살아가는 하나님의 백성은 예전보다 금식과 기도를 세 배는 더 해야 한다고 나는 생각한다.

10. 마틴 로이드 존슨 목사(1899~1981)

  금식이란 그 참된 의미를 생각할 때 … 음식에 국한되어서는 안 된다. 금식은 그 자체를 보면, 정당한 것을 어떤 특별한 영적 목적을 위해 금하는 것을 포함한다. 정상적이고 정당한 것이지만 특정 상황에서 특별한 이유로 통제해야 하는 여러 육체적 기능들이 있다. 그것이 바로 금식이다.

11. 리처드 J. 포스터(20세기의 경건한 작가)

  '영적 훈련과 성장'이라는 책에서 다른 어떤 훈련보다 금식은 우리를 지배하는 것들을 보다 많이 드러낸다. 이것은 예수 그리스도의 형상을 닮아가기를 갈망하는 참된 제자에게 놀라운 유익을 제공한다. 우리는 자신 속에 있는 것을 음식이나 다른 것들로 숨긴다. 만일 자만심이 우리를 지배한다면 그것은 거의 즉각적으로 드러날 것이다. 다윗은 이르기를 "…금식하여 내 영혼을 괴롭게 하였더니…"(시35:13)라고 했다. 만일 분노, 비통함, 시기심, 다툼, 두려움 따위가 우리 속에 있다면 이것들은 금식 중에 드러날 것이다. 처음에는 자신의 분노는 배고픔 때문이라고 합리화 할 것이다. 그러나 곧 자신 속에 분노의 마음이 있기 때문에 화를 낸다는 것을 알게 된다. 이 같은 깨달음을 우리가 기뻐하는 것은 그리스도의 권능을 통해 치유가 가능함을 알기 때문이다.

  장기간 금식 중에 일어나는 몸의 반응을 알게 되면 유익하다. 처음 사흘은 육체적 불쾌감과 굶주림의 고통이 가장 심하다. 몸은 좋지 못한 식사 습관을 통해 오랫동안 쌓여 온 유독한 물질을 배출하기 시작하는데, 이것은 편안한 과정이 아니다. 혀에 백태가 끼고 호흡이 나빠지는 이유도 바로 이 때문이다. 이런 현상들을 두려워하지 말라. 오히려 건강이 증진되는 것을 감사하라. 이 기간 동안 두통을 경험할 수도 있다. 만일 평소에 커피나 차를 많이 마셔왔다면 특히 그러할 것이다. 일시적으로 매우 불쾌하겠지만, 조만간 그런 증상들은 지나갈 것이다.

  나흘째가 되면 힘이 없고 때로 현기증을 느끼지만 배고픈 고통이 가라앉기 시작한다. 현기증은 일시적일 뿐이며 동작을 갑자기 바꿀 때에 생긴다. 좀더 천천히 움직인다면 아무런 어려움도 없을 것이다. 매우 간단한 작업에도 큰 노력을 기울여야 할 정도로 약해질 수도 있다. 이럴 때는 휴식이 최선의 해결책이다. 많은 사람들은 이 때가 금식 기간 중 가장 힘든 시기라고 생각한다.

  6, 7일째가 되면 힘이 더 생기고 더욱 기민해지는 느낌이 들기 시작할 것이다. 허기로 인한 고통은 계속 감소되며,

  9, 10일째에 이르면 그것은 부차적인 고통일 뿐이다. 몸은 유독한 물질을 깨끗이 배출시키고, 당신은 기분이 좋아질 것이다. 집중력이 강해

지고, 금식을 무한정 계속할 수 있을 것 같은 느낌이 들 것이다. 육체적으로 가장 기분 좋은 때가 바로 이 무렵이다. 개인의 상태에 따라, 21일이나 40일 혹은 그 이상의 기간이 지나면 허기로 인한 고통이 다시 찾아오게 된다. 이것은 기아의 첫 단계이며 몸에 비축된 영양분이 고갈되었음을 나타내는 표시이다. 이 시점에서 금식을 중단해야 한다.

12. 디트리히 본회퍼(독일 신학자, 순교자)

예수님은 제자들이 경건한 금식 관례를 따를 것을 당연시하셨다. 엄격한 자기 통제 훈련은 그리스도인의 삶에 있어 본질적인 특징이다. 이러한 관습의 목적은 단 한 가지이다 - 제자들로 하여금 하나님의 일을 보다 능숙하고 즐거운 마음으로 실현하게 하기 위함이다.

육신의 만족할 때는, 즐거이 기도하거나 자기 포기를 많이 요하는 봉사의 삶에 헌신하기 힘들다.

우리는 매일 매우 엄격한 훈련을 실시해야 한다. 이럴 때 육신은 자신에게 아무 권리도 없다는 고통스러운 교훈을 배울 수 있을 것이다.

13. 제리 팔웰(20세기 침례교 목사)

어떤 연로한 성자는 이르기를, 금식은 사치품이 필수품이 되는 것을 막아준다고 했다. 금식은 몸의 침해로부터 영을 지켜주는 것이다. 어떤 사람이 금식할 때, 그는 자기 몸을 통제하게 되는데, 그리하여 주님의 사역을 행할 수 있게 된다.

14. 아달베르 드 보귀에(20세기 프랑스 수도사)

금식의 유익한 결과는 먼저 성적 측면에서 나타난다. 나는 폭식과 정욕이라는 두 가지 '주요 악덕들' 간의 연관성을 쉽게 입증할 수 있다. 여기에 대응하는 훈련들(금식과 성적 금욕) 간에도 연관성이 있다. 금식은 성적 금욕을 서원한 신앙인에게는 가장 효과적인 도움이 된다. 금식하는 동안에는 쓸데없는 공상이 떠오르지 않으며, 나머지 기간에도 그것은 쉽게 통제되고 제거된다.

나 역시 허무와 성마름과 시기심뿐만 아니라, 근심과 짜증과 슬픔과 신경질 등에 빠져든다고 고백해도 놀라는 사람은 없을 것이다. … 금식 습관이 모든 본능적인 반응들을 누그러뜨린다. 왜냐하면 근본적인 식욕을 제어하면 다른 욕구들과 리비도(성적 욕구) 역시 잘 제어할 수 있게 되기 때문이다. 금식하는 사람은 자신의 참된 정체성을 갖게 되므로 외적 대상들이나 그것들이 일으키는 충동에 덜 의존하게 된다. … 이 외에 보다 덜한 유익을 들자면, 식탁에 있는 시간을 벌 수 있다는 것이다.

진정 금식을 체험해 보면 그것을 사랑하지 않을 수가 없다. 직접 금식을 해 보라. 그리하면 그것을 사랑하게 될 것이다.

15. 웨슬리 듀엘(20세기 작가)

금식은 하나님을 향한 갈망을 심화시킬 수 있다. 영적 갈망과 금식은 서로에게 영향을 미친다. 둘 중 하나는 다른 하나를 깊게 하며 강화시킨다. 둘 중 하나는 다른 하나를 더 효과적이게 한다. 영적 갈망이 매우 깊어질 때, 식욕을 잃을 수도 있다. 가장 강렬하고 효과적인 기도들은 … 금식을 통해 깊어지고 강화된다.

당신이 심한 질고에 시달리거나 사탄 및 그 흑암의 세력들과 더불어 전투를 벌일 때, 금식은 자연스러운 것이다. 당신의 갈망이 하나님께 도달할 때, 금식은 복되고 감미로운 것이 된다. 금식하며 기도할 때 당신의 갈망은 놀라운 힘을 얻는다. 금식과 기도에 전념하기 위해 시간을 따로 할애할 경우는 특히 그렇다.

금식은 믿음을 부양한다. … 확신이 더 깊어지기 시작한다. 소망이 일어나기 시작한다. 왜냐하면 당신은 주님을 기쁘시게 하는 일을 하고 있음을 알기 때문이다. 기꺼이 자아를 부인하고 자발적으로 이 같은 십자가를 질 때에 내적 기쁨이 샘솟게 된다. 당신의 믿음이 하나님의 약속을 보다 단순하면서도 확고하게 붙들기 시작한다.

16. 윌리엄 바클레이

금식은 보통 사람의 삶에서 거의 완전하게 사라졌다. 예수께서는 잘못된 유형의 금식을 정죄하셨지만 금식이 인생과 삶에서 완전히 없어져야 한다고는 결코 의도하지 않으셨다. 우리는 우리의 필요를 따라 우리의 방식대로 금식을 잘 실천해야 할 것이다.

17. 아더 블레시트

내 개인 생활에서 금식은 구체적인 목적들이었고 장기간의 사역이었다. 삼일 후에도 나에게는 기갈 된 고통이나 음식에 대한 소원이 없다. 12일 내지 14일간 후에 완전한 청결과 정신적 명료함이 오는 것 같다. 20일 후에는 말로 형용할 수 없는 영적 능력과 창조력의 기름부음이 있는 것처럼 보이지만, 그 역사는 금식이 끝날 때까지 계속된다. 특히 3주 후에는 주위에 있는 하찮은 신체 세계에 아득하게라도 더 이상 관심을 두지 않게 된다. 정신은 오로지 심오한 영적 생각과 진리로 충만하다.

가장 심오한 것 중의 하나는 정신이 요동하거나 산만하지 않고 동일한 주제에 여러 시간을 집중하는 것이다. 금식에 경외스런 능력이 있는 것은 의심의 여지가 없다. 금식은 성령으로 통제되고 예수께서 제일 되시며 아름답고 능력 있는 체험이다.

18. E. M. 바운즈

설교자들이 너무 많이 연구한다고 말하는 것은 그리 옳지 않은 것 같다. 어떤 설교자는 전혀 연구하지 않고, 또 어떤 설교자는 대충대충 연구한다. 많은 사람들이 하나님의 인정된 일꾼으로 확증하는 바른 길을 스스로 연구하지 않는다. 그러나 우리의 큰 결함은 머리 문화에 있는 것이 아니라 마음 문화에 있고, 지식의 부족에 있는 것이 아니라 성결의 부족에 있다. 이것이 우리의 슬픔이고 언급해야 할 결함이다. 우리는 너무 많이 아는 것에만 치우쳐 하나님과 그의 말씀을 묵상만 하는 것에 머무를 것이 아니라 하나님을 바라보며 금식하고 아주 충분히 기도해야 할 것이다.

19. 윌리엄 브램웰

감리교도들이 일반적으로 이 구원 가운데 살지 않는 이유는 너무 많이 잠을 자고, 너무 많이 먹고 마시고, 금식과 자기 부정을 거의 하지 않고, 세상과 너무 많은 대화를 하고, 너무 많은 설교를 하고 듣고, 자기 성찰과 기도를 너무 적게 하기 때문이다.

20. 드와이트 L 무디

만일 하나님께서 당신에게 금식하라고 명하신다면 당신은 그렇게 하겠다고 대답은 하면서도 당장 그리하지 않을 것이다. 당신은 너무 냉랭하고 무관심하다. 그 멍에를 당신이 짊어지라.

16장_ 금식기도의 놀라운 역사 (간증문 모음)

30일 금식기도로 재생 불량성 빈혈을 치료 받았습니다. - 윤원중
21일 금식으로 영·육이 치료되었습니다. - 이일용 목사
30일 금식 기도로 가문의 영광이 되었습니다. - 박제영
금식 기도 운동을 일으키자 - 정 소피아 목사(주님이 함께 하는 교회)
40일 금식기도로 위염, 장염, 고혈압, 비만이 치료되었습니다. - 김중근 목사
금식기도는 경건운동이다. - 하늘영광교회 김창배 목사
31일 금식으로 좌골 신경통이 치료되었습니다. - 송진택 안수집사
21일 금식으로 3가지 병을 치료 받았습니다. - 김명수 집사
기적 같은 40일 금식 - 박용기목사(서울CBS합창단지휘 역임)
돌아온 탕자를 반겨주신 하나님 - 평강교회 김정신 청년
평생 호르몬제에서 해방시켜 주신 하나님 - 강미라 전도사
20년 된 당뇨병이 치료함을 받다 - 양평 산북중앙교회 박주영 장로
치료의 하나님(고혈압, 당뇨, 두통, 신유염) - 녹번교회 홍정애 집사
보호식 중에 치료하신 하나님 - 서숙자 목사
35년 당뇨병을 치료하신 하나님 - 이흥순 사모
아들과 저를 치유하신 하나님 - 원주태장장로교회 김순옥 권사

16장_ 금식기도의 놀라운 역사(간증문 모음)

"30일 금식기도로 재생 불량성 빈혈을 치료 받았습니다" - 윤원중

2002년 저는 심한 무기력 증세가 나타나 병원에 갔더니 재생 불량성 빈혈이라는 병으로 진단이 나왔습니다. 치료 방법은 두 가지인데 면역 요법과 골수 이식이 그것이었습니다. 그래서 먼저 치료 효과가 높다는 면역 요법으로 입원하여 무균실에서 백혈병 환자들과 같이 치료를 받았으나 실패로 돌아가고 말았습니다.

그래서 이번에는 이 방면에 유능한 의료진이 있는 성모병원에 가서 골수 이식에 대한 상담과 같은 유전자를 가진 사람을 조회해 보았으나 국내와 국외에 전무하였습니다.

그러던 중에 증세가 점점 악화되어서 극심한 빈혈과 감염으로 인한 발열, 그리고 코피가 멈추지 않는 등 응급 상황이 계속 발행해서 입원과 퇴원을 수차례 반복하고 있었습니다. 심적으로도 점점 두려워지며 죽음

에 대한 생각과 마음의 준비도 하고 있었습니다.

어느 날 어머니에게서 전화가 걸려와 양평 금식기도원에 목사님과 같이 계시다면서 인사도 드리고 좋은 공기라도 마시고 가라고 하셔서 마침 울적하고 답답한 마음에 오게 되었습니다. 그때까지만 해도 저는 믿음이 없었고 기도원 또한 처음이었습니다. 목사님께서 하신 말씀이 자기 자신도 금식을 해서 병을 고쳤다며 저에게도 40일 금식을 권유하셨습니다. 지금 생각하면 왜 그렇게 대답했는지 모르겠지만 해보겠다고 말씀을 드렸습니다.

금식을 시작한지 2주가 지나자 피가 소모되고 수혈을 받지 못하니 누웠다가 일어나 앉을 힘도, 화장실에서 좌변기에 앉아 있을 힘도 없었습니다. 소금물로 장청소도 했었는데 몸속에서 나온 것이라고는 믿기지 않을 정도로 시커먼 폐유 덩어리 같은 것이 마지막 날까지 나왔습니다. 예배를 보러 갈 때는 한 시간 이전부터 일어날 준비를 해야 했고 내려갈 때는 의자를 들고 나가 서너 걸음 걷고 10분씩 쉬면서 내려갔고 예배도 누워서 드렸으며 숙소로 올라 올 때는 전도사님의 등에 업혀서 돌아오기도 했습니다.

22일이 지나자 거의 산송장이 되었습니다. 예배 보러 가는 중에 쇼크가 와서 기절하는 바람에 한바탕 소란을 떨기도 했습니다. 목사님께서도 걱정이 되셨는지 가까운 병원에 가보라고 하셨지만 전 40일은 못해도 30일은 채우겠다고 말씀드렸습니다.

금식 30일을 마치고 보호식을 하루 하였으나 기력은 전혀 회복되지 않았고 다음 날 병원에 갔더니 천안 단국대학교 병원에 나이가 70이 되신 의사 선생님께서 이 수치까지 내게 살아서 온 사람은 당신이 처음이라고 하시면서 놀라셨습니다. 그때에 제 헤모글로빈 수치가 2.0이었습니다. 정상인이 13~14이고 1~2만 모자라도 어지럽고 쓰러지기도 하는데 어떻게 버텼는지 모르겠습니다.

30일 금식을 하고 난 뒤 변화된 점은 여러 가지 응급 상황들이 생기지 않았고 수혈 받는 기간도 조금씩 길어져서 마침내 2007년 가을 쯤에는 수치가 급속도로 올라가 지금까지 수혈을 받지 않고 정상치로 건강하게 생활하고 있습니다.

저를 위해서 수년 동안 기도해 주신 어머님과 서울 임마누엘 교회 목사님, 성도님들, 대구 대성교회, 천안 대명교회 그리고 양평 금식기도원의 이준동 목사님과 기도하러 오셨던 모든 성도님들께 감사드리고 항상 하나님께 감사를 드립니다.

"21일 금식으로 영·육이 치료되었습니다" - 이일용 목사

저는 4년 전 폐가 좋지 않아 원주 기독병원에서 입원 치료를 받았습니다. 감기, 몸살로 진단되어서 3개월은 작은 병원 그리고 약국을 전전하면서 다녔지만 병세는 아무런 진전이 없었습니다. 그러던 중 급기야 화장실에서 대변을 보다가 숨이 멈춰지는 상태가 왔습니다. 약 2분가량 후에 다음 숨이 나와서 살 수 있었지만 지금 생각해 보면 정말 끔찍한 일이었습니다. 그 후 조금 더 큰 병원으로 가서 정밀 검사를 받은 결과 X선 사진으로 가슴을 찍어보니 오른쪽 폐가 전혀 사진에 안 나오는 것이었습니다. 의사 말로는 물이 가득차서 폐를 완전히 둘러 쌓여 사진으로는 안 보인다는 것이었습니다. 거기서 그대로 원주기독병원 응급실로 실려 갔고 사진을 찍은 후, 곧바로 옆구리 갈빗대 사이에 호수를 꽂고 물을 빼기 시작하여 300cc나 되는 물을 단번에 빼었습니다. 의사 말로는 어떻게 숨을 쉬고 어떻게 생활했는지 기적이라고 했고, 행여 물이 차서 뇌속으로 전이가 안 된 것이 천만 다행이라고 하는 말씀이 꿈속에서 들리듯이 아련하게 들려왔습니다.

그 후 3일간의 응급실 신세를 뒤로 하고 호흡기 병동으로 옮겨졌고 본격적인 정밀 검사를 하기 시작하였습니다. 최종적으로 판명된 것은 늑막염 폐결핵으로 진단되었고, 입원 치료를 어느 정도 받은 후에 폐 양쪽 끝에 하얗게 띠를 두르고 있는 것을 제거해야 앞으로 합병증을 예방할 수 있다는 것이었습니다.

의사와 상의해 보니 우선은 건강을 조금 회복하고 독한 약을 투입해서 녹여서 밖으로 배출해 내는 것을 시도해 보고 그것이 안 되면 수술을 하자는 것이었습니다. 저는 의사의 말에 동의하고 서류에 사인도 했습니다. 그러나 약으로 녹여 배출하는 것은 20~30%의 성공률 밖에 되지 않은 극히 드문 일이라고 하였습니다. 저와 아내, 그리고 아들, 딸은 침대 간이 의자에 앉아 수술 날짜 하루 전에 하나님께 간절히 기도한 결과 하나님은 우리의 기도를 들어 주셨고 그날 밤 12시 30분에 기적적으로 냄새가 고약하고 더러운 고름 같은 누런 액체를 작은 호수를 통해 밖으로 배출해 냈습니다. 할렐루야!

새벽에 사진을 찍고 오전 8시, 회진을 돌 때 의사는 수술은 안해도 된다고 최종적으로 확인을 하고 우리는 하나님께 감사했습니다.

그 후 4년 동안 저는 주님께 감사 생활을 하지 못했습니다. 일이 바쁘다는 핑계로 이리저리 하나님이 싫어하는 일만 했습니다. 그 후 저는 아침에 일어나면 만성 피로에 항상 괴로웠습니다. 컨디션은 항상 우울했고 짜증이 났고 입은 거칠어졌고 성격은 포악해져 갔고 일은 제대로 되는 것이 없었습니다. 그렇게 세월은 가고 어느 날 금식 기도를 해야 된다는 생각이 가슴 밑바닥에서 조금씩 싹터오기 시작했습니다.

주일 오후 설교 중에서 저도 모르게 그 말을 선포하게 되었고(왜 그런 말을 강대상에서 선포했는지 그때는 몰랐습니다) 하나님의 강권으로 모든 것을 현 상태에서 내려놓고 양평 금식기도원에 와서 집으로 전화를 했습니다. 저는 그때 10일 정도만 금식을 하고 집으로 내려가려고 했습니다. 그 당시 집에서는 모든 것이 엉망이었습니다. 저에 대한 결박도 묶여 있었고, 물권도 막혀 있었고 건강 상태도 좋지 않았고 더 큰 문제는 개척을 놓고 고민하던 것이었습니다. 자신감도 없었고 주위의 견제와 두려움, 안 된다는 압박감 등…

그러나 매일 매일 심방을 오시는 목사님들을 통해 그리고 예배를 통해 무거운 짐을 하나 하나 벗어버리게 되었고 주님으로부터 힘을 얻기 시작했을 무렵이었습니다. 이준동 목사님이 기왕 하는 것 목사님은 21일은 해야 한다는 말씀에 저는 순종하기로 하였습니다. 그때는 하나님이 목사님을 통해 저에게 주시는 말씀으로 받았습니다. 주님께 저를 산 제물로 드리는 심정이었습니다.

그 때부터 하나님은 제게 역사하기 시작했습니다. 25년 동안 중이염 때문에 고생했는데 11일 째 되던 날 귀에서 짓물이 나오지 않는 것을 느꼈습니다. 손가락을 넣고 냄새를 맡으니 냄새가 나지 않았습니다. 오! 치료의 하나님 고쳐 주심을 감사합니다. 할렐루야! 13일째 되던 날 왼쪽 무릎 관절이 낫는 느낌을 받았습니다. 왼쪽 무릎은 11월 중으로 수술을 받기로 약속한 것이기에 큰 기대를 안했는데 그것도 아주 정상인과 같이 무릎을 꿇을 수 있도록 주님은 고쳐 주셨습니다. 금식하기 전 위가 항상 더부룩해서 밥맛이 전혀 없었는데 지금은 너무도 밥맛이 좋습니다. 설사로 고생하던 장기능도 장청소를 통해 더러운 모든 것이 나온 듯 하여 아주 개운합니다. 할렐루야! 금식하기 전 저는 좌골 신경통으로 약을 복용하고 침을 맞으면서 병원을 다니면서 그렇게 생활해 오던 중 21일 금식이 끝난 후 2일 보호식이 끝나는 날 좌골 신경통에서 해방되어 정상적으로 걷게 됨을 감사드립니다. 보호식 중에서도 역사하시는 하나님, 모든 영광을 주님께 드립니다. 저는 환경에서 벗어나고 저의 앞날에 대해서 모든 걸 내려놓고 주님께 드리는 삶을 실천하고자 왔는데 주님은 보너스로 제 몸도 하나하나 약한 부위를 치료해 주셨습니다. 결박을 풀어 주시고 치료해 주신 주님! 모든 영광 받으시옵소서!

"30일 금식 기도로 가문의 영광이 되었습니다" - 박제영

저는 서울 큰믿음교회에 출석하고 있는 28세 박제영입니다. 저는 나이만큼 금식하면 인생이 바뀐다는 말씀에 금식을 하여 너무 쉽게 금식을 했습니다. 친할머니, 외할머니 모두 권사님이신데 30일 금식했다는 말씀에 우리 가문의 영광이라고 하셨습니다.

제가 금식을 하면서 치유 받은 내용은 다음과 같습니다.

첫 번째는 알레르기성 비염입니다. 거의 치료가 되었었지만 완치가 되지 않았던 상태에서 금식 첫 날 알러지가 시작되어 나흘째 되는 날 누런 콧물이 대량 배출되며 완치 되었습니다. 두 번째는 체내에 있는 독소가 배출되었습니다. 어릴 때 병원 약을 과다 복용하였고 스트레스와 평상시에 피부를 노출 시키지 않음으로 체내에서 빠져 나오지 못했던 독소들이 등, 어깨, 목, 배, 가슴 등에 간반으로 드러났습니다. 금식 열흘째 발진이 시작되어 점점 확산되었고 사흘간의 소양감 후에 가라앉았습니다.

세 번째는 기관지, 폐가 깨끗해졌습니다. 황사, 매연이 심한 중국 유학 생활로 인해 더러워진 폐와 기관지가 금식 15일 째부터 누런 가래가 배출되면서 치유되었습니다. 네 번째는 약했던 위, 소장, 대장이 튼튼해졌습니다. 금식 17일째 흰 거품이 계속 입을 통해 나왔고, 장청소시 한 두 컵만 들이켜도 배변감이 느껴질 정도로 효소가 적은 약한 장이 2l 이상을 먹어도 배변감이 후에 오는 튼튼한 장으로 바뀌었고, 설사도 치유 받았습니다.

다섯 번째는 교통사고 후유증으로 약했던 무릎관절이 튼튼해졌습니다. 8년 전 택시와의 접촉 사고로 약해져서 겨울에 운동하면 시큰거렸던 무릎이 금식 기간 중 등산할 때 통증이 나타났고 보식 기간 중에 운동하며 사라졌습니다. 여섯 번째는 안구 건조증상이 치유되었습니다. 6년 전 라식 수술 후유증으로 매운 것을 썰면 눈이 맵고 쓰리지만 눈물은 나지 않았었는데 보식 기간 중 양파를 썰다가 눈물이 터져 눈이 마르지 않게 되었습니다. 일곱 번째는 약했던 한쪽 난소가 치유되었습니다. 격달로 생리혈의 색과 양이 달랐던 한쪽 난소가 이물들이 배출된 것으로 치유되었음을 알게 되었습니다.

 그 밖에 제가 알지 못한 많은 질병과 증상들을 말끔히 고쳐주시고, 귀한 깨달음들을 수없이 많이 주신 주님께만 오직 감사와 찬송과 영광과 존귀를 올려 드립니다.

"금식 기도 운동을 일으키자" - 정 소피아 목사(주님이 함께 하는 교회)

저는 2009년 1월 12일부터 2월 2일까지 21일 동안 양평 금식 기도원에서 금식 기도한 주님이 함께 하는 교회 담임 정소피아 목사입니다. 저는 금식 기도 기간 중에 하나님께서 제게 행하신 일들을 여러분들과 함께 나누며 하나님께 영광을 돌려 드리기 위하여 이렇게 펜을 들게 되었습니다.

첫째는 육체적인 치유를 체험했습니다. 치료 받은 병명은 만성 신경성위염, 18년간 앓고 있던 알레르기 비염, 숨찬 것, 만성 피로, 왼쪽 무릎 관절, 오른쪽 귀 통증, 심비대, 대장, 소장, 소화기 계통, 자궁 경부피세포(유), 콜레스테롤 수치 높음 등이 깨끗하게 치유 받았습니다. 할렐루야! 주님께 영광을 돌립니다!

둘째는 마음의 치유인데 아주 오랫동안 미워하던 사람들을 놀랍게도 용서할 수 있는 은혜를 체험했다는 것입니다.

"이는 힘으로 되지 아니하며 능으로도 되지 아니하고 오직 나의 신으로 되느니라"(스 4:6)는 이 말씀의 능력은 직접 체험하고 보니 '금식 기도 운동'을 일으켜야 겠다는 생각이 강하게 들게 된 것 입니다.

7일간 금식하면 피가 깨끗해지고(정혈), 14일간 금식하면 뼈가 깨끗해지고(정골), 21일간 금식하면 마음이 깨끗해진다(정심)는 이준동 목사님의 설교 말씀이 그대로 이루어지는 것을 저는 체험했습니다.

그러면 금식이 왜 우리 그리스도인들에게 필요한 것일까요? 그것은 금식이 하나님과 우리가 더 깊고 더 친밀하며 더 강력한 관계를 맺도록 돕기 때문입니다. 아담과 하와를 죄짓게 만들고 그로 인해 온 인류를 타락하게 하는데 먹을 것(선악과)이 미끼로 사용되었고 반면에 예수님께서는 우리를 그 죄에서 구원하시는 지상 사역을 시작하시기 전에 금식부터 하셨다는 것입니다.

하나님의 아들이 지상 사역을 시작하시기 전에 금식하셨다는 것은 금식을 통해서만 가능한 일이 있음을 아셨기 때문입니다. 그러므로 금식은 모든 제자와 모든 신자들이 지켜 행해야 할 의무입니다. 예수님은 모든 부분에서 우리의 본이 되십니다(벧전 2:21). 예수님께서 하신 금식이라면 오늘날 우리도 마땅히 해야 할 의무라고 생각합니다.

우리가 금식할 때 하나님은 우리에게 눈을 돌리십니다. 왜냐하면 금식은 마귀의 궤계를 멸하는 것이며 하나님의 능력의 은밀한 금원이며 하나님의 축복과 경제적 번영과 건강을 가져다주실 수 있기 때문입니다.

금식은 우리를 하나님의 뜻 가운데로 인도합니다. 지금은 금식하며 부지런히 하나님을 구하며 자신을 거룩하게 하며 하나님의 우선순위를 분별하며 그 분의 약속을 따라 행할 때입니다. 이제 우리 모두 금식 기도 운동을 일으켜 가정, 교회, 나라가 하나님의 축복과 부흥과 번영을 체험하도록 부딪쳐야 할 때 인 것 같습니다.

여러분도 한 번 부딪쳐 보시기 바랍니다.

"40일 금식기도로 위염, 장염, 고혈압, 비만이 치료되었습니다"
- 김중근 목사

저는 2008년 9월 1일부터 10월 10일까지 40일 금식 기도를 하였습니다. 처음 기도원에 들어올 때 저는 3가지 질병을 가지고 있었습니다. 금식 기도를 시작하기 전에 저의 몸무게는 92Kg을 육박하는 고도 비만이었습니다. 비만으로 인해 저는 고혈압이 찾아왔고 기도원에 들어오기 전 매일 같이 고혈압 약을 복용해야 했습니다. 다시 저의 혈압은 178이었습니다. 거기에다가 저는 만성 위장병을 고생하고 있었습니다. 3년 전 21일 금식 기도를 할 때 위가 아파 많은 고생을 하였기에 저는 금번 40일 금식 기도를 준비하면서 위장병을 치료 받고 들어가려고 병원에서 내시경을 1년 사이 3번을 하였습니다. 병명은 3번 다 동일하게 위염으로 판명되었고 의사는 약 1개월 정도 치료 받으면 나을 것이라고 했습니다. 저는 한 달 동안 약을 복용하며 치료를 받고 기도원에 들어왔습니다. 그러나 2주일(정확히 8일째부터)째 되는 날부터 위에 통증이 오기 시작했습니다. 그 통증은 금식 기간 동안 멈추지 않았습니다. 세 번째는 장염으로 20년 이상을 고생했습니다. 언제가 배가 더부룩하고 가스가 차서 하루도 편안하지가 않았습니다. 변기도 아니었는데 자고 일어나면 어김없이 배가 더부룩하고 가스가 차고 하루에 배변을 5번은 보아야 조금 시원함을 느낄 정도였습니다. 이렇듯 저는 고혈압과 위장병과 적게는 수년에서 길게는 수십 년 동안 고생했습니다.

그런데 40일 금식 기도를 마치자 혈압은 120으로 정상이 되었고, 정확히 금식 35일째 되던 날 위장병과 장염을 치료 받았습니다. 수십 년 동안 시달렸던 만성 질병으로부터 완전히 자유로워졌습니다.

  금번 40일 금식 기도는 영적인 충만함을 누린 동시에 3가지 성인병을 치료 받는 기적을 경험한 소중한 금식 기간이었습니다.

  모든 영광을 하나님께 돌리며 육신의 질병으로 고통당하고 있는 모든 성도들에게 금식기도를 하여 저와 같이 치유의 축복을 누릴 수 있기를 주님의 이름으로 호소합니다.

"금식기도는 경건운동이다" - 하늘영광교회 김창배 목사

금식하며 기도하는 자에게 임하는 하나님의 큰 은혜를 깨닫게 하심을 찬양하며 영광을 돌립니다.

저는 원주에 교회를 개척하기에 앞서 금식하며 기도하기 위해 2009년 1월 8일에 이 곳 양평금식기도원에 들어 왔습니다. 21일 금식을 작정하고 기도를 하였는데, 이준동 목사님을 통하여 금식에 놀라운 은혜와 유익이 있음을 알게 되었습니다. 저는 교회에서 사용할 제자양육교재를 만들 계획을 가지고 21일 금식하며 기도하고 연구하는 중에 필수양육교재 4권을 다 집필할 수 있었습니다. 이렇게 할 수 있었던 것은 금식을 하니 정신과 육이 정화되고 기도와 말씀을 통하여 영이 맑아지고 놀라운 집중력과 영안을 열어 주셨기 때문에 가능할 수 있었던 것이라고 믿습니다.

금식을 마치고 보식을 하는 중에 2월1은 월삭 하루 금식을 작정하고 기도를 했는데, 1월 31일 저녁 집회 때부터 예수님의 사랑이 내 마음 가운데 부어지기 시작하며 주체할 수 없는 눈물을 흘렸습니다. 1월 31일부터 2월 2일까지 계속적으로 가슴이 저려오는 주님의 사랑, 주님과의 십자가 첫 사랑의 은혜가 부어졌습니다. 하나님께서 깊이 제 마음 가운데 깨닫게 하신 것이 있었는데, 목회도 중요하지만 주님은 나를 원하신다는 것이었습니다. 나와 교제하기 원하시고, 모세처럼 친구가 대면하여 대화하듯이 주님과 가까이 동행하는 자가 되는 것이었습니다.

교회를 개척하면서 경건의 능력을 회복하며 주님의 사랑을 나타내는 교회가 되는 것이었는데, 이번에 많은 응답과 은혜를 주신 하나님께 찬양과 영광과 감사를 올려 드립니다.

　양평금식기도원을 통해 한국 교회에 금식하며 기도하는 역사와 경건 운동이 이 땅을 새롭게 하는 귀한 은혜가 임하기를 기도합니다.

"31일 금식으로 좌골 신경통이 치료되었습니다" - 송진택 안수집사

1978년 교통사고를 당한 후로 다리가 아프고 저리기 시작한 것이 좌골 신경통이 되어 평생 고통을 받고 살았습니다. 2008년 7월부터는 고관절로 인하여 통증이 오면 그 자리에 주저앉을 정도로 큰 고통 속에서 살았습니다. 더 어려운 것은 할머니 때부터 집안에 우상을 섬겨 장자의 가정이 아버지 때부터 본인 때까지, 자식까지 4대에 걸쳐서 문제에 묶이고 얽매여서 질병 문제와 함께 가문에 흐르는 저주 때문에 기도원에 왔습니다. 처가도 우상 숭배로 아내가 우울증으로 환청이 심하여 가정에도 큰 어려움이 있었는데 21일 금식 기도 중에 모든 문제가 보호식 3일만에 해결되었습니다.

 21일 금식 후 15일 보호식 중에 고관절이 치료되지 않아 10일 금식을 더 했더니 완전히 치료되었습니다.

 금식 기도로 질병과 가정의 모든 문제가 해결되었습니다. 날마다 장 청소하고 매일 운동을 했더니 너무나 쉽게 금식을 했습니다. 예배 때마다 맨 앞자리에 앉아서 성령에 이끌려서 조금도 피곤하지 않게 금식을 마쳤습니다. 모든 영광을 하나님께 돌립니다.

"21일 금식으로 3가지 병을 치료 받았습니다" - 김명수 집사

할렐루야! 양평 금식 기도원으로 인도하신 하나님께 영광을 돌립니다. 저는 신림동 난곡 신일교회를 섬기고 있는 김명수 집사입니다. 21일 금식을 마치고 13일째 보식을 하고 있는 중입니다.

저는 금식을 하는 동안 위가 나쁘다는 것을 처음 알았습니다. 평소에 소화를 잘 시키고 무엇이든지 잘 먹었기 때문이었습니다. 그런데 장청소를 하는 순간, 토하면서 노란물과 푸른색이 나오는 증상이 끝나는 날까지 계속되었습니다. 그로 인해 이준동 목사님을 통해 위가 좋지 않다는 말씀을 들었습니다. 21일 금식을 마칠 때까지 운동을 하루도 빠지지 않고 무조건 순종했습니다. 지금까지도 보식을 하는 동안에 운동을 계속 하고 있는 중에 내 몸에서 치유의 증상이 일어났습니다. 첫 번째는 왼쪽 귀에서 소리 나는 것이 멈추었습니다. 또한 두 번째는 오른쪽 발가락이 자주 마비 증상이 일어났었는데 그것이 치료 되었습니다. 세 번째는 안구 건조 증상으로 인한 가려움증이 치유되었습니다. 눈이 부드러워졌습니다.

제 남편이 금식 기간에 하루를 다녀가면서 이준동 목사님의 보식에 대한 말씀을 듣고 금식만큼 보식이 중요하다는 말씀을 듣고 보식까지 금식하는 마음으로 철저히 마치고 돌아오라고 신신 당부를 했기에 운동하며 목사님 말씀대로 잘하고 있습니다. 하나님께서는 강대상에서 하나님의 이름으로 선포되는 진리의 말씀은 무엇이든지 주께서 책임을 지시는 것을 체험하고 있습니다. 62세가 젊어져서 52세로 옮겨졌습니다. 영혼이 잘되고 범사가 잘되는 축복을 받았습니다.

"기적 같은 40일 금식" - 박용기 목사(서울CBS합창단지휘 역임)

할렐루야! 언제나 좋은 것으로 넘치도록 우리에게 주시는 하나님을 찬양합니다. 양평금식기도원은 저에게 목회의 새 생명과 새 사명을 감당케 해주었습니다. 매일 아침 기도원 옥상에 올라가면 파란 하늘과 많은 새와 울창한 나무들과 자연이 하나님을 찬양하는 소리를 듣고 하루를 시작하게 됩니다. 저의 양평금식기도원에서의 소중한 체험이 여러분에게 도움이 되시기를 바랍니다.

1. 금식박사가 되자

2009년 2월2일 월요일에 저는 금식박사가 되자, 기도박사가 되자, 말씀 박사가 되자는 굳은 결심을 하고 양평금식기도원에 올라왔습니다. 매일 아침마다 양평금식기도원 담임목사님이신 이준동 목사님께서 1층부터 4층까지 각방을 심방 하시면서 일일이 체크해 주셨습니다. 물밥과 공기반찬 그리고 예배를 통하여 하늘의 만나를 잘 먹으면 어떠한 병도 낫게 되고 새 힘으로 금식을 잘 마칠 수 있다고 언제나 격려를 해 주셨습니다. 그리고 양평금식기도원에서는 7살 먹은 아이도 7일을 금식한다고 하시면서 죽기로 각오하고 하나님께 매달리면 하나님께서는 살려주실 것이라고 확신을 주셨습니다.

2. 하나님의 음성을 들을 때

저는 이미 1월에 서너 군데의 큰 기도원을 거치면서 금식을 실패한 경험이 있었습니다. 이번이 마지막이라는 각오로 양평금식기도원 대성전에 무릎을 꿇었습니다. 그때 주님께서 눅4:1~2의 말씀을 주셨습니다. 다른 내용은 다 안 보이는 데 "성령의 충만함… 성령에 이끌리시어" 이 글자가 크게 보이면서 내 눈 속으로 들어왔습니다. 그렇습니다~ 주님! 이제부터는 성령님만을 사모하겠습니다. 이제부터는 성령님과 동행하겠습니다. 이제부터는 성령님의 충만함을 받겠습니다. 오직 성령님과 함께 하기를 간절히 원했습니다. 40일 이라는 날자가 중요하지 않았습니다. 밥을 굶느냐 안 굶느냐가 중요하지 않았습니다.

그러자 기적이 일어났습니다. 그때부터 40일 동안 한 끼도 배가 고프지도 않았습니다. 할렐루야! 한번도 피곤하지 않았습니다. 여러분! 성령님을 의지하시기 바랍니다. 성령님이 함께 하시면 여러분의 건강의 문제는 치료됩니다. 자녀의 문제는 풀어집니다. 가정의 문제는 회복됩니다. 신앙의 문제는 열어집니다.

3. 하나님의 예비하심

과연 이런 일이 사실인지 하나님께서는 다음 일을 준비 하고 계셨습니다. 금식기도 30일째 기도하던 중에 주님께서는 전라남도 광주의 고향으로 가기를 원하셨습니다. 저는 고속버스를 타고 부모님께 찾아갔습니다. 그날 밤에 온 가족들은 맛있는 식사를 하면서 내가 먹는 물밥을 신기하게 바라보았습니다. 중학교에 입학한 조카는 '과연 사람이 30일을 굶고도 살 수가 있는가.' 하며 제 몸을 이리저리 만져보기도 했습니다. 저녁식사 후 다같이 예배를 드리면서 저는 간증을 시작했습니다. 그때 저의 막내 동생이 그간 2년 동안의 어려움을 이야기기 시작했습니다.

하나님께서는 저의 막내 동생이 어린이집 원장으로 근무하면서 교사들과 학부모의 관계에서 너무 많은 스트레스로 폭발하기 일보직전에 저를 집으로 보내셨던 것이었습니다. 동생은 저의 금식하는 모습에서 이미 하나님의 능력을 보았다고 했습니다. 그리고 기쁜 마음으로 다시 금식을 하러 기도원으로 가는 모습에서 자신도 이제는 어떠한 어려움에서도 성령님을 의지하며 살겠노라고 기도하는 동생이 되었습니다. 할렐루야!

4. 하나님의 복음 선포

가족들의 은혜가 넘치자 하나님께서는 금식32일째에 광주 광송교회에서 간증집회를 허락해 주셨습니다. 그리고 금식35일째에는 광주 세우는교회와 화순 열린교회에 간증집회를 허락하셨습니다. 주님께 죽도록 충성하기를 원하고 금식하자 주님께서는 도저히 상상할 수 없는 일을 저에게 보여주시면서 많은 성도들에게 양평금식기도원의 '금식혁명'을 선포하게 해주셨습니다.

5. 지금도 양평금식기도원에는 200여명 이상의 성도가 모여 기도하고 있습니다. 많은 목사님과 여러 성도님들이 어린 아이들을 데리고 와서 40일, 30일, 21일, 10일을 금식을 하면서 기도하고 있습니다. 이 축복의 동산에 오셔서 주님의 큰 일꾼이 되시기를 바랍니다. 양평금식기도원과 이준동 목사님의 사역과 하시는 모든 일에 하나님의 크신 축복이 있으시기를 기도드립니다. 감사합니다.

"돌아온 탕자를 반겨주신 하나님" - 평강교회 김정신 청년

안녕하세요! 저는 중문과 출신으로 중국에서 공부를 한 후 2년간 중국에서 근무를 했던 김정신 이라고 합니다. 중국은 세속적이고 우상들로 가득하여 저는 세상에 많이 물들어 있었습니다. 술과 담배를 줄기고 몸과 마음은 점점 하나님을 떠나 피폐하고 깊이 빠져 들었습니다.

양평금식기도원에 가면 고칠 수 있다는 주변 친척의 권유로 이곳 양평금식기도원에 오게 되었습니다. 이준동 목사님께 상담을 받았는데 목사님께서는 금식 21일을 하면 된다고 말씀하셨습니다. 저는 그렇게 많이 금식하면 혹시 죽지 않을까 매우 걱정이 되었습니다.

목사님의 말씀에 순종하기로 하고 금식에 들어갔습니다. 금식 6일째 1부 새벽예배를 마치고 장청소를 한 후 샤워 후 놀라운 기적을 체험하게 되었습니다. 이를 닦는데 갑자기 구토가 나오더니 사람머리보다 조금 작은 검붉은 젤리 같은 덩어리가 목구멍에서 '왁' 하고 쏟아져 나왔습니다. 이 엄청난 물체를 보고 너무 놀란 저는 잠시 멍하니 있다가 물을 그 물체에 뿌렸습니다. 그 검붉은 젤리 같은 덩어리가 수체구멍으로 빨려 들어가는 것이었습니다.

이준동 목사님께 이 사실을 말씀드리자 목사님께서는 '그것은 죽은 피가 나온 것'이라고 말씀하셨습니다. 그 후부터 저의 가슴과 목의 통증은 씻은 듯이 사라졌습니다. 지금도 병마와 사투를 벌이고 계시는 분이 있으시다면 이곳 양평금식기도원에 꼭 오셔서 하나님을 향한 확고부동한 믿음과 무한신뢰를 체험하시기 바랍니다. 모든 영광을 하나님께 바칩니다. 감사합니다. 할렐루야!

"평생 호르몬제에서 해방시켜 주신 하나님"
- 강릉 중앙감리교회 강미라 전도사

할렐루야! 죽은 자를 살리시며 없는 것을 있는 것 같이 부르시는 전능하시고 멋지신 하나님 우리 아버지를 찬양합니다.

전 갑상선 암과 오른쪽 목의 임파선까지 전이된 암으로 인해 2008년 4월에 제거 수술을 하고 평생 호르몬제를 먹어야만 살 수 있는 몸이었습니다.

2009년 1월에 기도하러 양평금식기도원에 왔다가 이준동 목사님을 통해 하나님의 인도하심으로 총 31일 금식과 보호식을 하게 되었습니다.

매 예배시간을 통하여 하늘의 만나를 먹여주시고 뜨거운 기도로 영적 신앙을 회복하게 되었습니다. 금식 기도 중 "20대의 몸으로 완전히 치유해 주겠다." 라는 주님의 음성을 주시고 다음날 설교 말씀으로 확인시켜 주시기도 하셨습니다. 금식기간 중 호르몬제를 먹지 않게 되었고 오히려 물밥과 공기반찬으로 그리고 기도원 뒷산을 오르는 건강한 몸으로 바뀌었습니다. 할렐루야!

이곳으로 인도하신 우리 사랑하는 주님께 경배 드립니다. 많은 분들이 양평금식기도원으로 오셔서 저와 같은 기쁨을 누리시기 바랍니다. 신장염과 비듬과 치질도 고침을 받았습니다. 할렐루야!

"20년 된 당뇨병이 치료함을 받다" - 양평 산북중앙교회 박주영 장로

하나님 아버지의 기쁜 뜻을 우리마음에 소원으로 두시고 그 소원을 행하게 하시고 도와주시는 하나님 아버지를 간증하고자 합니다.

저는 당뇨병이 발생한지 꼭 20년이 되고 심근경색으로 2007년 1월에 서울대학교 분당병원 심장센터에서 관상동맥 스텐스 삽입술을 시술 받았습니다. 당뇨병과 고혈압, 혈전 약의 종류와 분량은 점점 늘어갔으며 병이 나아지는 기미는 전혀 보이지 않았습니다.

병원에서 의사는 "만약 20일 금식을 하게 되면 죽는다."고 엄포를 단단히 하였습니다. 그러나 나는 성령님의 인도하심을 믿고 양평금식기도원으로 발길을 옮기게 되었습니다. 이준동 담임목사님께서 "장로님이 늘 질병에 끌려 다녀서야 되겠습니까?" 하신 말씀이 나에게 강한 도전을 주었습니다.

금식기간이 처음 10일에서 21일로 연장되었고 21일에서 25일로 또 한번 연장되는 역사가 일어나게 되었습니다. 매일 4번 드리는 예배가 나를 살렸습니다. 이제는 모든 약을 끊게 되었고 오히려 영혼을 살리고 몸을 살리는 신약과 구약을 먹게 되었습니다.

이 글을 읽고 계신 여러분! 이곳 양평금식기도원은 군대로 비교한다면 기독교 간부사관학교입니다. 목사님과 장로님, 권사님, 집사님들이 꼭 이곳에 오셔서 하나님의 쓰임 받는 큰 일군이 되시기를 바랍니다. 감사합니다.

"치료의 하나님(고혈압, 당뇨, 두통, 신유염)" - 녹번교회 홍정애 집사

저를 사랑하셔서 양평금식기도원으로 인도하신 하나님 아버지께 감사드립니다. 사순절 신유 대성회 기간에 특별히 살아계신 치료의 하나님 아버지를 만나게 되어서 더욱 감사드립니다.

저는 오랫동안 고혈압, 당뇨, 두통, 관절염, 신유염으로 고생하며 살아왔습니다. 하루에 한웅큼의 약을 3번씩이나 먹는 '약 먹는 하마'와 같은 인생을 살고 있었습니다.

2009년 2월에 아는 집사님의 소개로 양평금식기도원에서 40일 금식을 작정하고 기도하기로 하였습니다. 다행스러운 것은 이준동 목사님의 설교 말씀을 듣고 금식이 얼마나 성경적인지, 얼마나 과학적인지, 얼마나 의학적인지 깨닫게 되었습니다.

금식을 시작하자 불신자인 남편은 물밥으로 어떻게 병이 치료되느냐고 편잔을 주며 저를 힘들게 했습니다. 그러나 좋으신 하나님께서는 금식 18일째 되는 날부터 통증을 하나하나 고쳐주시면서 모든 질병을 깨끗이 치료하셨습니다. 할렐루야!

앞으로 주님의 영광을 나타내며 복음을 위해 남은 일생을 금식기도 부흥운동에 힘쓰겠습니다. 감사합니다.

"보호식 중에 치료하신 하나님" - 서숙자 목사

할렐루야! 먼저 하나님께 영광을 돌립니다.

양평금식기도원은 축복의 동산이며 하나님의 특별한 임재가 있는 곳입니다. 병든 자가 치료되는 곳이며 문제가 있는 사람에겐 해결 받는 곳이기도 합니다. 이곳을 통하여 전 세계 복음 전파 인류 구원의 역사가 일어나며 날마다 희생 봉사하는 이준동 목사님의 영육을 강건케 하사 복에 근원이 되시길 축복합니다.

저는 아침 새벽 기도 중 40일 금식령을 받고 양평금식기도원에 오게 되었습니다. 이곳에 들어오기 전엔 3일 금식 밖에 해보지 않았습니다. 세 사람이 함께 금식을 하던 중 두 사람은 잘 하는데 저는 2일째부터 힘이 들었으며 3일째는 구토가 너무 심하여 완전히 쓰러지게 되었습니다. 4일째 되는날 하나님 앞으로는 다른 것은 주님께서 말씀 하옵시면 무엇이든 다 순종하겠습니다. 단 하나, '금식령은 저에게 내리지 마옵소서.' 하며 기도하였습니다. 그리고 금식을 절대로 하지 않을 것이라고 선포하였습니다.

그런데 2년도 되기 전 2009년 1월7일 새벽 기도 중에 40일 금식령이 주님으로부터 내려왔습니다. 너무나 놀라 사탄의 장난으로 생각하고 다시 기도를 해도 똑같은 금식령이 3번이나 연속 되었습니다. '주님 두려워요. 무서워요. 자신 없어요. 주님의 역사하심을 분명하게 가르쳐 주세요.' 기도를 마치고 아침 식사를 준비 하는데 저의 밥을 1/3공기만 담았습니다. 밥을 먹고 점심 때가 되었는데 배가 고프지 않았습니다. 이튿날도 배가 고프지 않았습니다. 그때 주님이 함께 하심을 분명히 알고 주님과 함께라면 무엇이든 할 수 있다는 자신감에 금식 날짜를 정하고 40일 금식을 선포하고 중보 기도를 요청하게 되었습니다.

함께 있는 전도사님으로부터 양평금식기도원을 소개 받았습니다. 이준동 목사님과 상담을 하고 나서 금식40일을 하기로 했습니다. 매일 장청소를 하고 하루에 산을 2회씩 올라갔습니다. 20일까지는 편안하게 해 왔습니다. 그런데 22일부터 물이 넘어가지 않아 고통이 따랐고 마지막 3일이 힘들었습니다. 고통이 따를 때마다 체험으로 다른 사람의 고통을 알려 주심에 감사하였습니다. 금식 기간 중 주님은 언제나 함께 해 주셨고 잠자는 순간에도 두둥실 구름 위에 서서 지팡이를 잡고 내려다보시며 '두려워 말라 내가 너와 함께 하니라' 하시며 빙그레 웃으셨습니다. 저는 밤이 너무나 행복했습니다. 날마다 신학대학 설립을 놓고 아름다운 동산을 달라고 기도하는데 금식 4일째 주님께서 꿈에 나타나시어 간장, 된장을 담으라고 하셨습니다. 그것도 아주 많이 큰 항아리 두 곳에 메주 10덩어리를 나누어 담으라고 하는 것이었습니다. 이유는 모르지만 '아멘' 하고 언니에게 요청하여 담그게 하였습니다. 다음엔 된장을 혼합하는 것과 각종 소스의 제조법을 가르쳐 주셨습니다. 금식 38일째부터 40일째 까지는 고통이 따랐지만 끝까지 승리로 이끌어 주셨던 성령님 감사합니다.

보호식을 시작하니 아팠던 곳을 다 찾아 치료를 해 주셨습니다. 어릴 때부터 몸이 약하고 많이 아팠습니다. 14세엔 장티푸스로 인하여 3년간 고생하였고 20세 이상을 살 수 없다고 하여 결혼도 빨리했습니다. 어릴 때부터 허약 체질에 만성변비, 위염, 장염을 가지고 있었습니다. 만성변비로 4~5일에 한번 변을 보게 되니 간장약을 30~50회 분량을 항상 집

안에 비치해 두고 사용하였습니다. 37세 때엔 허리 디스크 2, 3, 4번 마디가 흡착이 되었습니다. 수없이 많은 병원을 찾아갔고 수차례 입원도 하였습니다. 맨 바닥엔 앉아 있을 수가 없어서 항상 의자에 앉아 생활을 하였습니다. 그러나 양평금식기도원에서 80일간 하루에 3~4회씩 예배를 바닥에 앉아서 드리는 기적이 일어났습니다.

보호식 3일째 입안이 텁텁하여 거울을 보다 깜짝 놀랐습니다. 혀의 1/3 안 왼쪽에 절반이 검은 색으로 변하여 있었습니다. 보호식 19일째에 입안의 검은 반점이 깨끗하게 치료되었습니다. 두 눈엔 백내장이 흰 부분에서 검은 부분까지 퍼져 있었는데 왼쪽은 눈물과 눈꼽이 몇 차례 났다가 깨끗하여 졌고 오른쪽은 빠른 시일내에 깨끗하게 치료될 줄 믿습니다. 37세 때에 허리 디스크가 심하여 누워서 생활을 하게 되었는데 그때 폐경이 왔습니다. 그로 인해 골다공증도 심해졌고 손, 발이 아주 차가워졌으며 다리가 자주 저렸습니다. 보호식 6일까지는 빈혈도 심하고 앉았다 일어서면 무릎에서 우두둑~ 소리가 나곤 하였습니다. 보호식 8일째부터 손, 발이 가렵기 시작했습니다. 보호식 11일째가 되자 손, 발이 따뜻해졌고 갈라졌던 발뒤꿈치도 깨끗해졌습니다. 매일 산에 오르내려도 무릎에서 소리가 난다거나 아픈 곳이 없어졌습니다.

양평금식기도원을 통하여 병을 치료받았으며 각종 병으로 고생하시는 목사님 2분을 모시고 같이 금식기도하고 있습니다. 교회에서 사역하시는 모든 목사님들이 양평금식기도원에 오셔서 병마와 문제에서 응답을 받으시길 원합니다. 저는 해마다 이곳 양평금식기도원에서 21일을 금식하기로 작정하였습니다. 새날을 허락하신 하나님께 영광을 올립니다. 할렐루야! 아멘!

"35년 당뇨병을 치료하신 하나님" - 이흥순 사모

저의 남편은 홍천주음치교회에서 30년을 사역하시고 은퇴하신 전도사입니다. 젊은 시절 병에 걸려 공기가 좋은 홍천 주음치에 들어가서 교회를 개척하고 30년을 복음전하다가 정년으로 은퇴하였습니다.

저는 홍천으로 들어가기 전 서울에 있을 때부터 당뇨병이 있었습니다. 햇수로는 35년 이상 된 병입니다. 최근에는 서울의 세브란스병원을 5년 동안 다니면서 진료했습니다. 그러나 점점 힘들어지고, 처음에는 조금만 먹어도 되던 약도 이제는 한주먹이 될 만큼 그 양이 많아져서 먹는게 여간 힘든 것이 아니었습니다.

지난 3월에는 이제 어려우니 투석하라는 의사의 권유가 있었습니다. 그러나 투석하는 것이 두렵고 자신이 없어서 집에 돌아와 있었습니다. 4월에는 쓰러져서 세브란스 병원에 1주일을 입원했습니다. 1주일 병원비가 130만원이 나왔습니다. 이제 투석을 하지 않으면 안 된다는 의사의 간곡한 부탁이 있었으나 그냥 집으로 왔습니다.

집에 와서 1주일 정도 쉬고 있었는데 40일을 금식하신 권용주 목사님과 통화를 하면서 금식을 하면 나을 것이라는 확신을 얻고 4월19일 모든 것을 뒤로 하고 양평금식기도원으로 들어 왔습니다.

집에서는 한번만 약을 먹지 않아도 그냥 쓰러졌는데 기도원에서는 한번도 쓰러지지 않고 장청소를 하면서 금식을 하였습니다.

21일 금식을 시작한 4일 쯤 후 예배시간에 어떤 목사님이 안수기도를 하시면서 "불을 받으라"고 해서서 평생 한번도 안수를 받아본 적이 없었지만 안수를 받았습니다. 안수를 받는 순간 몸이 뜻뜻해 지면서 등이

축축해지는 경험을 하게 되었습니다. 그것이 불체험인지 알 길이 없어서 주변의 목사님에게 물어본 결과 그것이 불 체험임을 확신하게 되었습니다. 예수 믿은지 50년 만에 처음으로 불을 받는 체험을 한 것입니다. 그것이 불 체험임을 확인하고서는 이제 죽지 않고 살 것이라는 확신이 들었습니다. 죽지 않고 산다는 희망이 생기고 용기가 일어났습니다. 이제는 저혈당이 사라지고 낫겠구나라는 확신이 강하게 들었습니다.

기도원에 들어온 1주일 후 세브란스병원에서 전화가 왔습니다. 병원에 오지 않으면 자기들은 책임을 질 수 없다는 말을 하였습니다. 그러나 금식을 무사히 마쳤습니다. 죽지도 않았고 몸도 좋아졌습니다.

21일 보식한 후 집에 갔으나 마음 한구석에 허전한 것이 무엇인가 부족한 느낌이 있었습니다. 다시 기도원으로 들어가서 4일을 금식하고 나서 집으로 돌아온 날 하루 낮 밤 동안 피가 쏟아졌습니다. 한 양동이는 되어 보이는 너무 많은 양이었습니다.

그 말을 들은 사모님의 권유로 병원에 가서 검사를 하게 되었습니다. 그런데 병원에 괜히 왔다는 생각, 의심하면 안 된다는 생각이 들었습니다.

1주일 후 이른 아침 제일먼저 강원대병원에 가서 확인을 했습니다. 의사의 말이 "나쁜 피가 쏟아졌습니다. 축하할 일입니다. 아무 병이 없습니다"라고 확인해 주었습니다.

35년 동안 괴롭히던 당뇨가 사라지고 혈압이 정상이 되었습니다. 피곤하고 어지러웠는데 지금은 전혀 피곤하거나 어지럽지 않습니다. 밥도 잘 먹고 있습니다. 5번은 쉬어야 갈 수 있던 짧은 거리도 이제는 한걸음에 다녀옵니다.

주님의 능력으로 나음을 확신합니다. 저에게 나음을 경험하게 해준 양평금식기도원의 이준동목사님께 항상 감사하며 시간이 날 때마다 기도원을 위하여 기도하고 있습니다.

35년 당뇨를 낫게 하신 하나님께 영광을 돌려 드립니다. 감사합니다.

"아들과 저를 치유하신 하나님" - 원주태장장로교회 김순옥권사

할렐루야! 하나님께 이 모든 영광을 돌립니다.

저는 2009년2월16일 기도원에 들어와서 21일 금식을 했습니다.

기도원에 왔던 목적은 2월1일 갑자기 오른팔이 말로 형용할 수 없을 정도로 아팠습니다. 그러나 하나님께서 예비하신 섭리는 저보다 아들에게 있었음에 놀랐습니다. 아들이 서울에서 취업준비를 하고 있었는데 저의 보호자로 불러 내렸습니다.

순순히 저를 따라옴도 감사요, 금식을 같이 하겠다고 작정함도 감사했습니다. 물론 처음에는 4, 5일을 할까 하니면 1주일을 할까 하더니 21일을 엄마와 함께 금식하도록 도와주신 하나님의 놀라우신 은혜에 성령님께서 아들을 다스려 주시는 섭리에 놀랐습니다.

아들은 올해 나이 31살이고 비만이었습니다. 그동안 아들을 위하여 30여년 세월의 눈물의 기도했는데 이렇게 금식하게 하시어 영성훈련을 시키시고 확실한 믿음과 결단력을 주셔서 세상에 나갈 수 있도록 하심에 감사드립니다.

우리는 보호식을 다 마치지 못하고 집으로 왔기에 집에 와서 남은 11일 보호식이 끝나기 까지 아들과 함께 시어머니와 매일 저녁 감사예배를 드렸습니다. 또한 친정오빠가 폐암으로 병원에 입원 중이었는데 소천하시기 전날 혼수상태였다가 저의 방문을 의식하시고 그 이튿날 돌아가셨습니다. 그날이 보호식 21일재 되는 날이었습니다.

더욱 감사한 것은 보호식 21일 끝내고 추가 보호식 20일째 되는 날 아들이 취직이 되어 4월20일 날 첫 출근을 했답니다. 그전에 취직이 되었다면 힘이 없어 할 수도 없었을텐데 말입니다. 비만이 치료 되었으니 아들의 건강이 너무 좋아 졌습니다.

하나님의 예비하시고 행하시고 인도하시는 섭리에 놀랐습니다. 기도 중에 확인해 보니 20여가지나 좋아졌습니다.

다쳤던 허리도 쾌차 되었고, 아팠던 팔도 나았습니다. 처음에는 보호식 21일이 끝나도 이렇다하게 뚜렸이 좋아지는 것을 느끼지 못해서 망연자실, 실망과 낙심 좌절이 되기도 했지만 시간 시간 말씀으로 은혜받게 하시고 소망주신 주님의 은혜에 감사하며 인내했습니다.

응답이 없고 지체되더라도 실망하지 마시기 바랍니다. 이준동목사님의 설교가 곧 처방이요, 치료입니다. 금식설교를 들은대로 하기만 하면 됩니다. 저의 아들도 처음에는 '목사님의 처방은 원리원칙인데 어떻게 원칙대로 하느냐'고 하더군요. 그러나 보호식 가운데 체험을 했습니다. 원리 원칙을 벗어나면 어긋나는 것을…

금식일이 끝나고 보호식이 끝나도 나는 왜 기도제목들이 건강이 좋아지지 않느냐고 실망하거나 낙망하지 마시기 바랍니다. 하나님께서 기뻐하는 금식이라면 반드시 기도의 분량이 아구까지 채워지면 이루어지는 날이 있습니다.

설교하신 어떤 목사님이 가나 혼인잔치의 비유를 말씀하시면서 예수님께서 항아리에다 물을 채우되 아구까지 채우라고 하셨고 아구까지 채웠을 때 포도주가 되는 기적이 일어났다고 하시더군요.

금식한 아들은 늦어짐에 감사를 했답니다. 이렇게 금식했다고 즉시 이루어지면 교만해 질까봐 기도 게을리 할까봐 겸손히 기도하라고 하나님께서 하시는 일에 감사를 드리곤 합니다.

힘들고 어려운 인생의 숙제를 하나님 아버지가 주인 되시는 그분께 맡겨 드리는 것만이 승리의 길인것 같습니다. 금식하시는 모든 분들 예수님의 이름으로 승리하세요. 감사합니다.

** 참고도서 목록 **

금식기도 · 데이빗 R. 스미드 저 · 오성종 역 ·
하나님이 기뻐하시는 금식기도 · 아더월리스 저 · 장기순 역 ·
금식기도를 통한 영적 승리 · 엘머 L. 타운즈 저 · 홍용표 역 ·
안전한 금식기도 · 조효성 저 ·
금식으로 병을 고칠 수 있다 · 김성광 저 ·
금식기도 · 김성광 저 ·
금식과 기도를 통한 원자력적인 하나님의 능력 · 프랭클린 홀 저 ·
금식기도 · 존 파이퍼 저 · 김태곤 역 ·
기도와 금식 · 데렉 프린스 저 · 보이스사 역 ·
금식기도 체험 간증기 · 제리 폴엘 · 엘머 타운즈 저 · 오태웅 역 ·
성경적인 금식 구제 기도 · 존 맥아더 저 ·
리바이벌 금식기도의 실제적 지침서 · 김준곤 저 ·
성경에 나타난 40일 금식기도 · 한상휘 저 ·
서의학단식법 · 한국자연건강회
단식의 기적 · 김태수 역 ·
단식건강법 · 김동극 저 ·
자연의학 단식건강법 · 기세문 장두석 편역 ·
단식 소식 건강법 · 갑전광웅 (甲田光雄) 저 · 김기준 역 ·
사람을 살리는 단식 · 장두석 저 ·
사람을 살리는 생채식 · 장두석 저 ·
민족생활의학 · 장두석 저 ·
신단식요법 · 오황록 편저 ·
선 단식조기법 · 박종관 저 ·
단식과 소식 건강법 · 자유시대사
단식요법 · 갑전광웅 (甲田光雄) 저 · 강호걸 역 ·
36시간 속전속결 단식법 · 서림문화사
단식이야기 · 임평모 저 ·
단식과 자연식의 위력 · 장판두 저 ·
단식과 건강 · 김진대 편역 ·
세계의 단식 건강법 · 기세문 편역 ·
단식혁명 · 배기성 편저 ·
실용단식건강법 · 박종관 편저 ·
7일 완성 단식법 · 대전방부 (大田芳夫) 저 · 김주호 역 ·
건강체질 만들기 · 고달삼 저 ·
병원을 포기한 사람들 · 고달삼 저 ·
민속건강요법 285가지 · 존 웨슬리 저 · 고달삼 역 ·
체질개선 건강법 · 안현필 저 ·
불멸의 건강진리 · 안현필 저 ·
천하를 잃어도 건강만 있으면 · 안현필 저 ·
예수 건강 신바람 건강 · 황수관 저 ·

박사님 아멘약 주세요· 황수관 저·
내 몸에 맞는 운동으로 현대병을 고친다· 황수관 저·
천연건강요법· 정병훈 저·
부부 평생 건강법· 김기일 저·
자연치유· 앤드류 와일 저· 김옥분 옮김·
잠자는 뇌를 깨우라· 서유헌 저·
두뇌장수학· 서유헌 저·
뇌뢰혁명 1, 2권· 하루야마 시게오
다이어트 혁명· 하루야마 시게오
전인건강· 하워드 크라임벨 저· 이종헌 오성춘 역·
성서건강학· 황성주 저·
식생활 바로하기· 박명윤 저·
누우면 죽고 걸으면 산다· 김영길 저·
한의학 건강 이야기· 김학진 저·
의학과 치유· 마틴 로이드 존스 저·
혈압에서 중풍까지· 유승원 저·
혈압 당뇨 정력· 유승원 저·
할렐루야 생소금· 성덕모 저·
자력의학건강법· 성덕모 저·
성경과 한방 이야기· 이상룡 저·
체질을 알면 건강이 보인다· 박금실 저·
신비한 인체 창조섭리· 김종배 저·
읽으면 약이되는 건강상식· 이인덕 외 3인 저·
나이를 지워라 110세를 겨냥하라· 전종영 저·
창조섭리와 장수학· 허정원 저·
체질을 알면 건강이 보인다· 이명복 저·
밥으로 병을 고친다· 허봉수 저·
과학적 운동요법· 김영호 편저·
약이되는 체질별 별미여행· 건강다이제스트사
365일을 어떻게 살아갈 것인가· 서현봉 저·
건강혁명· 이부경 저·
밥상 위에 숨은 보약 찾기· 신재용 저·
생활 한방 114· 노두식 저·
밥상이 약상이다· 강순남 저·
초 건뇌법· 쑨 웨이량 저·
쾌유력· 시노하라 요시토시 저· 김정희 역·
두뇌혁명· 나까마쯔 요시로 저· 성윤아 역·
하나님의 치유· 엔드류 머레이 저·
성서에서 본 자연치유력과 건강법· 이길상 저·
건강하게 사는 지혜· 이길상 저·
건강과 생명· 월간잡지·
국민일보· 조선일보· 중앙일보· 동아일보·